Begleitpublikation zur Ausstellung

«Der versunkene Schatz. Das Schiffswrack von Antikythera»

27.09.2015–27.03.2016

**Antikenmuseum Basel
und Sammlung Ludwig**

Der versunkene Schatz

Das Schiffswrack von Antikythera

Herausgeber

Andrea Bignasca, Direktor,
Antikenmuseum Basel und Sammlung Ludwig

Maria Lagogianni-Georgakarakos, Direktorin,
Archäologisches Nationalmuseum Athen

Nikolaos Kaltsas, ehem. Direktor
des Archäologischen Nationalmuseums Athen

Elena Vlachogianni, Archäologin,
Archäologisches Nationalmuseum Athen

Basel 2015

Eine Ausstellung unter der Schirmherrschaft des stellvertretenden Griechischen Ministers für Kultur, Bildung und religiöse Angelegenheiten, S. E. Nikos Xydakis und des Vorstehers des Eidgenössischen Departements des Innern, Bundesrat Alain Berset.

Es handelt sich um eine überarbeitete Präsentation der Ausstellung «The Antikythera Shipwreck – The ship, the treasures, the mechanism», die im Archäologischen Nationalmuseum von Athen erarbeitet und von April 2012 bis Juni 2014 gezeigt wurde. Das Archäologische Nationalmuseum von Athen koordinierte die Übernahme der Ausstellung durch das Antikenmuseum Basel und Sammlung Ludwig.

Ehrenkomitee

S. E. Aristides Baltas,
Griechischer Minister für Kultur, Bildung und religiöse Angelegenheiten

S. E. Alain Berset,
Vorsteher des Eidgenössischen Departements des Innern

S. E. Nikos Xydakis,
Stellvertretender Griechischer Minister für Kultur, Bildung und religiöse Angelegenheiten

S. E. Charalambos-Gerassimos Manessis,
Griechischer Botschafter in der Schweiz

S. E. Lorenzo Amberg,
Schweizer Botschafter in Griechenland

Guy Morin,
Regierungspräsident des Kantons Basel-Stadt

Maria Andreadaki-Vlazaki,
Stellvertretende Generalsekretärin im Griechischen Kulturministerium

Elena Korka,
Generaldirektorin für Antiquitäten und Kulturerbe im Griechischen Kulturministerium

Efstratios Charchalakis,
Bürgermeister Kythera-Antikythera

Hellenic Ministry of Culture, Education and Religious Affairs

Schweizerische Eidgenossenschaft
Confédération suisse
Confederazione Svizzera
Confederaziun svizra

Swiss Confederation

Eidgenössisches Departement des Innern EDI
Département fédéral de l'intérieur DFI
Dipartimento federale dell'interno DFI
Departament federal da l'intern DFI
Federal Department of Home Affairs FDHA

Partner

NATIONAL ARCHAEOLOGICAL MUSEUM

Antikenmuseum Basel und Sammlung Ludwig

In Zusammenarbeit mit

HUBLOT

Sponsoren

NOVARTIS

ΙΣΝ/SNF ΙΔΡΥΜΑ ΣΤΑΥΡΟΣ ΝΙΑΡΧΟΣ STAVROS NIARCHOS FOUNDATION

Simone und Peter Forcart-Staehelin

J. SAFRA SARASIN

Schweizerische Eidgenossenschaft
Confédération suisse
Confederazione Svizzera
Confederaziun svizra

Eidgenössisches Departement des Innern EDI
Bundesamt für Kultur BAK

·M·E·Z·G·E·R·
Uhren und Juwelen

BANK FÜR INTERNATIONALEN ZAHLUNGSAUSGLEICH

Kanton Basel-Stadt

Hauptpartner

Dieses Projekt wurde von folgenden Institutionen organisiert:

Archäologisches Nationalmuseum Athen,
Maria Lagogianni-Georgakarakos, Direktorin

Antikenmuseum Basel und Sammlung Ludwig,
Andrea Bignasca, Direktor

mit der wissenschaftlichen Unterstützung vom

Research & Development Team von Hublot S. A.,
Mathias Buttet, Yanis Bitsakis

Weitere Partner-Institutionen und Leihgeber

Griechenland

YPPOPAITH, Generaldirektorium für Antiquitäten und Kulturerbe/Direktorium der Verwaltung des Nationalen Archivs für Antike Monumente, Dokumentation und Schutz von Kulturgütern, Vassiliki Papageorgiou, Direktorin

Behörde für Unterwasser-Antiquitäten,
Angeliki Simosi, Direktorin

Epigraphisches und Numismatisches Museum Athen,
George Kakavas, Direktor

Antikythera Mechanism Research Project,
Yanis Bitsakis, Mike Edmunds, Tony Freeth,
Alexander Jones, Eleni Magou, Xenophon Moussas,
John Seiradakis, Agamemnon Tselikas,
Michael Wright, Mary Zapheiropoulou

History, Philosophy and Didactics of Sciences and Technology Programme (National Hellenic Research Foundation), Efthymios Nicolaidis, Direktor

The Antikythera Mechanism Study Group, Mike Edmunds, Eleni Magou, Xenophon Moussas, John Seiradakis

Association of Ancient Greek Technology Studies,
Theodosios Tassios, Präsident

Argo. Civil non profit company for scientific research and training, Brendan Foley, Präsident

Italien

Ministero per i Beni e le Attività Culturali

Museo Archeologico Nazionale di Napoli,
Valeria Sampaolo, Direktorin

Soprintendenza Speciale per il Colosseo,
Museo Nazionale Romano e Area Archeologica di Roma,
Francesco Prosperetti, Soprintendente

Museo Nazionale Romano, Rita Paris, Direktorin

Musei Capitolini, Claudio Parisi Presicce, Direktor

ICCROM, Stefano De Caro, Direktor

Schweiz

Verkehrsdrehscheibe Schweiz, Basel, André Auderset,
Präsident, Eveline Meyer

Deutschland

Museum für Antike Schifffahrt Mainz, Ronald Bockius,
Hauptkonservator

Frankreich

Association Musée du Scaphandre,
Muriel Peissik

Impressum

Archäologisches Nationalmuseum Athen
(2012–2014)

Gesamtleitung
Nikolaos Kaltsas

Kuratorische Leitung
Nikolaos Kaltsas, Elena Vlachogianni, Anastasia Gadolou, Nomiki Palaiokrassa

Arbeitsgruppe
Nikolaos Kaltsas, Archäologe, ehem. Direktor des Archäologischen Nationalmuseums Athen

Christina Avronidaki, Archäologin, Archäologisches Nationalmuseum Athen

Yanis Bitsakis, Antikythera Mechanism Research Project

Polyxeni Bouyia (†), Archäologin, Archäologisches Nationalmuseum Athen

Bessy Drounga, Architektin, Archäologisches Nationalmuseum Athen

Anastasia Gadolou, Archäologin, Archäologisches Nationalmuseum Athen

George Kavvadias, Archäologe, Archäologisches Nationalmuseum Athen

Dimitris Kourkoumelis, Archäologe, Behörde für Unterwasser-Antiquitäten

George Koutsouflakis, Archäologe, Behörde für Unterwasser-Antiquitäten

Efthymios Nicolaidis, Forschungsdirektor, National Hellenic Research Foundation

Nomiki Palaiokrassa, Archäologin, Archäologisches Nationalmuseum Athen

Angeliki Simosi, Direktorin, Behörde für Unterwasser-Antiquitäten

Theodosios Tassios, Society for the Study of Ancient Greek Technology

Panagiotis Tselekas, Dozent, School of History and Archaeology, Aristotle University of Thessaloniki

Metaxia Tsipopoulou, ehem. Direktorin, Direktorium der Verwaltung des Nationalen Archivs für Antike Monumente, Dokumentation und Schutz von Kulturgütern

Evangelos Vivliodetis, Archäologe, Archäologisches Nationalmuseum Athen

Elena Vlachogianni, Archäologin, Archäologisches Nationalmuseum Athen

Eleni Zosi, Archäologin, Archäologisches Nationalmuseum Athen

Gestaltung
Bessy Drounga

Herausgeber Katalog (Athen)
Nikolaos Kaltsas, Elena Vlachogianni, Polyxeni Bouyia (†)

Antikenmuseum Basel und Sammlung Ludwig (2015–2016)

Gesamtleitung
Andrea Bignasca, Direktor, Antikenmuseum Basel und Sammlung Ludwig

Maria Lagogianni-Georgakarakos, Direktorin, Archäologisches Nationalmuseum Athen

Kuratorische Leitung
Esaù Dozio, Kurator, Antikenmuseum Basel und Sammlung Ludwig

Laurent Gorgerat, Kurator, Antikenmuseum Basel und Sammlung Ludwig

Tomas Lochman, Kurator, Antikenmuseum Basel und Sammlung Ludwig

Yanis Bitsakis, Kurator, Research & Development Team von Hublot S. A.

Gesamtkoordination in Athen
Archäologisches Nationalmuseum Athen:

Maria Lagogianni-Georgakarakos, Direktorin

Despina Ignatiadou, Archäologin, Leiterin der Skulpturensammlung

George Kavvadias, Archäologe, Leiter der Sammlungen Vasen, Kleinkunst und Metallobjekte

Bessy Drounga, Architektin

Elena Vlachogianni, Archäologin

Nomiki Palaiokrassa, Archäologin

Szenografie
Studio Adeline Rispal, Paris, Adeline Rispal, Margaux Geib-Lapinte

Grafik
Anex & Roth Visuelle Gestaltung, Basel

Konservatorische Betreuung Basel
Kurt Bosshard, Restaurator, Antikenmuseum Basel und Sammlung Ludwig

Susanne Dürr, Restauratorin, Antikenmuseum Basel und Sammlung Ludwig

Olivier Berger, Restaurator, Antikenmuseum Basel und Sammlung Ludwig

Konservatorische Betreuung Athen
Archäologisches Nationalmuseum Athen:

Georgianna Moraitou, Restauratorin, Leiterin der Abteilung Restaurierung und Archäometrie

Kostas Alexiou, Restaurator

Panagiotis Athanasopulos, Restaurator

Dafni Bika, Restauratorin

David Delios, Restaurator

Katerina Ioannidou, Restauratorin

Irini Kapiri, Restauratorin

Ourania Kapsokoli, Restauratorin

Georgia Karamargiou, Restauratorin
Tina Koutouvali, Restauratorin
Panagiotis Lazaris, Restaurator
Yerasimos Makris, Restaurator
Giannis Panagakos, Restaurator
Pantelis Pheleris, Restaurator
Sofia Spyridaki, Restauratorin
Katerina Xylina, Restauratorin

Thanasis Kalantzis, Bildhauer
Nikolaos Kyritsis, Bildhauer

Epigraphisches und Numismatisches Museum Athen:

Niki Katsikosta, Restauratorin
Elena Kontou, Restauratorin

Internationale Angelegenheiten
Yanis Bitsakis
Friedrich-Wilhelm von Hase

Didaktisches Programm
Annegret Schneider, Archäologin, Antikenmuseum Basel und Sammlung Ludwig
Claudia Manser, Archäologin, Antikenmuseum Basel und Sammlung Ludwig

Multimedia
Philippe Nicolet – NVP3D, Bachibouzouk, Laurent Duret

Ausstellungsbau
Vitra Design Museum, Weil am Rhein, Benjamin Bächlin

Beleuchtung
Gregor Gallian

Wissenschaftliche Mitarbeit
Polytimi Agoridou
Anne Kißmann

Kasse, Shop und Führungskoordination
Ilona Hellstern
Daniela Probst

Marketing und Medien
Vera Reinhard

Verwaltung
Siegfried Hartnagel (†)
Brigitte Nicosia
Patricia Gaspoz
Michaela Kuhn

Sicherheit und Haustechnik
Viktor Hürbin
Urs Kaufmann

Informatik
Nick Zurschmiede
Thomas Maier

Übersetzungen
Aurélie Gorgerat
Sandy Hämmerle

Transporte
Orphee Beinoglou International Forwarders S.A., Athen
Möbel-Transport AG, Münchenstein-Basel
Arteria srl, Roma

Versicherung
Helvetia Swiss Insurance Company Ltd.

Katalog (Basel)

Herausgeber
Andrea Bignasca, Direktor, Antikenmuseum Basel und Sammlung Ludwig
Maria Lagogianni-Georgakarakos, Direktorin, Archäologisches Nationalmuseum Athen
Nikolaos Kaltsas, ehem. Direktor des Archäologischen Nationalmuseums Athen
Elena Vlachogianni, Archäologin, Archäologisches Nationalmuseum Athen

Fotografie
K. Xenikakis
Y. Nakas
P. Vezyrtzis
P. Foglia
S. Unterthiner
R. Habegger

Bildbearbeitung
Ruedi Habegger

Redaktion
Ivo Zanoni
Esaù Dozio
Anne Kißmann

Gestaltung
Anex & Roth Visuelle Gestaltung, Basel

Übersetzungen
Ivo Zanoni

Druck
C. Maurer Druck und Verlag GmbH & Co. KG

ISBN 978-3-90505-734-8

Inhalt

Grussbotschaft des stellvertretenden Griechischen Ministers für Kultur, Bildung und religiöse Angelegenheiten

Nikos Xydakis

Die Ausstellung «Das Schiffswrack von Antikythera: das Schiff, die Schätze, der Mechanismus», ist ohne Zweifel eine der erfolgreichsten Ausstellungen, die in Griechenland je stattgefunden hat. Nun liefert die Präsentation dieser Ausstellung in Basel den erfreulichen Anlass dafür, dass die wertvollen Botschafter, als welche man das Material auch bezeichnen kann, vorübergehend das Archäologische Nationalmuseum in Athen verlassen. Zum ersten Mal überhaupt reisen sie ausser Landes, um in der Schweiz gezeigt zu werden.

Diese Ausstellung bot auch zum ersten Mal die Gelegenheit, die Funde aus dem Schiffswrack von Antikythera in ihrer Gesamtheit zugänglich zu machen. Das Material aus der Unterwasserexpedition von 1900–1901 kann somit zusammen mit jenem, das bei den Nachforschungen von 1976 zutage kam, vorgestellt werden. Für letztere waren Jacques-Yves Cousteau und sein Team engagiert worden. Das Schiff selbst – ein Lastschiff, das im Mittelmeerraum bereits weitherum gekommen und oft unterwegs war, bevor es um 60–50 v. Chr. vor der Insel Antikythera Schiffbruch erlitt – war aus einem griechischen Hafen, vielleicht Delos, ausgelaufen. Es sollte reiche Römer mit Kunstwerken und anderen Luxusgütern beliefern. Die Schiffsmannschaft und die Passagiere – die Menschen, die sich also an Bord befanden – hinterliessen ebenfalls Spuren und fordern mit Recht ihren Platz in der Ausstellung. Dabei ist jedoch klar, dass hauptsächlich die wertvolle Schiffsladung die Aufmerksamkeit auf sich zieht: Zahlreiche Bronze- und Marmorstatuen sowie Luxusgefässe werden ins beste Licht gerückt und erzählen so ihre faszinierende Geschichte, bei welcher der sogenannte Antikythera-Mechanismus gewiss eine Hauptrolle spielt. Dieser Mechanismus kann als einer der ausserordentlichsten Funde bezeichnet werden, in dem technologische Errungenschaften der Antike exemplarisch zusammengeflossen sind. Wir können hier einen einzigartigen Blick in die graeco-römische Welt des 1. Jahrhunderts v. Chr. werfen und uns viele Jahrhunderte später ein klares Bild vom damaligen Leben machen.

Diese Ausstellung ist das Ergebnis interdisziplinärer Zusammenarbeit. Das Ziel war es, unsere Sinne zu schärfen und den Verstand herauszufordern, auch auf diskrete Weise neue Einsichten zu vermitteln und so den Besuchern ein einzigartiges Erlebnis in der Museumswelt mit auf den Weg zu geben. Der Erfolg eines solchen Vorhabens ist wesentlich in den wissenschaftlichen Bemühungen der umfassenden Gruppe von Spezialisten verankert, die unter der Führung von Dr. Nikolaos Kaltsas für das griechische Ministerium für Kultur, Bildung und religiöse Angelegenheiten arbeiteten. Diesem Forscherteam ist es gelungen, das Potenzial, über das die öffentlichen griechischen Museen verfügen, zu nutzen und es von seiner besten Seite erstrahlen zu lassen, denn die Organisation einer Ausstellung von so hoher ästhetischer und wissenschaftlicher Qualität stellt eine Glanzleistung dar.

Meinen tiefen Dank möchte ich all jenen aussprechen, die sich fürs Gelingen und die Realisierung dieses Projektes eingesetzt haben. Das Ergebnis ist ein weiteres wichtiges Element in den freundschaftlichen Beziehungen zwischen Griechenland und der Schweiz.

Grussbotschaft des Bundesrats, Vorsteher des Eidgenössischen Departements des Innern

Alain Berset

Man kann ins Museum gehen, um sich von der Schönheit von Handwerk und Kunstwerken berühren zu lassen. Es gibt Menschen, die suchen im Museum die Entschleunigung vom hektischen Alltag. Andere möchten sich herausfordern lassen oder etwas lernen, zum Beispiel besser verstehen, wer wir sind und woher wir kommen. Und wer mag nicht eine gute Geschichte?

Es gibt zahlreiche gute Gründe, ins Museum zu gehen. Die Sonderausstellung über den versunkenen Schatz von Antikythera im Antikenmuseum Basel vereint viele davon: Ein Schiff, das von einer Weltmacht zu einer anderen unterwegs ist und sinkt, eine Schiffsladung voller Kunstwerke, die Entdeckung des Wracks und die Bergung der Meisterwerke vor über 100 Jahren.

Dass dieser Schatz nun zum ersten Mal ausserhalb Griechenlands in der Schweiz gezeigt wird, ist ein Erfolg und zeugt von der guten Zusammenarbeit der griechischen und schweizerischen Partner. Diese zeigt sich auch in der bilateralen Vereinbarung über die Einfuhr, Durchfuhr und Rückführung von Kulturgut, die die beiden Länder vor acht Jahren abgeschlossen haben.

In Zeiten der Globalisierung und des verstärkten Austauschs von Gütern und Informationen kommt dem verantwortungsvollen Umgang mit Kulturgütern und der Erinnerung eine besondere Rolle zu. Dessen ist sich die Schweiz mit ihrer vielfältigen Geschichte wohl bewusst. Die Museen in der Schweiz pflegen das kulturelle Erbe und ermöglichen eine Begegnung mit Epochen, die uns heute noch prägen.

Ich wünsche allen Besucherinnen und Besuchern schöne, spannende und lehrreiche Momente.

Vorwort der stellvertretenden Generalsekretärin im Griechischen Kulturministerium

Maria Andreadaki-Vlazaki

Die Ausstellung «Das Schiffswrack von Antikythera: das Schiff, die Schätze, der Mechanismus», die im Archäologischen Nationalmuseum von Athen vom April 2012 bis zum Juni 2014 zu sehen war, gehört zu den erfolgreichsten Ausstellungen. Hunderttausende Besucherinnen und Besucher aus der ganzen Welt strömten mit grossem Interesse ins Nationalmuseum, um die ausgestellten Funde zu sehen wie auch die innovativen Wege, die man zu ihrer Deutung eingeschlagen hat, selbst nachzuvollziehen.

Die Zusammenarbeit zwischen mehreren Abteilungen des Ministeriums (Archäologisches Nationalmuseum, Epigraphisches und Numismatisches Museum, Behörde für Unterwasser-Antiquitäten und Direktorium für die Verwaltung des Nationalen Archivs für Antike Monumente, Dokumentation und Schutz von Kulturgütern) und die Kooperation vieler Wissenschaftler und Experten aus unterschiedlichen Fachgebieten unter der Leitung des Archäologischen Nationalmuseums machten es möglich, eine einzigartige Ausstellung ins Leben zu rufen, die höchste ästhetische Ansprüche bedient.

DIE SEE, DIE SEE, WER WIRD FÄHIG SEIN, SIE TROCKENZULEGEN?

378 Funde lassen erahnen, welche kostbaren Güter im Schiff geladen waren, dessen Reise zu einem jähen Ende in den Fluten des Meeres kam. Bronze- und Marmorskulpturen und andere Kunstwerke, Münzen, luxuriöse Glasgefässe, elegante Schmuckstücke, grosse Mengen Keramik und sogar Teile von Möbelstücken gewähren einen detailreichen und differenzierten Einblick ins Alltagsleben jener Zeit.

Archivmaterial lässt die weltweit erste Unterwasserexpedition neu aufleben. Diese nahm man in Angriff, um das Schiffswrack näher zu erforschen und um es zu bergen. Offizielle Korrespondenz, Fotos und Filmsequenzen zeugen von der vielfältigen Dokumentation, die mit den verschiedenen Etappen der Forschungs- und Bergungsarbeiten einherging und die sich bis heute fortsetzt.

Wissenschaftliche Analysen, die mit den neusten technologischen Mitteln erfolgten, helfen uns dabei, raffinierte und hoch entwickelte Aspekte der antiken griechischen Technologie und der Astronomie zu verstehen. In einer Videosimulation, die von 3D-Animationen Gebrauch macht und ebenfalls Teil der Ausstellung ist, erfährt man Näheres über die Verwendung und die Funktion des berühmten Antikythera-Mechanismus. Dabei können die Besucherinnen und die Besucher sich selbst davon überzeugen, dass bereits in der Antike der Versuch unternommen wurde, «Informatik», Navigation und extrem geschickte Präzisionsmechanik in einem perfekten Gerät zu vereinigen. Eine zeitgenössische Kopie dieses «Computers» rundet die Ausstellung ab.

Das griechische Ministerium für Kultur, Bildung und religiöse Angelegenheiten möchte den Besucherinnen und Besuchern seinen Dank aussprechen, denn diese sind der Ausstellung mit Enthusiasmus begegnet. Dank gebührt auch all jenen, die zum Erfolg dieser Ausstellung beigetragen haben. Wir sind sehr zufrieden mit den Früchten unserer Arbeit und freuen uns nun darüber, diese «Wunderkammer» unseren Freunden in der Schweiz weiterreichen zu können.

Damit sind wir bereit, sowohl Kommentare entgegen zu nehmen wie auch die Meinung von Forschern und Besuchern im Ausland über unsere Arbeit einzuholen. Wir gehen noch einen Schritt weiter, denn wir stellen eigentlich uns selbst aus, dies im Bestreben, uns der Kritik zu stellen und auf der Suche nach den besten Möglichkeiten, um die Kulturschätze der Menschheit zur Geltung zu bringen.

Vorwort der Generaldirektorin für Antiquitäten und Kulturerbe im Griechischen Kulturministerium

Elena Korka

Im Frühjahr 1900 mussten aufgrund schlechter Wetterbedingungen zwei kleine Schwamm-Schiffe aus Symi, die auf der Heimreise von Benghazi waren, nahe Pinakakia auf Antikythera vor Anker gehen. Die Fortsetzung der Geschichte, die zur Entdeckung und Erforschung des «Schiffswracks von Antikythera» führte, fasziniert Laien und bewegt Experten. Dies war die Geburtsstunde der Unterwasserarchäologie. Der «Jüngling von Antikythera», weitere Bronze- und Marmorstatuen sowie Luxusgeschirr, Schmuck, Münzen, Vasen, Klinen und die erste bekannte astronomische Rechenmaschine – «der Mechanismus von Antikythera» – wurden von Tauchern aus Symi geborgen und bereichern seitdem die Sammlungen des Archäologischen Nationalmuseums in Athen.

Die Bergung des Schiffes und seiner Ladung wurde im Jahr 1976 von griechischen und französischen Tauchern unter der Aufsicht vom Archäologen Lazaros Kolonas, der Koordination durch den Leiter der Altertümer George Papathanasopoulos und der Unterstützung des Forschungsschiffes Calypso, welches dem griechischen Staat von Jacques-Yves Cousteau zu Verfügung gestellt wurde, fortgesetzt. Von April 2012 bis Juni 2014 hatten mehr als 300'000 Besucher die Gelegenheit, die insgesamt 378 Funde sowie Teile des Holzrumpfs, zum ersten Mal alle zusammen vorgelegt, in der Ausstellung des Archäologischen Nationalmuseums von Athen, mit dem Titel «Das Schiffswrack von Antikythera: das Schiff, die Schätze, der Mechanismus» zu bewundern.

Wenige Monate bevor die Ausstellung ihre «Reise» in die Schweiz, nach Basel antritt, hat man neue Funde aus der Tiefe geborgen. Durch die Untersuchungen der Abteilung für Unterwasserarchäologie im Herbst 2014, unter der Leitung von Angeliki Simosi und mit der Unterstützung der amerikanischen *Woods Hole Oceanographic*

Institution, war es möglich, ein dreidimensionales Modell der Tiefenmessungen und Fotografien der Position des Wracks zu erstellen. Die neuen Daten und Fragen, die aus der kurzen Oberflächenuntersuchung resultieren, machen nun eine neue systematische Ausgrabung mit dem Einsatz von neuen Technologien und Tauchern erforderlich.

Die Geschichte des Schiffes, das vor Antikythera im 1. Jahrhundert v. Chr. Schiffbruch erlitten hat, sein Reichtum, seine an Bord befindlichen Schätze und die «Geheimnisse» die mit ihm in die Tiefen des Meeres auf den Boden gesunken sind und dort über 20 Jahrhunderte lagen, konnten von den Organisatoren der Ausstellung auf eine verständliche und beeindruckende Weise rekonstruiert werden.

Aus diesem Grund verdienen alle, die an diesem Projekt teilgenommen haben, ein grosses Dankeschön.

Den Besucherinnen und Besuchern des Antikenmuseums Basel und Sammlung Ludwig bietet sich die einmalige Gelegenheit, herausragende Beispiele der griechischen Kunst kennenzulernen und die Geschichte der hellenistischen und römischen Zeit in der Ägäis im Zusammenhang zu sehen. Darüber hinaus liefert der sogenannte Mechanismus von Antikythera wichtige Hinweise auf die Errungenschaften der griechischen Technologie und deren Bedeutung als Weltkulturerbe.

Vorwort der Direktorin Archäologisches Nationalmuseum, Athen

Maria Lagogianni-Georgakarakos

Die fatale und bezaubernde Reise eines antiken Frachtschiffes

Das Meer südlich der Peleponnes, zwischen den Inseln Kythera und Antikythera, ist durch das tragische Schicksal eines antiken Frachtschiffs bekannt geworden. Dieses stolze Frachtschiff (gr. *Olkas*), das nach heutigen Berechnungen 30 Meter lang und 10 Meter breit war, segelte um die Mitte des 1. Jahrhunderts v. Chr. von einem der grossen Zentren der damaligen Zeit, wie Pergamon, Ephesos, Delos oder Paros, los: Es war mit kunstvollen Marmor- und Bronzestatuen beladen. Die archäologische Forschung kann bisher keine gesicherten Schlüsse zur genauen Herkunft der Skulpturen, zur Geschichte des Erwerbs und zu den damaligen Handelszentren ziehen. Dennoch ist klar, dass das Ziel der Reise die blühenden Kunstmärkte des römischen Italien waren, wo man sich nach griechischer Kunst und Hochtechnologie sehnte.

Die Entdeckung des wertvollen antiken Schiffswracks, die an Ostern 1900 geschah, ist zum einen dem Glück und zum anderen der aufmerksamen Beobachtung der Schwammtaucher von Symi zu verdanken, die vor Antikythera ihrer Tätigkeit nachgingen. Mit Hilfe des archäologischen Dienstes und der griechischen königlichen Marine begann darauf die mühsame Bergung eines Grossteils der Ladung und der Schiffsreste, die im Jahr 1901 vorerst beendet wurde. Einige Jahrzehnte später, im Jahre 1976, setzte der archäologische Dienst mit Unterstützung des französischen Forschungsschiffs Calypso die Unterwasserforschung im Bereich des Wracks fort.

Die schicksalshafte und zugleich faszinierende Reise des antiken Frachtschiffes wurde von April 2012 bis Juni 2014 durch das Archäologische Nationalmuseum von Athen in der Sonderausstellung «Das Wrack von Antikythera. Das Schiff, die Schätze, der Mechanismus» wieder zum Leben erweckt. Die Besucher der Ausstellung hatten die

Möglichkeit, annähernd die gesamten, vom Meeresboden geborgenen Altertümer aus nächster Nähe zu bestaunen: Teile des Schiffs selbst und dessen Ausstattung, seine reiche Ladung, darunter Bronze- und Marmorstatuen, Ton-, Bronze- und Glasgefässe, Goldschmuck, Klinen, Münzen und 82 Fragmente des berühmten und einzigartigen Mechanismus. Das reichhaltige Begleitmaterial – gedruckt wie digital – gestattete es den Besuchern, die Funktion dieses einzigartigen Produktes der antiken griechischen Technologie zu verstehen. Darunter befanden sich dreidimensionale CT-Scans und die Kopien des Mechanismus, die dank der grosszügigen Zusammenarbeit von Wissenschaftlern und Sponsoren zustande kamen. Dieses astronomische Wissensniveau, das in der nachantiken Zeit verloren gegangen war, erreichte man erst nach etwa 1400 Jahren wieder.

Der grosse Erfolg der Ausstellung hatte einen drastischen Anstieg der Besucherzahlen des Athener Nationalmuseums zur Folge und entfachte ein neues internationales öffentliches Interesse für das Wrack von Antikythera. Das hat zur Fortsetzung der Unterwasseruntersuchungen der Fundstelle geführt. Diese werden seit Oktober 2014 von der griechischen Behörde für Unterwasserantiquitäten in Zusammenarbeit mit der amerikanischen *Woods Hole Oceanographic Institution* durchgeführt.

Mit der Übernahme der Ausstellung durch das Antikenmuseum Basel geht die Reise des antiken Schiffes weiter. Wir alle, die mit Eifer und Ausdauer zusammengearbeitet haben, um dieses Projekt zu verwirklichen, streben danach, dem Publikum des Basler Museums die Möglichkeit zu bieten, die griechischen Kunstwerke aus der Nähe zu bewundern, quasi mitzureisen und durch die Exponate das kulturelle Umfeld zu begreifen, welches die erste mechanische Rechenmaschine der Welt hervorgebracht hat.

Ich danke an dieser Stelle herzlichst Herrn Andrea Bignasca, dem Direktor des Antikenmuseums Basel und all seinen Mitarbeitenden, denn durch diese ausgezeichnete Zusammenarbeit gelang es uns, unsere Mission zu einem erfolgreichen Abschluss zu bringen.

Mein Dank gilt dem stellvertretenden Minister für Kultur, Bildung und religiöse Angelegenheiten, Herrn Nikos Xydakis und dem schweizerischen Bundesrat, Herrn Alain Berset, Vorsteher des Eidgenössischen Departements des Innern, die unsere gemeinsame Anstrengung mit ihrer Schirmherrschaft beehren, sowie den Botschaftern unserer beiden Länder, Herrn Charalambos-Gerassimos Manessis und Herrn Lorenzo Amberg für ihre unentbehrliche Unterstützung.

Ich möchte meinen herzlichen Dank auch der stellvertretenden Generalsekretärin des griechischen Kulturministeriums, Frau Maria Andreadaki-Vlazaki, der Generaldirektorin für Antiquitäten und Kulturerbe, Frau Elena Korka, und der Direktorin der Museen, Frau Souzana Choulia-Kapeloni, aussprechen.

Besonderer Dank gilt dem ehemaligen Direktor des Archäologischen Nationalmuseums, Herrn Nikolaos Kaltsas, der das Ausstellungsprojekt konzipiert und realisiert hat, und Herrn George Kakavas, Direktor des Epigraphischen und des Numismatischen Museums, der die Arbeit seines Vorgängers fortgeführt hat.

Herzlicher Dank gilt der Direktorin der Behörde für Unterwasserantiquitäten, Frau Angeliki Simosi, der Direktorin der Verwaltung des Nationalen Archivs für Antike Monumente, Dokumentation und Schutz von Kulturgütern, Frau Vassiliki Papageorgiou, und der Fachgruppe zur Untersuchung des Mechanismus von Antikythera, Herrn Mathias Buttet und Herrn Yanis Bitsakis.

Grossen Dank schulde ich am Ende meinen Kollegen – Archäologen, Restauratoren, Verwaltungsangestellten, Handwerkern und dem Aufsichtspersonal – des Archäologischen Nationalmuseums von Athen und vor allem der Arbeitsgruppe – Despina Ignatiadou, George Kavvadias, Bessy Drounga, Elena Vlachogianni und Nomiki Palaiokrassa –, die für die Koordination der Basler Etappe zuständig war. Ohne deren Hingabe, Eifer und Ausdauer hätte die Ausstellung nicht realisiert werden können.

Vorwort des Direktors Antikenmuseum Basel und Sammlung Ludwig

Andrea Bignasca

Heute wie damals ist Griechenland Zentrum der Welt. Die kleine und malerische Insel Antikythera – irgendwo im Meer zwischen der Peloponnes und Kreta – wäre sicher nie so berühmt geworden, hätten Schwammtaucher um 1900 nicht angefangen, aus grosser Meerestiefe Kunstschätze zu bergen. Was man bis heute aus dem Schiffswrack von Antikythera zusammengetragen hat, ist quantitativ wie qualitativ schlicht überwältigend. Was man aus diesem Material ableiten kann, ermöglicht das Verständnis einer ganzen Epoche. Und es geht weiter: Griechische und amerikanische Forscher tauchen wieder vor Antikythera mit der neusten Technologie der Firma Hublot. Am Meeresgrund will man ein zweites Schiff identifiziert haben, vielleicht sind es noch Teile des ersten Wracks, neue Sensationsfunde scheinen möglich, die Erwartungen steigen ins Unermessliche, man spricht von der «Titanic des Mittelmeers».

Was man weiss, ist schon sehr viel: Das voll beladene Lastschiff war um 70 v. Chr. unterwegs nach Italien. Ausgelaufen ist es vermutlich aus Ephesos oder Pergamon – mit Zwischenhalt auf Delos – jedenfalls aus einer reichen griechischen Hafenstadt, die wenige Jahrzehnte zuvor im Zuge der Expansionspolitik in römische Hände gefallen war. Das Schiff transportierte weder Wein noch Getreide, sondern sensationelle Kunst- und Kulturgüter erster Qualität. Unter den tausenden Schiffen, die in der Antike auf derselben direkten Mittelmeerroute zwischen Ost und West fuhren, ist dies ein bedeutungsschwerer Sonderfall. Ein Sturm oder – laut einer anderen Hypothese – ein Piratenangriff beendete die Reise dieses Schiffes vor Antikythera abrupt.

Die bis heute sichergestellten Skulpturen von Göttern und Helden aus Marmor und Bronze gehören zu den Meisterwerken der griechischen Kunst und waren für die Ausschmückung von Villen und Palästen in Italien gekauft worden. Einige meinen, dass sie Kriegsbeute sind. Ihre

Komposition deutet aber eher auf eine schlaue Handels- und Einkaufspolitik der römischen Aristokratie hin, wie sie in den Schriften des Cicero für diese Epoche bezeugt ist. Die neue Weltmacht Rom will sich schmücken und gebührend repräsentieren – ähnlich wie an den Königshöfen des östlichen Mittelmeers. Erste Formen von «Globalisierung» treten an die Stelle von regionalen Partikularinteressen.

Die zweite Sensation des Fundkomplexes lag zuunterst im Cargo verborgen und wurde in einer speziell angefertigten Holzkiste transportiert. Es geht um den sogenannten Mechanismus von Antikythera, eine Art Uhrwerk aus mehreren Zahnrädern, die mit griechischen Inschriften – einer Art Gebrauchsanweisung – versehen sind: Neuste Technologie pur, das letzte Produkt der Wissenschaft, das die Welt revolutionieren kann.

Man rätselt immer noch über seine Bedeutung und sein exaktes Funktionieren. Unter anderem weiss man, dass man damit Sonnen- und Mondfinsternisse im Voraus berechnen konnte. Was man heute innert Sekunden im Internet herausfinden kann, gab den Römern im Mittelmeer und in Zentraleuropa damals den Schlüssel zur Macht. Als die meisten Völker bei Naturphänomenen in Gottesfurcht erstarrten, hatten die Römer – dank der Griechen – den entscheidenden Vorsprung.

In dieser Ausstellung ballen sich zentrale Themen der Kulturgeschichte, der Kunst, der Wirtschaft, des Handels und der Technologie wie nie zuvor. Es sind kulturelle Phänomene, die uns zum Teil sehr direkt angehen, weil sie die Grundlagen unserer heutigen Gesellschaft gelegt und die Geschichte Europas nachhaltig geprägt haben.

Die Ausstellung ist das Resultat einer Kooperation mit dem Archäologischen Nationalmuseum Athen und dem Research & Development Team von Hublot S.A. Ich danke insbesondere Maria Lagogianni-Georgakarakos, Direktorin des Athener Nationalmuseums, sowie Mathias Buttet und Yanis Bitsakis von Hublot S.A. für die exquisite Zusammenarbeit in den vergangenen drei Jahren. Dass so viele und so bedeutende Leihgaben nach Basel reisen dürfen, grenzt an ein Wunder und zeugt von der Grosszügigkeit der Leihgeber sowie vom Vertrauen und von der tiefen Verbundenheit zwischen unseren Institutionen.

Zudem sei an dieser Stelle den sonstigen Leihgebern für ihre Grosszügigkeit gedankt: Der Ephorie für Unterwasserarchäologie (Griechenland), dem Epigraphischen und Numismatischen Museum Athen, dem Museo Archeologico Nazionale di Napoli, dem Museo Nazionale Romano, dem Museum für antike Schifffahrt Mainz sowie der Verkehrsdrehscheibe Schweiz in Basel.

Die Politik hat dieses Wunder erst ermöglicht. Ich danke an dieser Stelle dem stellvertretenden griechischen Minister für Kultur, Bildung und religiöse Angelegenheiten Nikos Xydakis und Herrn Bundesrat Alain Berset, die die Schirmherrschaft der Ausstellung übernommen haben. Für die ständige und tatkräftige Unterstützung danke ich insbesondere Herrn Botschafter Lorenzo Amberg von der Schweizer Botschaft in Athen, Herrn Benno Widmer vom Bundesamt für Kultur (Bern) sowie Herrn Botschafter Charalambos-Gerassimos Manessis von der griechischen Botschaft in Bern.

Grosse Ausstellungen setzen Partner und Geldgeber voraus, die an die Qualität und an die gesellschaftliche Ausstrahlung des Projekts glauben. Ich danke an dieser Stelle ganz herzlich allen unseren Sponsoren und Mäzenen, die die Realisation der Ausstellung finanziell ermöglicht haben, – allen voran der Novartis International AG, der Stavros Niarchos Foundation, der J. Safra Sarasin Bank, Simone und Peter Forcart-Staehelin, der Bank for International Settlements sowie Mezger Uhren und Juwelen.

Die Ausstellung in Basel ist in enger Kooperation mit dem Team des Archäologischen Nationalmuseums Athen kuratiert worden. Federführend war Esaù Dozio, der das ursprüngliche Konzept der Präsentation in Athen mit grosser Umsicht und mit Feingefühl erweitert und neu entworfen hat, unterstützt von Laurent Gorgerat und Tomas Lochman.

Für die innovative und aufwändige Inszenierung danke ich Adeline Rispal (Paris), für die Graphik und den Katalog dem Atelier Anex & Roth (Basel). Für die grossartige Leistung in den Bereichen Verwaltung, Logistik, Technik und Marketing danke ich dem gesamten Team des Basler Antikenmuseums ganz herzlich.

Einleitung des Direktors i. R., Archäologisches Nationalmuseum, Athen

Nikolaos Kaltsas

Die Forschungsarbeiten an jenem Schiff, das nordöstlich der Insel Antikythera Schiffbruch erlitt, liessen eine neue Disziplin entstehen: die Unterwasser-Archäologie. Gleichzeitig ermöglichte dieser Fund einen neuen und unvergleichlichen Einblick in die Technologie vom antiken Griechenland. Die filmwürdige Entdeckung zu Beginn des 20. Jahrhunderts, als eine rätselhafte «Maschine» – der sog. Antikythera-Mechanismus – im Wrack geborgen wurde, löste eine Welle der Faszination aus, die bis heute andauert. Auch die wiederholten Studien der komplizierten Struktur und Funktionsweise konnten nicht alle Rätsel auflösen. Dank der vielen weiteren Funde, die ebenfalls zutage kamen, sind wir nunmehr in der Lage, kunsthistorische Fragestellungen, Aspekte des Seehandels und insbesondere auch des Kunsthandels besser auszuleuchten. Dazu gehört zum Beispiel die Art und Weise, wie die römischen Aristokraten und die wohlhabenden Geschäftsleute den griechisch-hellenistischen Lebensstil nachahmten. Die Römer waren gerade dabei, im Mittelmeerraum eine neue wirtschaftspolitische Weltordnung einzurichten.

Die ersten – nicht von Erfolg gekrönten – archäologischen Unterwasseruntersuchungen in griechischen Gewässern fanden 1884 statt. Auslöser dieser Aktion war der Archäologe Christos Tsountas, der ein bei der Insel Salamis im Saronischen Golf gesunkenes Schiff erfor- schen wollte. Schwammtaucher der Insel Symi – in der östlichen Ägäis – entdeckten dann im Jahr 1900 das Schiffswrack von Antikythera. Es ist sicher kein Zufall, dass im Jahr 1907 ebenfalls griechische Schwammtaucher das Schiffswrack bei Mahdia an der tunesischen Küste sichteten. Bis zum Jahr 1942, als es Émile Gagnan und Jacques-Yves Cousteau gelang, die Tauchtechniken zu verbessern, waren die Schwammtaucher eigentlich die einzigen «Besucher» jener Welt unter dem Meeresspiegel. Eine so massive Mobilisierung, um das Wrack zu heben, hatte es nicht zuletzt wegen der beschränkten finanziellen Möglichkeiten des griechischen Staates vorher noch nie gegeben. Während fast eines ganzen Jahres waren die Schwammtaucher von

Symi im Auftrag des Archäologischen Dienstes – und unterstützt von der Königlichen Marine – mit der extrem schwierigen Bergung der Skulpturen und der Luxusgüter, die den Hauptanteil der Schiffsladung bildeten, beschäftigt. Man konnte darüber hinaus Teile des Schiffsrumpfes und der Ausstattung ebenfalls sicherstellen. Im Jahr 1976 stellte Jacques-Yves Cousteau, der den Ort des Wracks 1953 besucht hatte, die Infrastruktur seines für die Ozeane ausgestatteten Schiffes Calypso dem griechischen Staat mit dem Ziel zur Verfügung, das Wrack noch eingehender zu untersuchen. Weitere Teile des Schiffes, Kunstwerke, Keramik, Schmuck, Gerät und weitere Funde hat man bei diesem Unterfangen zusammengetragen. Zum Teil waren unter dem neu entdeckten keramischen Material Passscherben von Objekten, die bei der Kampagne von 1900/01 geborgen wurden. Die Filmaufnahmen aus dem Jahr 1976, in denen die Bemühungen der griechischen und französischen Taucher dokumentiert sind, gewähren einen direkten Einblick in die im Team herrschende Stimmung wie auch in die Calypso, die ja als Basis diente, um die Arbeiten am Wrack voranzutreiben.

Das Wrack von Antikythera war das zweite erhaltene Beispiel eines antiken Schiffes, das nach jener Methode konstruiert war, bei der zuerst die Aussenhaut gebaut wird. Die Bretter des inneren Gerippes werden bei dieser Bauweise erst dann eingebaut, wenn der Rumpf – aus langen Planken gezimmert und mit Stiften aneinander befestigt – fertiggestellt ist. Das Schiffswrack von Mahdia kam erst später zu dieser Liste hinzu, die durch die Entdeckungen neuer Wracks immer länger wird. Dank der in der Ausstellung gezeigten Fragmente des Schiffsrumpfes wie auch anderer Komponenten der Schiffsausstattung können wir uns ein Bild davon machen, mit welch hoher Fertigkeit solche Schiffe gebaut wurden. Dazu gehört zum Beispiel auch die Feststellung, dass man die Aussenseite mit einem Bleimantel verstärkte; dadurch sollte die Lebensdauer des Schiffes erhöht wie auch der Schutz vor dem zerstörerischen Werk des Salzwassers und der holzfressenden Organismen verbessert werden. Gegenstände, die als Besitz von Passagieren zu betrachten sind (Keramik, Spielzeug, Schmuck), helfen uns dabei, etwas über ihre Lebenswelten und über das Gemeinschaftsleben an Bord zu erfahren.

Das Schiffswrack von Antikythera lässt sich ins zweite Viertel des 1. Jhs. v. Chr. datieren, in eine Zeit, als die Handelsschifffahrt und der Transport von Kunstwerken auf dem Seeweg vom östlichen Mittelmeerraum nach Italien zugenommen hatten.

Die Schiffsladung ist ein deutlicher Beweis dafür, dass es Handelskontakte zwischen dem hellenistischen Osten und der sich in einem Auflösungsprozess befindenden römischen Republik gab. Ebenso ist der luxuriösen Ladung der exklusive Geschmack der italischen Aristokratie (in Kampanien, Etrurien, Latium und Sizilien) und der wohlhabenden Händler in der Bucht von Neapel abzulesen. Der Inhalt der Ladung war ohne Zweifel für den Markt in Italien bestimmt, der in jener Zeit über den Hafen von Puteoli (das heutige Pozzuoli) versorgt wurde.

Abgesehen von ihrer Behausung in der Stadt verfügten die Mitglieder der italischen Oberschicht – Senatoren und *equites* (Ritter) – über weitere Wohnsitze auf dem Land oder Villen an der Küste.
Zu diesen gehörten Bereiche, wo die Hausangestellten einquartiert waren, wie auch spezielle Räume für handwerkliche Arbeiten. Die repräsentativen Räume, wo man Freunde und Klienten empfing und wo man sich erholte sowie seinen Reichtum zur Schau stellte, waren mit Wandmalereien, Mosaiken und Skulpturen gemäss den Vorbil-dern, die die hellenistischen Paläste im östlichen Mittelmeer lieferten, ausgestattet. Daneben umfassten diese Luxushäuser auch Grünflächen wie in griechischen Heiligtümern und den Schulen der Philosophen. Solche Orte waren eine Art Paradies für reiche Römer, wo sie ihre Mussestunden verbrachten und von den politischen und finanziellen Verpflichtungen Distanz nehmen konnten. Um 70 v. Chr., als das Schiff mit grösster Wahrscheinlichkeit vor Antikytheras Küste Schiffbruch erlitt, unterhielt der römische Redner Cicero eine ausgedehnte Korrespondenz mit Titus Pomponius Atticus, einem römischen Banker und Millionär, der in Athen lebte. Cicero wandte sich an Atticus, weil er über ihn Plastiken und Skulpturen aus Bronze und Marmor wie auch andere Kunstwerke zur Schmückung einer oder mehrerer seiner insgesamt acht Villen erwerben wollte. Cicero benötigte dessen Hilfe deshalb, weil Atticus auch den Transport dieses Materials auf hierfür geeigneten Schiffen organisieren sollte. Das Schiff, das bei der Insel Antikythera kenterte, war gewiss im Zusammenhang mit einer derartigen Materiallieferung in Richtung Westen unterwegs.

Die Bronzeplastiken und die Marmorskulpturen aus dem Wrack, die in dieser Ausstellung zu sehen sind, bezeugen den veränderten Geschmack von Kunden oder potentiellen Käufern, aber vor allem zeigen sie, wie sich ein neues historisches Phänomen durchsetzte, nämlich der Erwerb bzw. Verkauf von Kunstwerken. Die Ladung umfasste getreue späthellenistische Kopien von klassischen Vorbildern, Umbildungen von bekannten Urtypen wie auch Neuschöpfungen, in denen die klassische und hellenistische Skulpturenproduktion als Inspirationsquelle dennoch zu erkennen ist. Die ausschliessliche Verwendung von Marmor der Kykladen-Insel Paros bei den Steinskulpturen ist sicher ein sehr wichtiger Faktor in der Diskussion um die Herkunft der Ladung und um den Ausgangshafen der Schiffsreise: Delos ist in diesem Zusammenhang einer der meist überzeugenden Kandidaten. Die Amphoren wie auch andere Luxusgüter (Betten aus Bronze, Keramik mit rotem Glanztonüberzug, Goldschmuck, Glasgefässe) waren gewiss Waren, die man auch in Delos erwerben konnte, denn diese Insel genoss in der Zeit zwischen 166 und 69 v. Chr. den Status eines Freihafens für den Transithandel. Wir dürfen jedoch davon ausgehen, dass die Hauptproduktionsstätten der meisten Güter der Ladung im nördlichen Syrien (*Eastern Sigillata A*, Schmuck und einfarbige Glasobjekte) und in Alexandria (buntes Glas) zu suchen sind. Bei den Skulpturen gilt es das Augenmerk auf ihre Herstellungstechnik und die stilistische Orientierung zu richten. Dabei ist zu beobachten, dass der östliche Mittelmeerraum wohl am ehesten als Herkunftsort in Frage kommt, insbesondere die Bildhauer- und Bronzeateliers von Pergamon und Ephesos, wo die Statuen und Plastiken des Wracks von Antikythera wohl gefertigt wurden.

Was den sog. Mechanismus von Antikythera betrifft, ist die Frage nach dessen Produktionsort viel schwieriger zu beantworten. Die Insel Rhodos mit der dortigen Schule des Poseidonios anerbietet sich zwar als logischer Herstellungsort eines solchen Instruments in der zweiten Hälfte des 2. Jhs. v. Chr., aber der Kalender, der indirekt auf Syrakus verweist, liefert möglicherweise den Hinweis, dass die Heimat des grossen Archimedes von Syrakus als Ort der Herstellung in Betracht zu ziehen ist. Aufgrund von aus der Antike stammenden Hinweisen auf die Vorliebe der Römer für Sonnenuhren und ähnliche «Maschinen» bzw. Kugeln war dieser Mechanismus wahrscheinlich Bestandteil der Ladung und nicht ein Navigationsgerät des Schiffes.

Im letzten Teil der Ausstellung wird die Erforschung des Mechanismus präsentiert. Sie liefert die Grundlage für die Diskussion um die astronomischen Parameter und die technologischen Voraussetzungen, die für die Herstellung eines solchen Geräts überhaupt notwendig waren. Bis zum heutigen Tag gibt es für den Mechanismus keine Parallelen. Nachzuvollziehen sind in diesem Teil der Ausstellung auch die einzelnen Schritte in dessen Erforschung sowie alle Rekonstruktionen mit den jeweiligen Vorschlägen zur Deutung, die verschiedene Forscher dem Publikum in regelmässigen Abständen unterbreitet haben.

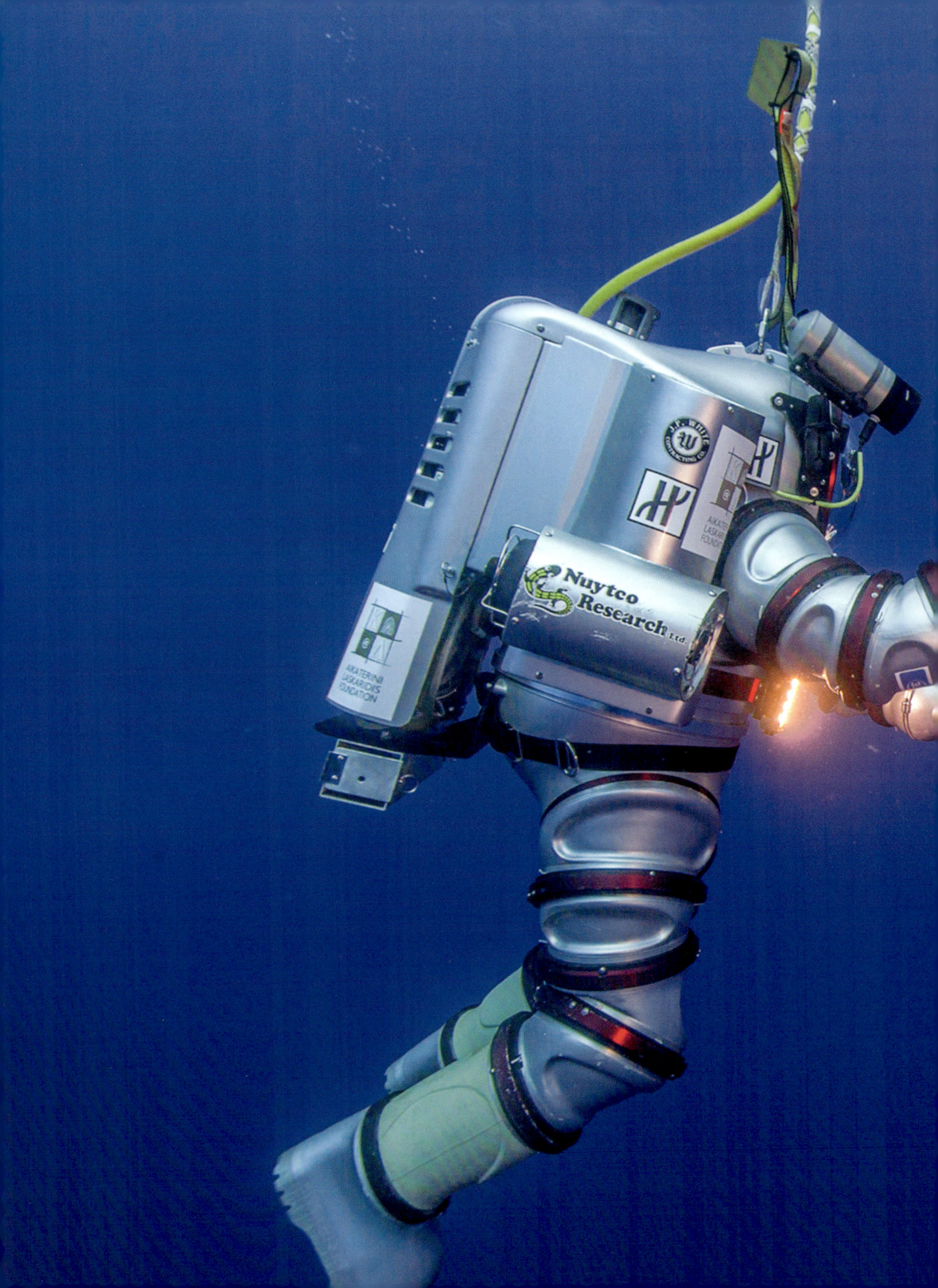
Nuytco
Research Ltd.

Das historische Umfeld

Gesellschaft, Wirtschaft, Technologie

Polyxeni Bouyia (†)

Das Schiff, das vor Antikytheras Nordostküste Schiffbruch erlitt, segelte zu einer Zeit übers Mittelmeer, als Roms Stern aufzusteigen begann. Es ging im zweiten Viertel des 1. Jhs. v. Chr. unter, nur einige Jahrzehnte bevor die römische Republik und auch die hellenistische Zeit an ihr Ende gelangen sollten. Diesen Schlusspunkt setzte gewissermassen die Einführung von Augustus' Alleinherrschaft im Jahr 27 v. Chr.

In der ersten Hälfte des 1. Jhs. v. Chr. kam es in altehrwürdigen und mächtigen Staatswesen wie im Reich der Seleukiden, in Judäa, in der Ägäis und auf der iberischen Halbinsel zu sozialen und politischen Umwälzungen. Auf der italienischen Halbinsel, in Nordafrika, Griechenland und in Kleinasien kämpften die römischen Generäle und die Aristokratie um ihre Vormachtstellung. Ab dem Ende des 2. Jhs. v. Chr. bis 63 v. Chr. versuchte König Mithridates VI. Eupator von Pontus, der über ein rohstoffreiches Gebiet verfügte (Weizen, Holz, Meeresprodukte), den Vormarsch der Römer aufzuhalten, indem er Bündnisse mit unterschiedlichen Partnern einging. Darunter sind die Thraker, die Illyrer, nomadische Stämme unter Iugurthas Oberherrschaft, auch römische Soldaten, die unter die Räder des Bürgerkrieges geraten waren, griechische Stadtstaaten, geflüchtete Sklaven und Piraten zu nennen.

‹ Mithridates VI. Eupator (Gipsabguss aus der Skulpturhalle Basel)

DENN SCHON JETZT KONNTE DER STAAT DIE FRÜHERE REINHEIT UNTER DEM EINFLUSS SEINER GRÖSSE NICHT MEHR BEHAUPTEN. BEI DER HERRSCHAFT ÜBER SO VIELE LÄNDER UND LEUTE STELLTE ER VIELMEHR EINE MISCHUNG VON VIELFACHEN GEWOHNHEITEN DAR UND MUSSTE AUFFALLENDE BEISPIELE DER MANNIGFALTIGSTEN LEBENSWEISEN IN SICH DULDEN.

PLUTARCH, CATO DER ÄLTERE 4
(ÜBERSETZUNG E. EYTH)

Die zunehmende römische Präsenz und Einmischung in die Kräfteverhältnisse im östlichen Mittelmeerraum veranlassten die mit Panik reagierenden griechischen Stadtstaaten zu überstürzten Aktionen, opportunistischen Allianzen und zu bewaffneten Aufständen, die zum Scheitern verurteilt waren. Viele Intellektuelle und Künstler suchten Sicherheit und Betätigungsmöglichkeiten in Rom. Die Piraten, die sich die politischen und militärischen Konflikte zunutze machten und aus der Unterdrückung der Bevölkerung Profit zogen, liefen geradezu Amok, bis sie im Jahr 67 v. Chr. von Gnaeus Pompeius Magnus vernichtend geschlagen wurden. Sie gelangten nunmehr selbst in den Kreislauf des Sklavenhandels, dessen Zentrum Delos war, im Mittelpunkt der Ägäis.

Eine bis anhin unvorstellbare Produktivität im Bereich der Landwirtschaft und des Handwerks, die römische Aristokraten und Unternehmer kontrollierten, war das Ergebnis des massiven Einsatzes von Sklavenarbeit. Als Folge des Seehandels überfluteten nach dem Fall von Karthago im Jahr 146 v. Chr. römische Erzeugnisse die Märkte im westlichen Mittelmeerraum. Gleichzeitig strebten die römischen Händler auch im Osten nach mehr Absatzmöglichkeiten. Diese Zunahme ging hauptsächlich zu Lasten des Monopols von Rhodos, das die Insel nach dem Rückzug der Ptolemäer aufgebaut hatte. Als Folge der siegreichen Unternehmungen der römischen Legionen und der Diplomatie kam es zwischen römischen Netzwerken aus Händlern sowie Schiffsbesitzern und solchen aus Griechenland und dem Nahen Osten immer häufiger zu Konflikten um die Vorherrschaft. Die geographische Verteilung von Amphoren, insbesondere solcher mit gestempelten Henkeln – in den Gefässen wurden Wein, Olivenöl, gepökelter Fisch und Fleisch, Fischsauce *(garum)*, Früchte, Honig und Teer transportiert – lässt das Konfliktpotenzial erahnen. Die finanziellen Interessen der Griechen sowie der Römer stiessen aufeinander. Weizen aus Ägypten, Wein aus der Ägäis, Metall von der iberischen Halbinsel, kostbare Textilien, Glasgefässe und Edelmetalle aus Syrien und Phönizien, Weihrauch und Aromata von der arabischen Halbinsel, Gewürze und Perlen aus Indien sowie Seide aus China wurden übers Mittelmeer verschifft und so nach Rom gebracht. Die Lust auf Luxusgüter kam auch in der steigenden Nachfrage nach griechischen Kunstwerken deutlich zum Ausdruck. Unabhängig davon, ob solche Werke als Kriegsbeute oder infolge mehr oder weniger freiwilliger Aktionen erworben worden waren, transportierte man sie zusammen mit anderen Gütern auf dem Seeweg zu den Villen, die Aristokraten oder Neureiche in Rom oder an den Küsten von Etrurien, Latium, Kampanien und Sizilien besassen.

Die noch nie zuvor dagewesenen, ausserordentlichen Erträge aus dem Seehandel des 1. Jhs. v. Chr. fallen mit der Steigerung des Handelsvolumens wie auch mit dem Bau von grösseren Schiffen zusammen. Die Zahl der Schiffbrüche hält mit dieser Entwicklung Schritt, denn sie war so hoch wie noch nie zuvor. Die Fortschritte in der Wissenschaft und der Technologie, die in Städten wie Alexandria oder Rhodos erzielt wurden, schlugen sich in Form von Neuerungen im praktischen Bereich nieder, dabei half auch, dass man auf Sklavenarbeit zurückgreifen konnte. Poseidonius, ein Stoiker und Astronom, lehrte jene Strömung der Philosophie, die die Instrumente und das Wissen zur Bewältigung des Alltags zur Verfügung stellte und so die Weiterentwicklung der menschlichen Gesellschaft auch auf praktischer Ebene vorantrieb. Forscher schreiben ihm das Interesse, die Tiefen des Meeres zu messen, zu. Dabei fand er heraus (gemäss Strabo 1.3.9), dass das Meer in der Nähe von Sardinien ungefähr 1000 Faden tief sei, was modernen Messungen sehr nahe kommt.

Der hellenistische Osten

Das Reich der Seleukiden, das Syrien, Phönizien und Palästina umfasste, stützte sich auf eine Wirtschaftsstruktur, die im Aussenhandel verankert war. Dazu gehörten die Herstellung von Gefässen, Stoffen, Glas und Metallobjekten, der Import von Luxusgütern aus Indien und China sowie der Sklavenhandel. Der Staat kontrollierte auch private Initiativen, die am Seehandel beteiligt waren wie der Besitz von Schiffen und das Bankgeschäft. Die Wirtschaft des Reiches nahm

Schaden wegen Konflikten in Fragen der Thronfolge, inneren Aufständen und ethnischen Spannungen, aber auch wegen dem Verlust von Teilen des Staatsgebiets (Tyros, Sidon, Beirut und Ashkalon). Händler aus diesen Städten hatten sich vor dem Ende des 2. Jhs. v. Chr. in Delos niedergelassen, denn dieses war das Steuerparadies der antiken Welt. Es war wohl dazu gekommen, weil das Reich der Seleukiden politisch unstabil war und sich in Auflösung befand.

Die Ptolemäer mit ihrer auf Einmischung und Protektion abzielenden Politik und ihrem Einfluss auf Zypern, Kreta, Rhodos, die Kykladen und Nordostafrika ergriffen Partei für Rom und profitierten von der Krise im Seleukidenreich. Alexandria, Hauptstadt des Ptolemäerreiches sowie ein Zentrum des Mittelmeerhandels, der Wissenschaft und der Kultur, erlebte auch weiterhin blühende Zeiten, obschon kleinere Stadtstaaten danach strebten, in Konkurrenz zu Alexandria zu treten.

Alexandria, Zypern, Rhodos, Kreta, Milet, Ephesos, Delos, Euböa, Piräus und die ionischen Inseln waren im 1. Jh. v. Chr. wichtige Stützpunkte auf den maritimen Handelsrouten, die vom griechischen Osten nach Rom führten.

Alexandria

Alexandria war in der Antike Ägyptens Haupthafen für den Export und den Import, für die Routen in den und aus dem Westen und fürs Rote Meer wie auch das Zentrum bedeutender Schiffswerften. Bis zum Zeitpunkt seiner Unterwerfung durch Rom im Jahr 30 v. Chr. war Alexandria der grösste Handelsumschlagplatz und vielleicht die bevölkerungsreichste Stadt des Mittelmeergebietes. Sie war der Mittelpunkt für die Produktion, die Weiterverarbeitung und die Verteilung von lebenswichtigen Gütern (Weizen, Metallobjekte, Keramik, Glas, Stoffe, Parfums), ein Markt für Luxuswaren (Gewürze, aromatische Stoffe, Edelsteine) aus Indien, Arabien und China und der Startpunkt für den Warenexport in den Westen, insbesondere nach Puteoli, das heutige Pozzuoli, westlich von Neapel > Abb. Seite 42. Daran lässt sich erkennen, wie zentral die Seeverbindung zwischen Alexandria und Rom war, denn sie war der Garant für das Überleben und den Wohlstand auf der italienischen Halbinsel und überhaupt für alle, die wirtschaftlich von diesem Handel abhängig waren.

Das *emporion* (Strabo 17.1.6 und 9) – damit bezeichnet man jenes spezielle Areal, das für die Aktivitäten rund um den Handelsaustausch zur Verfügung stand – befand sich im Osten der Stadt innerhalb des Grossen Hafens und in der Nähe des gigantischen Palastes der ptolemäischen Herrscher. Zur Infrastruktur eines solchen *emporions* gehörten Anlegestellen und Warendepots. Die beträchtliche Tiefe des Hafenbeckens erlaubte es auch Schiffen mit grossem Tiefgang hier anzulegen. Die drastische Reduktion der ptolemäischen Handelsflotte ab der Mitte des 3. Jhs. v. Chr. bis 48/47 v. Chr. ist die logische Konsequenz aus dem Ende der Militärmarine.

Das *mouseion* von Alexandria ist der Beweis für das hier erreichte hohe technologische und wissenschaftliche Niveau, das zuerst unter Ktesibios (285–222 v. Chr.) mit seinen berühmten Pumpen einen Höhepunkt feierte und später nochmals im 1. Jh. n. Chr. mit Herons sogenannten *automata*. Solche Erfindungen waren das Ergebnis des Reichtums an Wissen, das in der berühmten Bibliothek gesammelt und verwaltet wurde.

Rhodos

Die Römer fügten dem rhodischen Seehandel im frühen 1. Jh. v. Chr. irreparablen Schaden zu (Polybios 30.31.10). Die Vereinigung der Seeleute verlor Gebiete in Lydien und Karien, welche ihr die Römer im frühen 2. Jh. v. Chr. abgetreten hatten, und war so gezwungen, sich von ihren befestigten Aussenposten an der Rhodos gegenüber liegenden kleinasiatischen Küste zurückzuziehen. Die Steuerfreiheit, die Delos gewährte, schwächte Rhodos' ökonomische Vormachtstellung auf den Märkten des Mittelmeeres und des Schwarzen Meeres, wie die Insel sie im frühen und mittleren Hellenismus innehatte. Die umsichtige und flexible diplomatische Vorgehensweise seiner Seefahrtsaristokraten, die sämtliche Ressourcen und den gesamten Seehandel kontrollierten, war nicht mehr so effizient wie in früheren Zeiten. Die Stadt konnte jedoch ihre Position als privilegiertes Verteilzentrum des ägyptischen Getreides verteidigen sowie sich als erfolgreiche Weinverkäuferin positionieren. So gesehen erstaunt es nicht, dass rhodische Schiffe immer Weizen und Wein transportierten. Rhodos' Handelsflotte liess sich von militärischen Schiffen begleiten und schützen.

Aufgrund von gestempelten Amphorenhenkeln lässt sich zeigen, wie stark die römische Wirtschaft ins östliche Mittelmeergebiet vorgedrungen war, wo zuvor Rhodos eine dominante Rolle innehatte. Rhodischer Wein war in Alexandria und Zypern immer noch der Marktleader. Wein aus Italien eroberte aber allmählich das westliche Mittelmeergebiet, den adriatischen Raum und sogar die Ägäis. Damit wurde dem rhodischen Wein ein böser Schlag versetzt. Der mit Salz gewürzte Weisswein aus Knidos, den die Römer bevorzugten, übertrumpfte in Athen und Delos nunmehr den rhodischen Wein. Sowohl Knidos wie auch Kos; mit ihren ebenfalls berühmten gesalzenen Weissweinsorten (*leucocoum* = Weisswein von Kos, Plinius, *De agricultura*, 14.78), emanzipierten sich von Rhodos. Sie passten die Kapazität ihrer Amphoren den in Athen geltenden Hohlmassen an, um so den Verkauf ihres Weins auf dem Delikatessenmarkt von Delos zu vereinfachen, denn wegen der Farbe und Klarheit war dieser Wein bei einer gewissen Kundschaft sehr gefragt. Dies lässt erahnen, dass italische Händler bei diesen Transaktionen involviert waren.

Die Stadt Rhodos war ein wichtiges Zentrum der griechischen Kultur und Wissenschaft. Der Universalgelehrte Poseidonios von Apameia (135–51 v. Chr.), der sich in Disziplinen wie Philosophie, Astronomie, Mathematik und Geographie besonders hervortat, hatte sich hier niedergelassen. Damit war er in die Fussstapfen von Hipparchos von Nikaia, dem Vater der Astronomie (190–120 v. Chr.), getreten, der die Insel als Basis für astronomische Beobachtungen auserkoren hatte. Es ist möglich, dass der Astronom und Mathematiker Geminos vermutlich im 1. Jh. v. Chr. aus denselben Gründen auf der Insel lebte. Geminos entwickelte Theorien zur Kugelform der Erde, zur Natur der Sonne und der Fixsterne, zum Mondlicht und zur relativen Bedeutungslosigkeit des Planeten Erde im Vergleich zum Universum.

Delos

Delos' strategische Position sowie die dort niedergelassenen Händler aus vielen Ländern, insbesondere aus Italien, sorgten dafür, dass sich die Insel zu einem internationalen Zentrum des Seehandels entwickeln konnte. Der unbefestigte Hafen spielte dabei eine weit weniger wichtige Rolle. Der wirtschaftliche Aufschwung begann im Jahr 166 v. Chr., als die Römer Delos zu einem Freihafen unter Athens Kontrolle erklärten, wo Ware im Transithandel frei passieren konnte. Dadurch dass Korinth ab 146 v. Chr. keine Handelsmacht mehr war, konnte sich Delos' Position jedoch noch weiter verstärken (Strabo 10.5.4). Die Wirtschaft der Insel Rhodos erlitt dadurch beachtlichen Schaden. Ein römisches Gesetz des Jahres 123 v. Chr., das die Besteuerung der Provinz Asia betraf *(lex Sempronia)*, verschaffte Delos einen weiteren Vorteil. Dieses war für die Römer so etwas wie ein zentraler Etappenort mit vielen Dienstleistungen, in die *publicani, portitores, argentarii, negotiatores* und *mercatores* (Beamte, Schiffsleute, Geldwechsler, Händler, Verkäufer) involviert waren.

Zur Zeit seiner höchsten Blüte hatte Delos zwischen 20'000 und 30'000 Einwohner. Gebäudekomplexe, die als Lagerhallen, Zwischendepots und Büros, wo die Transaktionen abgewickelt wurden, dienten, säumten den Handelshafen. Zu diesen gehörten das mit Säulenhallen ausgestattete Handelsgebäude auf der Agora der Italiker sowie die Agora der Kompetaliasten für freie italische Bürger, Freigelassene und Sklaven, die als Bankiers, Seeleute und Weinverkäufer tätig waren. Ihre luxuriösen Privathäuser mit der reichen Ausstattung (wie z.B. das Haus des Hermes oder das Haus des Philostratos von Ashkalon), die sogenannte Agora der Italiker, das Gebäude der Poseidoniasten von

Der Hafen von Puteoli (heute Pozzuoli) bei Neapel; Wandmalerei aus Stabiae (Archäologisches Nationalmuseum Neapel)

Beirut und die verschiedenen Kult- und Weihgaben zeugen von der Präsenz und den Glaubensbekenntnissen von Händlern aus Rom und von der übrigen italienischen Halbinsel, aus Sizilien, Kleinasien, Zypern, Phönizien, Palästina und aus Ägypten. Die Nachfrage nach luxuriösen Privathäusern und öffentlichen Gebäuden auf Delos veranlasste viele Bildhauer und Metallgiesser aus Athen und Kleinasien anzureisen, was einen Höhenflug im Bereich der bildenden Künste auslöste.

Weizen aus Ägypten, Olivenöl aus Italien, Wein aus Knidos, Rhodos und Kos sowie aus Italien importierte man sowohl für den lokalen Gebrauch dieser dicht besiedelten Hafenstadt als auch für den Fernhandel. Strabos «grosses und wohlhabendes Emporium» (14.5.2) und Festus' *«maximum emporium totius orbis terrarum»* (122) – der grösste Umschlagplatz des gesamten Erdkreises – wurde mit Luxusgütern geradezu überflutet, hauptsächlich Gegenstände aus Bronze *(aes deliacum)* wie z.B. Plastiken und Betten (Plinius, *Naturgeschichte* 34.9), aber auch Parfums. Die Entdeckung von Lampen mit bis zu 30 Schnauzen ist ein weiterer Beleg dafür, dass hier ein hoher Lebensstil gepflegt und Lifestyle inszeniert wurde.

Die Händler aus dem Osten, die in Delos niedergelassen waren, hatten einen privilegierten Zugang zu den exotischen Gütern. Die italischen Kaufleute hatten primär mit dem Handel und der Verarbeitung der Purpurschnecke *(purpurarii)*, mit dem Weihrauch *(thurarii)*, den Parfums *(unguentarii)*, Perlen *(margaritarii)*, der Bekleidung *(vestarii)*, den Stoffen aus Leinen *(linenarii)*, dem Silber *(argentarii)* und Gold *(aurarii)* zu tun; sie waren also in mehreren Bereichen tätig. Die italischen Händler hatten auch das Bankgeschäft monopolisiert. Die Freigelassenen und die Sklaven, die im Auftrag von italischen aristokratischen Familien hier arbeiteten, dominierten die Marktgeschäfte von Delos und waren in manchen Branchen gar konkurrenzlos. Der geschäftliche Erfolg, der innerhalb einer Generation zustande kam, brachte Wohlstand und sozialen Aufstieg für all jene, die direkt oder indirekt an diesen Aktivitäten beteiligt waren. Die reichen Nachkommen solcher Freigelassener führten ein Leben mit allen materiellen Annehmlichkeiten, genauso wie ihre ehemaligen Herren in Delos, Italien und Sizilien. Lediglich der Zugang zu den Ämtern der italischen Aristokratie blieb ihnen verwehrt.

Delos war auch ein bekanntes Zentrum des Sklavenhandels, wo Tausende Sklaven täglich ihre Besitzer wechselten (Strabo 14.5.2). Manche dieser Sklaven kamen aus Gebieten in Kleinasien. Die Römer hatten im westlichen Teil Kleinasiens (in der heutigen Türkei) im Jahr 129 v. Chr. die römische Provinz Asia eingerichtet. Die kilikischen Piraten sorgten für den Sklaven-Nachschub, obschon ein Dekret des römischen Senats (102–100 v. Chr.) es römischen Verbündeten verbot, mit Piraten Handelskontakte zu unterhalten. Die Agora der Italiker auf Delos soll nichts anderes als der Sklavenmarkt gewesen sein *(statarium)*.

Im Jahr 87 v. Chr. griff die Flotte des Königs Mithridates VI. Eupator von Pontus unter dem Admiral Archelaos Delos an. Dabei wurden 20'000 Männer aus Italien getötet, ihre Frauen und Kinder versklavt und die Stadt geplündert. Delos erholte sich zwar von diesem Schlag, erlitt aber neue Verwüstungen durch Athenodoros und seine Piraten im Jahr 69 v. Chr. Der Bau von Befestigungsanlagen und die Wiedereinführung der Steuerfreiheit durch ein Gesetz im Jahr 58 v. Chr. *(lex Gabinia-Calpurnia)* genügten indes nicht, um die frühere Dynamik der Hafenstadt als Handelsvorposten wieder herzustellen. Die

DAZU KAM, DASS LUCIUS SULLA SEIN HEER, DAS ER IN KLEINASIEN GEFÜHRT HATTE, UM ES SICH ERGEBEN ZU MACHEN, GEGEN DEN BRAUCH DER VORFAHREN ÜPPIG UND ALLZU GROSSZÜGIG GEHALTEN HATTE. DIE REIZE UND DIE VERLOCKUNGEN DIESER GEGENDEN HATTEN DANN WÄHREND DER FRIEDENSRUHE DIE WILDEN KRIEGER RASCH VERWEICHLICHT. DORT GEWÖHNTE SICH DAS HEER DES RÖMISCHEN VOLKES ERSTMALS DARAN, ZU LIEBEN UND ZU SAUFEN, BILDWERKE, GEMÄLDE UND GEPUNZTE GEFÄSSE ZU BEWUNDERN, SIE AUS PRIVATEM UND ÖFFENTLICHEM BESITZ ZU RAUBEN.

SALLUST, DIE VERSCHWÖRUNG CATILINAS 11
(ÜBERSETZUNG W. EISENHUT - J. LINDAUER)

Auslöschung der Piraterie im Jahr 67 v. Chr. durch Pompeius entzog dem Markt ein wesentliches Produkt, nämlich die Sklaven. Im Weiteren zeigte die direkte Verbindung zwischen Alexandria und Puteoli, wo während der Krise mit Mithridates Getreide für Rom angeliefert wurde, dass es möglich war, Delos links liegen zu lassen. So verlagerten die meisten italischen Geschäftshäuser ihre Niederlassungen nach (Klein-)Asien, während Delos nur noch die Bedürfnisse des lokalen Marktes bediente.

Rom und der Seehandel *(Roma et negotia maritima)*

Das Territorium der römischen Republik umfasste Gebiete auf der Apenninenhalbinsel, auf der iberischen Halbinsel, in Nordafrika und Asien. Seine Hauptstadt verwandelte sich ab der Mitte des 2. Jhs. v. Chr. in eine bedeutende Metropole, als Gewinne aus Finanzgeschäften und Rohmaterial aus den eroberten Landstrichen nach Rom flossen. Zahlreiche versklavte Gefangene (ungefähr 800'000 bis 1'000'000) und Handwerker (manche unter ihnen auf der Suche nach einem besseren Leben) sorgten gemeinsam für eine bis anhin unvorstellbare Produktivitätssteigerung in der Landwirtschaft und im Kunsthandwerk. So konnte man die öffentlichen Räume der Hauptstadt mit wichtigen Gebäuden erweitern und die Villen der Aristokratie in Etrurien, Latium, Kampanien und Sizilien mit griechischen Kunstwerken schmücken. Letztere waren entweder bei Raubzügen von ihren ursprünglichen Aufstellungsorten entwendet oder in griechischen Städten in Künstlerwerkstätten legal erworben worden. Denkbar ist auch, dass sie von eingewanderten Bildhauern und Malern vor Ort gefertigt wurden. Die zwiespältige Haltung gegenüber der griechischen *tryphe*, der luxuriösen und hedonistischen Lebensart, wie sie an den hellenistischen Höfen gepflegt wurde und wie sie auch im Wunsch, griechische Kunstwerke zu besitzen, fassbar wird, kommt in Ciceros Reden gegen Gaius Verres zum Ausdruck (70 v. Chr.). Dieser war von 73 bis 71 v. Chr. römischer Statthalter in Sizilien. Cicero rügte ihn, weil er die Kunstwerke der sizilischen Städte geplündert hatte. Ähnliches ist aber zwei Jahre später in Ciceros Korrespondenz mit Atticus, einem römischen Intellektuellen und Banker, nachzuvollziehen. Cicero benötigte dessen Hilfe für den Ankauf von griechischen Skulpturen für seine Villa in Tusculum. Die Nachfrage nach griechischer Kunst wurde durch den Bürgerkrieg (90–27 v. Chr.) unter prominenten Vertretern der herrschenden Klasse der Republik noch weiter angeheizt.

Angelockt durch Aussicht auf grosse Profite, waren Mitglieder der Oberschicht im 1. Jh. v. Chr. oft bereit, selbst aktive Player im Seehandel zu werden. Sie taten dies auf diskrete und verdeckte Weise durch Kontakte auf der Ebene vom Patron zum Kunden oder durch Geschäftsbeziehungen, denn die vornehme Abstammung war eigentlich mit dem Betreiben eines Geschäfts nicht zu vereinen. Das sogenannte *plebiscitum Claudianum* (Livius 21.63, 3–4), ein Gesetz aus dem Jahr 218 v. Chr., das Iulius Caesar 59 v. Chr. reaktivierte, legte fest, dass Senatoren keine Schiffe *(naves maritimas)* besitzen durften, die über eine Kapazität von mehr als 300 Amphoren verfügten *(lex Claudia de nave senatorum)*.

Viele Römer und andere Menschen aus Italien, die Nahrungsmittel und auch sonstige Güter produzierten und damit Handel betrieben, erweiterten ihre Aktivitäten, um ihre Waren dank des Seehandels in grösserem Umfang vermarkten zu können. So zum Beispiel die *gens Sestia* im etruskischen Hafen Cosa (bei Orbetello, am Tyrrhenischen Meer), die ihren Wein und ihre Fischsauce in Amphoren aus eigener Manufaktur abfüllte und vermutlich selbst aktiv am Warentransport beteiligt war. Der Senator L. Sestius soll, gemäss den Angaben seines Freundes Cicero (*ad Atticum*, 16.4.4), im Jahr 44 v. Chr. ausgezeichnete Schiffe *(navigia luculenta)* besessen haben.

Die *negotiatores* waren Handelsvertreter und Seeagenten der italischen Aristokratie. Sie kümmerten sich um die Verwaltung der investierten Kredite, um den Schiffsbau, um anfallende Gebührenzahlungen und um die transportierten Güter. Ihre Arbeit an den zentralen Umschlagplätzen des Mittelmeerraumes erleichterten die *mercatores*, Menschen aus den unteren Gesellschaftsschichten, die die Geschäftsrisiken eingingen und trugen. Einige von ihnen waren Freigelassene oder Wirtschaftsflüchtlinge (Griechen, Juden, Phönizier) aus dem Nahen Osten, die allmählich in den Sog der politischen und ökonomischen Expansion der Römer geraten waren.

Das gesamte aus Delos überlieferte Material belegt, dass Familien aus Rom und Italien, die sich aus der Schicht der Senatoren und *equites* (Ritter) zusammensetzten, mit Luxusgütern und Sklaven Handel betrieben und deshalb als *negotiatores* zu bezeichnen sind. Die Castricii, die Lollii und die Titinii besassen landwirtschaftliche Gutsbetriebe in Sizilien und waren auch am Sklavenhandel in Delos beteiligt. Ihre schnell angehäuften Reichtümer verschafften ihnen einen kontinuierlichen Aufstieg auf der sozialen Leiter. Aufgrund dessen, was aus Inschriften abzuleiten ist, lassen sich mehr als 60 aristokratische Familien im *emporion* von Delos nachweisen. Ihre Vertreter, die sich dauernd in Delos aufhielten, waren Freigelassene und Sklaven, die über die erfolgreiche Geltendmachung der Interessen ihrer Auftraggeber selbst zu Geld gelangten und so auch zu einer Besserstellung in der Gesellschaftspyramide.

Den Seeweg machte sich auch der Handel von Kunstwerken zunutze. Davon profitierten auch jene, die in griechischen Städten geplünderte Werke in den Westen transportierten. Die Verwendung solcher Gegenstände ab 100 v. Chr. bei der Verschönerung von Privatvillen römischer Aristokraten und neureicher Grosshändler sorgte dafür, dass die Nachfrage zunahm und dass eine neue Palette von Produkten zu den anderen, die auf den Schiffen transportiert wurden, hinzukam, eben das Raubgut. Italische *negotiatores* aus der Klasse der *equites*, wie zum Beispiel Titus Pomponius Atticus, der im Namen von Cicero in Athen agierte, oder die Cossutii auf Delos, kümmerten sich mit der Hilfe von Freigelassenen oder von italischen *mercatores* um diesen

Gnaeus Pompeius Magnus (Gipsabguss aus der Skulpturhalle Basel)

neuen lukrativen Geschäftszweig, um so die Wünsche ihrer noblen Mitbürger zu erfüllen und um die Belieferung sicherzustellen. Verres, den Cicero wegen seiner schlechten Führung der Regierungsgeschäfte auf Sizilien und des Raubes von Kunstwerken massiv kritisiert hatte, verwendete ein riesiges Lastschiff *(navem onerariam maximam)*, das ihm die Bewohner von Messina, die *Mamertines*, zum Abtransport des geraubten Materials aus Sizilien zur Verfügung stellten (Cicero, *In Verrem* II 2.13). Verres benutzte auch sein eigenes Handelsschiff (*onerariam navem suam, In Verrem* II 1.46), um im Jahr 80 v. Chr. Raubgut (Weihgaben und Statuen) aus Delos abzutransportieren.

Anhand spätrepublikanischer Schiffswracks lässt sich feststellen, dass unterschiedliche Gattungen von Kunstwerken genauso behandelt wurden. Das Schiffswrack von Mahdia enthielt eine idealtypische gemischte Ladung, die Säulen, Kapitelle, Basen, grosse und kleine Statuen, Brunnenbecken aus Marmor, Gefässe, Kandelaber, Reliefs, Bronzebetten, aber auch Transportamphoren und Bleibarren aus Spanien umfasste. Der geschätzte Wert der Ladung beläuft sich auf annähernd 1'000'000 *sestertii* und entspricht damit in etwa jenem der *myriophoroi* – das sind jene Waren, die in den Amphoren abgefüllt waren und die ebenfalls mit einem Warenwert von etwa 1'000'000 *sestertii* zu Buche schlagen.

Privater Luxus *(Luxuria privata)*

Die Plünderung griechischer Kunstwerke als Beweis für die Eroberungszüge römischer Generäle im Namen des römischen Volkes und die Verwendung des Beutegutes als Schmuck für Heiligtümer und im öffentlichen Raum in Rom lässt sich bis ins späte 3. Jh. v. Chr.

zurückverfolgen. Die Verwendung solcher Objekte, sei es Raubgut oder rechtmässig erworbenes Material, zur luxuriösen Ausschmückung eines privaten Wohnumfeldes *(luxuria privata)* ist vor dem 1. Jh. v. Chr. schon belegt, während solcherlei später geradezu zu einer allgemeinen Praxis bzw. Modeerscheinung avancierte. Dieses Phänomen kommt in der Beobachtung des römischen Historikers Velleius Paterculus (ungefähr um 30 n. Chr.) zum Ausdruck, wonach «privater Luxus dem öffentlichen Glanz folgte». Der ungeheuerliche Import von griechischen Kunstwerken in Form von Kriegsbeute, in dem sich im 2. Jh. v. Chr. klar ökonomische, symbolische und ideologische Aspekte widerspiegeln, ebnete das Terrain für die Akzeptanz bei den Römern, was die hellenistische *tryphe* in der Privatsphäre betrifft. Der Begriff *tryphe* bezeichnet Luxus und Üppigkeit in der Architektur, in der Bekleidung, beim Dekor und auch bei den Tischsitten. Dazu gehörte auch der Besitz von exotischen Gütern wie Sklaven. *Luxuria*, das römische Äquivalent, war ein abfälliger Begriff, mit dem man den griechischen Einfluss auf das öffentliche und private römische Leben bezeichnete. Mehrere römische Autoren (Cicero, Sallustius, Livius) kritisierten dieses Phänomen als etwas, das den römischen Werten wie *parsimonia* (Sparsamkeit, Mässigung) und *diligentia* (Fleiss, Vorsicht) schädigend entgegentritt. Für die Veränderung des bescheidenen Lebensstils der Römer und für die Übernahme von Gepflogenheiten aus der materiellen Kultur der Griechen, die zu einer «Hellenisierung» der Römer führten, machten diese Autoren die Kriegsbeute verantwortlich, die aus den eroberten griechischen Städten stammte (Livius 39.6.7; 25.40.1-3, Plinius, *Naturgeschichte* 34.47, Sallustius, *Bellum Catilinae,* 11.5-6).

WENN DU EIN PAAR SCHMUCKSTÜCKE FÜR DAS GYMNASIUM AUFTREIBEN KANNST, DIE FÜR DIE DIR WOHLBEKANNTE STELLE PASSEN, LASS SIE DIR BITTE NICHT ENTGEHEN!

CICERO, BRIEF AN ATTICUS; ROM, ENDE NOVEMBER 68 V. CHR. (ÜBERSETZUNG H. KASTEN)

Ciceros Bemerkung (*Pro Murena,* 76), dass «das römische Volk privaten Luxus hasst, aber öffentlichen Prunk liebt», gewährt Einblick in die Haltung gewisser Kreise, wonach *luxuria* und der Einsatz von griechischen Kunstwerken im öffentlichen Raum zwar nicht wirklich positiv bewertet, aber doch zumindest akzeptiert wurden. Ciceros eigene Haltung, der einerseits eine prahlerische Zurschaustellung von Luxusvillen und ihrer opulenten Ausstattung kritisierte, aber andererseits darauf beharrte, dass Titus Pomponius Atticus ihm griechische Statuen liefern sollte, ist ein typisches Beispiel dafür, wie widersprüchlich und ambivalent die Haltung der Oberschicht in dieser Frage war. Es war jedoch unvermeidbar, dass die Mitglieder der Oberschicht, wie Marcus Scaurus (Plinius, *Naturgeschichte* 36.115), den Verlockungen erliegen würden und dass sie ihre Residenzen mit dem Material, das in griechischen Städten als Folge von Plünderungen zusammengetragen worden war, schmücken würden. Sie hatten ja diese siegreichen Kampagnen angeführt und so schien es richtig, dieses Material nun zur Schau zu stellen. Plinius, *Naturgeschichte* 37.12, stellte einen Zusammenhang zwischen dem Bestreben nach Eigentum von bestimmten Luxusgütern und Kriegsbeute her, die römische Generäle angehäuft hatten. Die Triumphzüge von Lucius Scipio (189 v. Chr.) und von Gnaeus

Manlius (187 v. Chr.) waren so etwas wie eine Werbekampagne für den Import von Bankettklinen mit Bronzebeschlägen, der Triumph von Lucius Mummius (146 v. Chr.) der Auslöser für die Wertschätzung von korinthischen Vasen und Tafelgemälden und jener von Pompeius (63 v. Chr.) lancierte die Vorliebe für Perlen und Edelsteine.

Das Haus der Vettii in Pompeji (Rekonstruktion des Innenhofes)

Die von Säulenhallen gesäumten Innenhöfe der hellenistischen Paläste und die Parkanlagen von Heiligtümern sowie der Schulen der Philosophen, die mit Skulpturen geschmückt waren, dienten als Vorbilder für die römischen Privatvillen, welche diesem Trend weiteren Vorschub leisteten. Empfangsräume für Freunde und Kunden, Innenhöfe, Atrien, von Säulenhallen gesäumte Höfe, Triklinien, Exedren, Bibliotheken und Räume zur sportlichen Betätigung boten Villenbesitzern eine Plattform für die Zurschaustellung ihres Reichtums.

Römer mit guten Beziehungen, die die fernen Märkte kannten und im Seehandel über Erfahrung verfügten, darunter gar Vertreter aus dem Stand der *equites* wie die Cossutii, die Aviani-Familien oder auch Titus Pomponius Atticus, waren – durch die Hilfe von Vertretern vor Ort – darum bemüht, die Mitglieder der Oberschicht mit Tafelgemälden, Säulen, Säulenbasen und Kapitellen, Statuen, Reliefs, Büsten, Hermen, Bronzebetten und Lampenständern aus Produktions- und Verteilzentren in der griechischen Welt (Athen, Piräus, Delos, Rhodos und Ephesos) zu versorgen. Dazu liess man dieses Material auf Frachtschiffen nach Italien transportieren, wo es die Empfänger in ihren Villen zur Zier aufstellten. Dank Mitgliedern dieser Unternehmerfamilien, die sich in Puteoli (Pozzuoli) niedergelassen hatten – dem römischen Haupthafen, den man nunmehr auch *Delos minor* nannte –, konnten die erforderlichen Transaktionen dort einfach bewerkstelligt werden. Hinweise für diese Handelsaktivitäten liefern sowohl die Schriftquellen wie auch die Schiffswracks.

Skulpturen stellte man mit Berücksichtigung auf ihre Darstellung dort auf, wo es Bezüge zum thematischen Umfeld gab. Statuen von Athena, Büsten von Philosophen, Skulpturen aus der Welt des Dionysos und Hermen waren je nach Situation in Bibliotheken, Gärten, Empfangs- oder Trainingsräumen sehr begehrt. Die frühesten Bronzebetten *(triclinia aerata)* und Tische mit integrierten Spielbrettern gelangten im Jahr 187 v. Chr. nach Gnaeus Manlius' Triumphzug von Kleinasien nach Rom (Plinius, *Naturgeschichte* 34.14; 37.12). Dreissig solcher Betten *(lectos aeratos)* und mehrere Kandelaber *(candelabra aenea)* zierten die Villen von Gaius

SCHICK MIR DOCH BITTE
DEINE ERWERBUNGEN FÜR MEINE
AKADEMIE, SOBALD DU KANNST.
SONDERBAR, WIE DAS VERWEILEN
AN DIESEM PLATZE, JA DER GEDANKE
AN IHN MICH BEGLÜCKT.

CICERO, BRIEF AN ATTICUS; ROM, AUGUST 67 V. CHR.
(ÜBERSETZUNG H. KASTEN)

Verres, dem früheren Statthalter Siziliens, welchen Cicero (*In Verrem* IV/*De signis* 58-60) gerügt hatte, weil er die Bewohner von Syrakus über drei Jahre hinweg dazu gezwungen habe, Betten und Kandelaber für ihn anzufertigen. Die Stoffe, die man für die Kissen der Betten wie auch als Decken benötigte, waren von ausgewählten Manufakturen gewoben und mit Purpurschnecken gefärbt worden, für deren Lieferung Verres selbst besorgt war.

Astronomische Globen – Geräte zur Messung und Berechnung von sich ereignenden Phänomenen der Gestirne – waren in der Antike Gegenstand grosser Bewunderung, da sie sich sowohl in Fragen der Religion wie auch im Privatleben als speziell nützlich erwiesen; auch für Belange der Landwirtschaft hat man sie benutzt, weshalb sie sehr begehrt waren. Das einzige Kriegsbeutestück aus dem Ersten Punischen Krieg, das Manius Valerius Messalla im Jahr 263 v. Chr. offensichtlich von Catania nach Rom sandte, war eine Sonnenuhr (Plinius, *Naturgeschichte* 7.124). Nachdem Syrakus im Jahr 211 v. Chr. geplündert worden war, behielt M. Claudius Marcellus von all dem gehorteten Material lediglich eine der beiden Himmelskugeln für sich, die Archimedes selbst angefertigt hatte (Cicero, *De re publica*, 1.21-22). Zum Abschluss sei noch der Globus des Billaros erwähnt, eines der beiden wertvollen Objekte (das andere war die Statue des Stadtgründers Autolykos), die Licinius Lucullus für sich beanspruchte, nachdem er im Jahr 71 v. Chr. Sinope eingenommen hatte (Strabo 12.3.11).

Frachtschiffe

Schiffe waren in der Antike das grösste, komplizierteste und gefährlichste Verkehrsmittel, das es gab. Die Schiffbautechniken, für die lediglich einige elementare Werkzeuge wie Säge, Dechsel und Hobel zur Verfügung standen, blieben von 200 v. Chr. bis 400 n. Chr. unverändert. Diese Situation resümiert die Denkweise in der damaligen Ökonomie, die darauf beruhte, dass Arbeitskräfte reichlich vorhanden waren. Darum gab es keine Notwendigkeit, effizientere Herstellungsmethoden zu entwickeln.

Im Hellenismus (spätes 4. Jh. bis 30 v. Chr.) prägten kleine Schiffe das Bild auf dem Mittelmeer. Die höhere Zahl an Schiffen, die herumsegelten, war eine Folge der Zunahme des Transaktionsvolumens. Kleine Schiffe mit einer Kapazität von 75 Tonnen bzw. 1500 Amphoren boten offensichtliche Vorteile: Es war billiger solche zu bauen, zu unterhalten und auf die Reise zu schicken. Auch im Fall eines Schiffbruches war der Verlust für den Besitzer oder die Geldgeber zu verkraften. Das Risiko des Schiffbruches führte dazu, dass man die unmissverständlich beschrifteten Transportgüter auf mehrere Schiffe verteilte, die alle mit ähnlichen Mischladungen unterwegs waren.

Ab dem 1. Jh. v. Chr. kamen zu den bis dahin bekannten Schiffstypen neue römische Lastschiffe *(naves onerariae)* hinzu. Die meisten von ihnen gehörten in die Kategorien der *corbita* (Korvette, Lastschiff) oder *ponto* (Ponton, Tragschiff). Bei einigen berücksichtigte man die neusten technischen Entwicklungen (doppelte Beplankung, kompliziertere Struktur und Form, dichtere und grössere

SO EINE SEEREISE IST KEINE KLEINIGKEIT, NOCH DAZU IM JULI; FÜNF TAGE HABEN WIR VON ATHEN BIS DELOS GEBRAUCHT: AM 6. JULI VOM PIRAEUS BIS ZOSTER BEI HÄSSLICHEM WIND, DER UNS AUCH DEN 7. DORT FESTHIELT; AM 8. IN ANGENEHMER FAHRT NACH CEUS; VON DA NACH GYARUS BEI STEIFER BRISE, ABER VON HINTEN; VON DA NACH SYRUS UND DANN WEITER NACH DELOS: UND BEIDE MALE KAMEN WIR SCHNELLER ANS ZIEL, ALS ICH WÜNSCHTE. DIE RHODISCHEN RUDERSCHIFFE KENNST DU JA: WENIG SEETÜCHTIG. SO WERDE ICH DIE WEITERREISE VON DELOS NICHT ÜBEREILEN.

CICERO, BRIEF AN ATTICUS; DELOS, MITTE JULI 51 V. CHR. (ÜBERSETZUNG H. KASTEN)

Stifte). Solche Aspekte erklären, warum es jeweils sehr schwierig ist, die Herkunft des gesunkenen Schiffes und seiner Mannschaft herauszufinden. Dasselbe gilt natürlich auch für die geladenen Waren.

Einige römische Lastschiffe, die übers Mittelmeer segelten, gehörten zum *myriophoroi*-Typus – damit meint man grosse Schiffe mit einer Kapazität von annähernd 450 Tonnen bzw. 10'000 Amphoren, die in fünf übereinander geschichteten Reihen den Laderaum ausfüllten. Aufgrund der bekannten Schiffswracks lässt sich feststellen, dass Frachter mit einer Kapazität von 200 bis 350 Tonnen, wie zum Beispiel jene von Mahdia (250 Tonnen), Madrague de Giens (350 Tonnen) oder von Albenga (450 Tonnen), im 1. Jh. v. Chr. nichts Aussergewöhnliches waren. Wegen der hohen Kosten und des erhöhten Risikos – der Bau eines römischen Frachters mit einer Kapazität von 400 Tonnen belief sich auf den Betrag von ungefähr 250'000 bis 400'000 *sestertii* (zusammen mit dem Wert der Ladung kommt man auf eine Gesamtsumme von mehr als 400'000 bis 600'000 *sestertii*) – war dieser Wirtschaftssektor nur etwas für Menschen, denen beachtliche Kapitalreserven zur Verfügung standen. Vermutlich teilte man die Investitionssumme auf mehrere Individuen auf; ein positiver Ausgang des Geschäfts versprach jedenfalls mehr Einkünfte als der Handel auf dem Landweg. Um das nötige Risikokapital zu beschaffen, liehen sich die Investoren das Geld zu guten Konditionen aus *(aeris collatio)*. Gemäss Plutarch (*M. Caton*, 21.6) investierte der römische Senator M. Porcius Cato der Ältere (234–149 v. Chr.) ins Geschäft mit Schifftransporten, indem er jeweils nur kleine Anteile von vielen Ladungen finanzierte. Abgesehen davon, dass es möglich war, einen Teil oder ein ganzes Schiff für eine Lieferung zu chartern, konnte man ab dem 1. Jh. v. Chr. auch langfristige Verträge zeichnen, die so etwas wie eine Versicherung darstellten. Die frühesten Schiffsverträge, in denen die Pflichten der am Kontrakt beteiligten Parteien aufgelistet werden, stammen genau aus dieser Zeit.

Der Hinweis, dass Sulla 1600 Schiffe zusammengetragen habe, um im Jahr 83 v. Chr. seine Armee von Griechenland nach Italien zurückzubringen (Polybios, 5.68; Livius, 35.43.3; Appianus, *Bella Civilia*, 1.79; Cicero, *Epistulae ad Familiares*, 12.14.1) belegt eindrücklich, wie viele Schiffe in jener Zeit im Mittelmeerraum mobilisiert werden konnten.

In Schriftquellen werden Schiffe oft aufgrund des Zeichens auf ihrem Bug als Frachter bezeichnet. Die Auswahl und die Anzahl der Mitglieder der Schiffsbesatzung hingen von der

Grösse des Frachters ab. Im 1. Jh. v. Chr. führte der Bau von grösseren Schiffen mit einem erweiterten Ladevolumen dazu, dass auch die Mannschaft anders zusammengesetzt war. Der Besitzer des Schiffs *(navicularius)*, der die Ladung zusammenstellte und ihren Transport vorbereitete, reiste nicht unbedingt auf seinem Schiff mit. Auf dem Schiff hatte ein Kapitän das Kommando, den der Besitzer angestellt hatte. Der Kapitän *(magister navis)* seinerseits selektionierte die Mannschaft und garantierte für die gute Wartung des ihm anvertrauten Schiffes. Sein Stellvertreter war der *proreus*, der – auf dem Mast postiert – Ausschau zu halten und auch aufgrund der Geräusche die Art und Tiefe des Meeresbeckens zu erkunden hatte, wenn das Schiff einen Hafen anlaufen sollte. Der Steuermann *(gubernator)* war für einen einwandfreien Kurs wie auch für den reibungslosen Einsatz der Geräte an Bord und der Segel verantwortlich. Der *toicharchus* war um die Ladung und die Passagiere besorgt. Ein Mechaniker *(faber)* kümmerte sich während der Fahrt um kleinere Reparaturen.

Der Kapitän und ein Kontrolleur überwachten den Ladevorgang. Die schwereren Güter platzierte man ganz unten im Schiffsrumpf. Unterschiedliche Arten von Ballastgewichten (Steinblöcke, Mühlsteine, Ton, Sand) standen zur Verfügung, um das Ladegewicht gut auszubalancieren. Zweige der dornigen Bibernelle (*sarcopoterium spinosum*, ein übliches Verpackungs- und Polstermaterial seit der Bronzezeit), des Heidekrauts und des Wacholders stopfte man zur Polsterung in die Freiräume zwischen das Material, damit die Ladung während der Segelfahrt auf keinen Fall in Bewegung geriet. Krane vereinfachten das Beladen bzw. Löschen in grösseren und tieferen Häfen wie zum Beispiel in Alexandria oder in Piräus.

Die Schiffe aus Italien, die Häfen im östlichen Mittelmeerraum wie Delos anliefen, um dort Luxusgüter, Kunstgegenstände und Sklaven zu laden, hatten vermutlich Produkte aus Italien an Bord, wie Olivenöl, Wein, Leder- und Wollwaren sowie Keramik. Das Beladen und Löschen fand im Gebiet des Handelshafens statt, zu welchem Docks, das *emporion*, das *deigma* und Warenlager gehörten. Das *emporion* umfasste den Warenumschlagplatz, Tavernen und Bordelle. Das *deigma*, welches Säulenhallen säumten, war der Ort, wo Warenmuster gezeigt wurden. Es war die zentrale Stelle, wo man über den Warenaustausch verhandelte.

Von Mai bis September waren die Nord- und Nordwestwinde günstig für die Navigation von Rom aus in Richtung Osten und Ägypten. Damit ist gleich gesagt, dass für die Rückreise weit mehr Zeit einzuplanen war. Die Phase von November bis März/April (auf Altgriechisch χειμών, Lateinisch *mare clausum* [geschlossenes Meer]) war für die Schifffahrt ungeeignet, lediglich kurze und geschützte Streckenabschnitte entlang der Küste oder von Insel zu Insel in einem kleinen oder mittelgrossen Schiff waren möglich. Grosse Transportschiffe, die Weizen geladen hatten und von Alexandria nach Rhodos oder nach Rom segelten, waren im Winter jedoch genauso unterwegs.

Frachter, hauptsächlich für den Getreidetransport, nahmen auch Passagiere beiderlei Geschlechts mit auf die Reise. Ihre Unterkunft wie auch der Lagerraum für ihre mitgeführte Habe befanden sich vermutlich im Inneren des Schiffes, mit Vorliebe nahe beim Bug bzw. Heck. Die Passagiere waren gehalten, Proviant für die Dauer der gesamten Überfahrt selbst mitzunehmen, aber sie erhielten zumindest Trinkwasser aus dem mitgeführten Vorrat des Schiffes.

Die Gefahren auf der See *(Periculum maris)*

Die Schiffe liefen permanent Gefahr, Schaden zu nehmen. Sie riskierten wegen schlechten Wetterverhältnissen Verzögerungen der Abreise oder gar eine Streichung der Fahrt. Ebenso lauerten Piraten und Schiffbrüche im Hintergrund. Die beiden letztgenannten Risikofaktoren waren die extremsten und bedeuteten oftmals auch den Tod für die Beteiligten.

Piraterie

Die Seeräuberei, ein besonderer Ableger der wirtschaftlichen Aktivität, die vermutlich bereits vor dem Aufkommen der Handelsströme existierte, war im frühen 1. Jh. v. Chr. im Mittelmeerraum ein blühendes «Geschäft». Um 70 v. Chr. oder vielleicht schon ein paar Jahre zuvor wurde die Piraterie von den Römern mit Erfolg ausgemerzt. Die Seeräuber des Mittelmeeres hatten ihr Rückzugsgebiet in *Cilicia Tracheia* (Kleinasien), wo die natürliche Umgebung sowie der Holzreichtum dafür sorgten, dass sie Kais, Lagerstätten und Flotten leichtgewichtiger Schiffe, die auch wintertauglich waren, bauen konnten.

Strabo (14.5.2) bringt den Aufschwung der Piraterie, die in Korakesion ihre Basis hatte, in Zusammenhang mit dem Aufstand des Diodotos Tryphon im Jahr 143 v. Chr. gegen Demetrios II., den König der Seleukiden, und auch mit dem Sklavenhandel auf der Insel Delos. Die Römer nahmen ihre Kampagne gegen die Piraterie auf, als ihr Handel im Jahr 102 v. Chr. darunter zu leiden begann. Das Gesetz von 100 v. Chr. gegen die Seeräuberei *(lex de provinciis praetoris)* zeigt, dass das mit Rom verbündete Rhodos am stärksten davon betroffen war. Die rhodische Beteiligung an den siegreichen römischen Seeschlachten gegen König Mithridates VI. Eupator (88–85 v. Chr.) war von entscheidender Bedeutung, genauso wie die nicht minder ausschlaggebende Teilnahme von Rhodos an der Kampagne des Konsuls Publius Servilius Vatia der Jahre 78 bis 74 v. Chr. im östlichen Lykien. Vatias triumphale Rückkehr nach Rom mit den unterworfenen Piraten machte grossen Eindruck auf Cicero (*In Verrem* II 156, 5.76). Im Jahr 75/74 v. Chr. liess Iulius Caesar die Piraten kreuzigen, die ihn auf dem Weg nach Rhodos, wo er Rhetorik studieren wollte, entführt hatten (Plutarch, *Caesar*, 2). Nachdem im Jahr 67 v. Chr. Seeräuber die Küste von Italien und Sizilien erreicht und sie geplündert hatten, beauftrage man Gnaeus Pompeius Magnus sie auszurotten. Innerhalb von nur 88 Tagen gelang es ihm, dank seiner Schiffe, einer Armee und der Erlaubnis so vorzugehen, wie er wollte, die Piraten aus dem Mittelmeer zu vertreiben. Natürlich war das Problem auch noch in der Zeit des Kaisers Augustus nicht vollkommen aus der Welt geschafft, denn während des römischen Bürgerkrieges stellte sich heraus, dass Seeräuberei weiterhin ein entscheidender Faktor war. Die in Schiffswracks des 1. Jhs. v. Chr. gefundenen Waffen zum Angriff und zur Verteidigung sind ein beredtes Zeugnis dafür, wie real die Angst vor Piraten war.

Die Seeräuber führten die bei ihren Raubzügen erbeuteten und danach unterjochten Menschen dem Sklavenhandel zu. Nachdem Delos im Jahr 166 v. Chr. zum Freihafen erklärt worden war, entwickelte sich die Insel zum Angelpunkt des Sklavenhandels und ersetzte nun die früheren Zentren für Nachschub und Verteilung wie Side, Phaselis, Korykos und vermutlich auch Kos, Knidos und Kaunos. Mittelsmänner der römischen Aristokratie (*negotiatores*, Freigelassene, Sklaven) und gar *equites* unterhielten Handelskontakte mit den Piraten, den Sklavenlieferanten par excellence. Auf diese Weise konnte man die billigen Arbeitskräfte für die Grossgrundbesitzer *(latifundia)*, die Villen und die Verkaufsgeschäfte in Italien und Sizilien sowie für die Minen in

Spanien rekrutieren. Manchmal war diese lukrative Tätigkeit für jene, die sie betrieben, Ausgangspunkt für ein schnelles Vorwärtskommen in der Sozialpyramide der Gesellschaft.

Schiffbrüche *(Naufragia)*

Stürme, ungünstige Winde und Meeresströmungen, fehlende Kenntnisse der lokalen Geographie und ungeschicktes Manövrieren waren die Hauptgründe für Schiffbruch. Da jedes Schiff so etwas wie ein eigener, übers Meer gleitender Mikrokosmos mit vielen technischen, aber auch ökonomischen Aspekten war, liefert jedes Schiffswrack Einblicke in technische Gegebenheiten wie auch ins Leben an Bord. Ein Schiffbruch setzte der Dynamik in diesem organisierten Ausschnitt der Welt ein dramatisches Ende und hinterliess so eine zufällige Momentaufnahme.

Trotz der grossen Zahl bekannter Schiffswracks (ungefähr 2000) ist ihre Bedeutung stark vom Erhaltungszustand, von der Frage, ob und wie weit ihr Inhalt erforscht wurde, und von der Möglichkeit, ob überhaupt Daten zusammengetragen werden konnten, abhängig. Die meisten Wracks zählt man im westlichen Mittelmeer, vor allem entlang der italienischen Küstenlinie. Die Tatsache, dass die meisten aus der späthellenistischen bzw. der republikanischen Zeit stammen, lässt erahnen, dass das Transportwesen auf dem Seeweg im erwähnten Zeitraum einen Höhepunkt erlebte.

Die Amphoren können wir als geradezu typischen Bestandteil der Ladung bezeichnen, denn in ihnen lagerten die meisten transportierten Konsumgüter. Ungefähr die Hälfte der nach wissenschaftlichen Grundregeln untersuchten Wracks war nur mit Amphoren beladen. Es ist auffällig, dass in keinem der Wracks Belege für den Sklavenhandel zum Vorschein kamen.

Aufgrund statistischer Berechnungen können wir davon ausgehen, dass in der klassischen und hellenistischen Zeit das Risiko auf Schiffbruch in den offenen Gewässern zwischen 1 zu 20 und 1 zu 30 lag.

Das Schiffswrack von Porticello (415–385 v. Chr.), vor der kalabrischen Küste in der Strasse von Messina, ist einer der frühesten Belege, bei dem geraubte Kunstwerke zur Ladung gehörten: beispielsweise eine Bronzegruppe, die den Kentaur Chiron mit dem jungen Achilleus darstellt sowie andere Helden aus der Zeit um 440–430 v. Chr., Vasen, Lampen, Bleibarren, Bleioxydklumpen und Weinamphoren aus Mende, Peparethos, Italien und Sizilien.

Die Ladung des Schiffes von Antikythera kann mit jener des Wracks von Mahdia vor der tunesischen Küste und auch mit jener eines kleineren Schiffes, das vor Cannes an der südfranzösischen Küste gesunken war *(Fourmigue C)*, verglichen werden. Bei diesen beiden geht man davon aus, dass ihre Schiffsreise in Piräus ihren Ausgangspunkt hatte. pb

Ausgewählte Bibliografie:
Maróti 1961; Maróti 1969-1970; Cocco 1970; Pape 1975; Kreissig 1978; Muckelroy 1978; D'Arms 1980; Nicolet 1980; Coarelli 1983a; Coarelli 1983b; Hopkins 1983; Berthold 1984; Rougé 1984; Neudecker 1988; Wallace-Hadrill 1988; Isager 1993; Rauh 1993; Baudoin - Liou - Long 1994; Carroll-Spillecke 1994; Galsterer 1994; Gelsdorf 1994a; Hölscher 1994; Zimmer 1994; Kallet-Marx 1995; Gabrielsen 1997; De Souza 1999; Lund 1999; Mygind 1999; Lewis 2000; Schulz 2000; Gabrielsen 2001; Gibbins 2001; Paterson 2001; Erskine 2003; Gabrielsen 2003; Rauh 2003; Coarelli 2005; Mattusch - Lie 2005; Bruneau 2006; Cohen 2006; Kourakou-Dragona 2006; Oleson 2006; Errington 2008; McGrail 2008; Rivas 2008; Davis 2009; Bruneau - Ducat 2010; Bouyia 2012a.

1
Marcus Tullius Cicero (Gipsabguss aus der Skulpturhalle Basel)

Seehandel und Luxus im Zeitalter Ciceros

Polyxeni Bouyia (†)

Das Schiffswrack von Antikythera: ein «Schatz» für die Wissenschaft

Als der Frachter im zweiten Viertel des 1. Jhs. v. Chr. vor der Küste der Insel Antikythera Schiffbruch erlitt, geschah dies in einer besonders ereignisreichen Zeit. Der Mittelmeerraum, insbesondere der hellenistische Osten und das republikanische Rom, erfuhren einschneidende Veränderungen. Der berühmte römische Politiker, Rechtsanwalt, Redner und Philosoph Marcus Tullius Cicero (106 – 43 v. Chr.) und seine Werke sind für diese Übergangszeit besonders kennzeichnend. Als meisterhafter Nutzniesser der liberalen Institutionen der römischen Republik erklomm er wendig die Stufen der politischen Leiter und geriet so in die Zerwürfnisse des Bürgerkrieges, was letztlich zu seinem grausamen Tod führen sollte. Da er bei berühmten Rednern lateinischer und griechischer Sprache und auch bei Philosophen studiert hatte, war er von der Kultur und der Raffinesse des östlichen Mittelmeerraumes sehr angetan. Dort machte sich der römische Einfluss allmählich bemerkbar. Mehrfach besuchte er Athen, Kleinasien und Rhodos, die damaligen grossen Zentren der Literatur, der Wissenschaften und der Philosophie. Seine Reden und Schriften brachten der römischen Führungsklasse die Eigenschaften des griechischen Denkens und seine Bedeutung näher. Kontroverse Stellungnahmen im Hinblick auf den Besitz griechischer Kunstwerke sind für diese Zeit sehr typisch, denn die Gefühle, die diese hervorriefen, waren zwiespältig und widersprüchlich.

2
Dieses Gefäss (Skyphos) kam wohl in Delos an Bord. Dort fand man ein Exemplar, das genau aus derselben Form stammt.

3 ›
Pamphilos, wohl ein Besatzungsmitglied, hat seinen Namen in griechischen Buchstaben in dieses Gefäss eingeritzt.

Obschon Cicero, ein *homo novus* und Mitglied der Klasse der *equites*, den Besitz protziger Villen mit opulenter Ausstattung in seinen philosophischen Abhandlungen verurteilte (*De legibus*, 2.1), besass er selbst acht Villen an verschiedenen Orten in Italien (Arpinum, Tusculum, Antium, Astura, Puteoli, Pompeji und Cumae), die er mit der Hilfe von Titus Pomponius Atticus, der zu dieser Zeit in Athen lebte, mit griechischen Kunstwerken ausstatten wollte.

L. CINCIUS WERDE ICH AM 13. FEBRUAR 20400 SESTERTIEN AUSZAHLEN. SORGE BITTE DAFÜR, DASS ICH MÖGLICHST BALD BEKOMME, WAS DU, WIE DU SCHREIBST, FÜR MICH GEKAUFT HAST. ÜBERLEG' DIR BITTE AUCH, WIE VERSPROCHEN, WIE DU MIR EINE BIBLIOTHEK VERSCHAFFEN KANNST.

CICERO, BRIEF AN ATTICUS; ROM, ENDE NOVEMBER 68 V. CHR. (ÜBERSETZUNG H. KASTEN)

Die Aristokraten aus der Schicht der Senatoren begannen im 2. Jh. v. Chr. Villen in Etrurien, Latium, Kampanien und Sizilien zu bauen (*villae suburbanae* oder *maritimae*). Während des 1. Jhs. v. Chr. erwarben auch Römer, die nicht der Oberschicht angehörten, luxuriöse Residenzen und trachteten so danach, den aristokratischen Lebensstil ihrer Vorbilder zu imitieren. Dabei handelte es sich um Leute, die mit Senatoren in Kontakt gekommen waren, weil diesen gewisse Tätigkeiten von Gesetzes wegen untersagt waren. Die Kunstwerke, welche über die römische Kriegsmaschinerie als Beutegut in den Westen gelangten, konnten jetzt nicht mehr mit der steigenden Nachfrage von Seiten der privaten Käuferschaft Schritt halten. Somit kam es zum neuen Geschäftsfeld des Kunsthandels, während gleichzeitig eine blühende Industrie, die sich auf das Fertigen von Nachahmungen spezialisiert hatte, den Markt mit phantasievollen Varianten und Kopien früherer Meisterwerke zu überfluten begann. Bestellungen von Kunstwerken wie zum Beispiel jene, die in Ciceros Briefen erwähnt sind

(*Ad Atticum* 1.8.2 und 1.9.2), könnten der Grund dafür gewesen sein, weshalb ein Schiff wie jenes, das vor Antikythera Schiffbruch erlitten hat, gechartert wurde. Dieses Schiff, das mit seiner Ladung nach Italien unterwegs war, lässt auf eindrückliche Art und Weise erkennen, dass man damals spätklassische und späthellenistische Werke wie auch andere erlesene Luxusgüter bevorzugte. Die Zusammensetzung der Schiffsladung trägt auch zu neuen Erkenntnissen bei, was die Verbreitung von gewöhnlicheren Waren wie zum Beispiel Keramik betrifft, und beleuchtet zum ersten Mal die Frage nach der Herkunft grossformatiger Skulpturen, die von einem übergeordneten narrativen Zusammenhang inspiriert sind. Einzigartig ist die Ladung auch wegen des berühmten Antikythera-Mechanismus.

Bei jeder kritischen Prüfung des Fundes sollte man berücksichtigen, dass die geborgenen Objekte lediglich einen unbekannten Anteil der gesamten Ladung ausmachen. Aufgrund der Menge des gehobenen Materials und der Bauweise des Schiffes (doppelte Beplankung und mutmasslich grosses Ladegewicht) ist anzunehmen, dass es sich dabei um einen grossen Frachter mit einem Fassungsvermögen von ungefähr 300 t handelte. Auch wenn es gewiss ein griechisches Schiff war, geben die erhaltenen schriftlichen Zeugnisse (Abdrücke von Siegeln auf den Dachziegeln, Graffiti auf den Trinkgefässen) keine Auskunft darüber, woher genau im griechischen Raum es stammte.

Das Knochenmaterial lässt die Aussage zu, dass mindestens vier Erwachsene, darunter eine Frau, an Bord waren. Die Knochen der Frau sowie der Schädel eines Mannes lagen in der Nähe von Goldschmuck.

Die Ladung umfasste sowohl einzigartiges Material wie die Bronzeplastik eines Jünglings oder den sogenannten Mechanismus als

auch Objektgruppen wie Amphoren, Krüge, Lagynoi, Becher und Teller. Die letztgenannten Materialkategorien waren wohl Handelsware, obwohl in manchen Fällen die geringe Anzahl oder auch die Tatsache, dass es sich um Alltagsgegenstände handelte, dafür sprechen könnten, dass sie an Bord im Einsatz waren.

Eine in sich geschlossene Materialgruppe stellen neun Tonlampen dar > Kapitel Lampen; die meisten von ihnen weisen keine Nutzungsspuren auf. Sie sind Vertreter eines Lampentypus, der in Delos bis 50 v. Chr. im Umlauf war. Im späthellenistischen Schiffswrack von Le Grand Congloué bei Marseille und in jenem von Madrague de Giens (78–50 v. Chr.) ging die Zahl der an Bord verwendeten Lampen nicht über zehn Stück hinaus. In diesem Zusammenhang ist es denkbar, dass die beiden Krüge mit Sieben aus dem Wrack von Antikythera zum Füllen der Lampen verwendet wurden.

L. CINCIUS HABE ICH FÜR DIE MEGARISCHEN STANDBILDER DIE VON DIR ANGEGEBENE SUMME, 20'400 SESTERTIEN, ÜBERWIESEN. AUF DEINE PENTELISCHEN HERMEN MIT DEN BRONZEKÖPFEN, VON DENEN DU SCHREIBST, FREUE ICH MICH SCHON JETZT; DARUM SCHICK' SIE MIR, UND STANDBILDER UND WAS SONST FÜR DEN PLATZ PASST UND MEINER SCHWÄRMEREI SOWIE DEINEM GESCHMACK ENTSPRICHT, MÖGLICHST VIEL UND MÖGLICHST BALD, VOR ALLEM SOLCHE STÜCKE, DIE SICH FÜR DAS GYMNASIUM UND DIE ARKADEN EIGNEN. AUF DIESE DINGE BIN ICH NÄMLICH SO VERSESSEN, DASS DU DIESE MEINE LEIDENSCHAFT FÖRDERND, ANDERE SIE FAST TADELNSWERT FINDEN MÜSSTEN. WIRD ES MIT LENTULUS' SCHIFF NICHTS, DANN VERLADE DIE SACHEN, WIE DU ES FÜR RICHTIG HÄLTST.

CICERO, BRIEF AN ATTICUS; ROM, ENDE FEBRUAR 67 V. CHR. (ÜBERSETZUNG H. KASTEN)

Die eingeritzten Buchstaben auf zwei Skyphoi > Abb. 3 lassen erahnen, dass zumindest einige Mitglieder der Schiffsbesatzung griechischer Muttersprache waren. Ihre griechische Herkunft bestätigt auch die Wahl dieses typischen Trinkgefässes. Die Skyphoi belegen im Weiteren auch, dass die Matrosen Wein tranken. Ähnliche Skyphoi mit Reliefdekor, Erzeugnisse ionischer Manufakturen, kamen in Delos in der Zerstörungsschicht einer kleinen Weintrinkstube für Matrosen und Händler aus dem Jahr 69 v. Chr. zutage. Obschon Trinkbecher mit erotischen Darstellungen nicht unüblich sind, hat die Mannschaft eben diese vielleicht absichtlich ausgewählt.

Zum weiteren Trinkgeschirr gehören zwei rotgefirnisste Schalen mit einem Henkel, eine Amphore und ein Mischkrug.

Die schwarzgefirnissten Teller und die «knidischen» Schalen mit der eingeritzten Inschrift AYC, die in den Werkstätten von Pergamon, Ephesos und Knidos in Kleinasien gefertigt wurden und über ein weites Gebiet streuten, gehörten vermutlich auch zum Schiffsinventar. Dasselbe gilt für die Krüge, die Lekythos-Oinochoe, die Olpe und den askosförmigen Krug, alles Gegenstände, die dazu dienten, Wein für die Mannschaft zu servieren. Die eingeritzten Buchstaben AΠ auf einer der Schultern des Kruges stützt diese Vermutung ebenfalls. Obwohl solche Weinkrüge im 1. Jh. v. Chr. im östlichen Mittelmeerraum billigere Ersatzware für die (westliche) Terra Sigillata darstellten, bilden die vier Olpen, für die es Parallelen im westlichen Mittelmeer gibt, vermutlich ein Trinkgeschirr-Ensemble, das von einer früheren Schiffsbesatzung zurückgelassen wurde.

Im Gegensatz dazu ist es eher unwahrscheinlich, dass die Lagynoi > Kapitel Lagynoi Teil des Schiffsinventars waren, denn sie waren sehr gross und eher für den Weintransport geeignet. Der hohe Anteil an Mica im für sie verwendeten Ton lässt an eine Manufaktur im Osten denken (Küste von Kleinasien oder Zypern). Solche Typen hat man in Delos bis zum Jahr 69 v. Chr. gehandelt.

Es ist unklar, ob die neun spindel- und sieben birnenförmigen Parfumfläschchen, in denen man wohlriechende Essenzen, Harz oder Weihrauch transportierte > Kapitel Krüge, sowie die

4
In solchen Krügen sind Harzspuren nachgewiesen. Sie enthielten harzigen Wein für den Konsum an Bord.

neun Krüge mit zwei Henkeln für kleine Warenmengen Teil der Ladung oder der Schiffsausstattung waren. Beide Typen von Parfumflaschen waren weit verbreitet, so dass es sehr schwierig ist, ihre Herkunft festzustellen. Für die Krüge mit zwei Henkeln und dem hohen Mica-Anteil im Ton lassen sich keine Parallelen nennen.

Die vier Amphorentypen (Rhodos, Kos, Ephesos [Nikandros-Gruppe] und Lamboglia 2, > Kapitel Transportamphoren sowie die darin transportierten Güter waren an den Handelsumschlagplätzen wie Alexandria, Piräus und Delos einfach zu erwerben. Aufgrund der vielen vertretenen Amphorentypen im Vergleich zur absoluten Anzahl solcher Gefässe ist eher zu vermuten, dass in ihnen Vorräte für die Mannschaft lagerten.

Die Teller und halbkugeligen Becher der rotgefirnissten *Eastern Sigillata A* sind Teil der kostbaren Schiffsladung > Kapitel Feinkeramik. Dabei handelte es sich wohl um Exportgüter, die bei den Banketten der reichen Römer beliebt waren. Diese sind vielleicht in Ephesos oder auf dem Luxusgütermarkt von Delos vor dessen Zerstörung im Jahr 69 v. Chr. oder näher bei ihren Produktionszentren in Zypern, Kilikien oder im Orontes-Tal in Nordsyrien erworben worden. Falls es sich bei ihnen tatsächlich, wie man es in neusten Forschungsarbeiten zur Diskussion gestellt hat, um die von Cicero erwähnten *rhosica vasa* und Athenaios' *ῥωσικός κέραμος* handelte, dann könnte man ebenfalls in Erwägung ziehen, dass diese Güter in Rhos(s)os, Antiochias Seehafen an der Südküste des Golfes von Issus, aufs Schiff geladen wurden.

Die Herstellungstechnik der beiden brustförmigen Silberschalen mit doppelter Wand > Kapitel Goldschmuck und Silbergefässe lässt sich im nördlichen Syrien bis ins späte 8. Jh. v. Chr. zurückverfolgen und hat sich vermutlich von dort aus auch über die ostgriechischen Werkstätten verbreitet. Ähnliche Gefässe waren an allen grösseren Handelsplätzen im Warenangebot und es wäre ein leichtes gewesen, sie in Delos zu erwerben, denn dort waren einige syrische Kunsthandwerker und Händler ansässig. Die Vorliebe für diese besondere Gefässform ist erwähnenswert: Unter den Funden des Schiffswracks fällt nämlich auch ein ähnlich geformtes Glasgefäss auf > Kapitel Glas.

Die einfarbigen Glasgefässe könnten an der syro-palästinischen Küste erworben worden sein. Im Gegensatz dazu hat man die farbigen Exemplare aus Glas vermutlich in Alexandria hergestellt, wo man wie in Delos beide Arten nebeneinander anbot. Die Menge und die hohe Qualität der Glasgefässe sind bemerkenswert, denn Gegenstände dieser Art hat man in Schiffswracks bis anhin nur selten gefunden.

Einige hervorragende Beispiele von Goldschmuck > Kapitel Goldschmuck und Silbergefässe lassen sich mit ähnlichen Stücken vom griechischen Festland und mit solchen aus der «*insula* des Schmuckes» in Delos vergleichen, die dort am Vorabend der Zerstörungen der Jahre 88 oder 69 v. Chr. versteckt wurden oder verloren gingen. Letztere hat man entweder auf der Insel gefertigt, möglicherweise in einer Manufaktur, wo syrische Handwerker tätig waren, oder man hat sie importiert und auf dem Markt von Delos angeboten. Was die Ohrringe mit den Anhängern in Form von kleinen Erosfiguren betrifft, ist in der Forschung die Meinung geäussert worden, sie seien das Produkt einer Goldschmiede-Werkstatt, die stilistische und technische Eigenschaften sowohl aus der Schwarzmeerregion wie auch aus Ägypten übernommen und miteinander verschmolzen hat.

Ob der Begriff *aes deliacum* (delische Bronzegegenstände) ein bestimmtes Bronzebett meint oder einfach als Herkunftsbezeichnung diente, bleibt unklar > Kapitel Gegenstände und Geräte aus Metall. Auf der Insel Delos waren solche Betten so oder so bis zur Zerstörung der Stadt sehr zahlreich. Gussformen und Bronzebeschläge *(fulcra)* für Betten lassen erahnen, dass sich in der «*insula* der Bronzen» eine Werkstatt befand. Die Schiffswracks von Mahdia (nach 86 v. Chr.) und *Fourmigue C* (aus derselben Zeit wie das Schiff von Antikythera) wie auch jene, die man in Styra (*Styra* 6, 130–50 v. Chr.) und Ladispoli (Ende 1. Jh. v. Chr.) entdeckt hat, enthielten ebenfalls solche Ruhebetten.

Mit der möglichen Ausnahme der Bleipyxis EAM X 26786 waren die Metallgegenstände eher Teil der Ladung und gehörten somit nicht zur Schiffsausrüstung, die aber genau solche Objekte derselben Form und Funktion aus Ton umfasste. Die Gefässtypen aus Bronze > Kapitel Gegenstände und Gefässe aus Metall lassen sich aus den gegossenen und somit eher erhaltenen Teilen ermitteln: Gefässe mit Ausgusstüllen, eimerartige Kessel, Becken; zu den Zinngefässen gehörten kleine Krüge, eine kleine Kyathos sowie eine Lampe. Ihre Dekorelemente (Muschelschale, Delphinschnauze) sowie der Fund ähnlicher Objekte in Pompeji und Delos sind Hinweise dafür, dass es sich bei ihnen um Luxusgüter handelt. Die delische Tradition der Bronzeproduktion wie die Präsenz von syro-palästinischen Metallhandwerkern auf der Insel Delos können wir als Belege dafür verwenden, dass diese Objekte vermutlich auf der Insel selbst gefertigt wurden.

Die Steine dienten bei Spielen, mit denen sich die Mannschaft in freien Momenten die Zeit vertrieb > Kapitel Leben an Bord. Sie kommen auch in Siedlungen, wo Menschen, die zur See fuhren, wohnten, und in ihren Gräbern vor wie zum Beispiel in Delos oder Rhodos.

Die Skulpturen, die den grössten Teil der Schiffsladung ausmachten, hat man je nachdem Werkstätten in Delos, Pergamon und/oder Ephesos zugeschrieben > Kapitel Skulptur. Manche Forscher sehen in der ausschliesslichen Verwendung von parischem Marmor, den Herstellungsmethoden (aus verschiedenen Stücken zusammengesetzt, mit Statuenstützen) und manchen stilistischen Eigenheiten den Beleg dafür, dass die Skulpturen auf der Insel Delos hergestellt wurden. Dafür spricht, dass es auf der Insel tatsächlich eine internationale Künstlerpopulation gab, auch Künstler aus Kleinasien hielten sich vor Ort auf. Jene Forscher, die eine Herkunft aus Kleinasien als plausibler erachten, geben zu bedenken, dass all die eben erwähnten Eigenschaften ganz typische und allgemeine Züge des späten Hellenismus seien. In dieser Sehweise zeugen die klassizistischen Tendenzen und die Suche nach Inspiration in früheren Werken aus dem attalidischen Reich davon, dass Pergamon mit grösster Wahrscheinlichkeit als Herkunftsort der Skulpturen zu bezeichnen ist. Dagegen ist jedoch einzuwenden, dass in der Zeit des Schiffbruches in Pergamon die Produktion von Werken der Bildhauerei am Abklingen war. Darum erscheint uns die blühende Stadt Ephesos als möglicher Ausgangspunkt weit plausibler: Dort trat das Schiff seine Reise an und in dieser Stadt hatte man auch die Statuen geladen.

MEINE STANDBILDER UND HERKULES-BÜSTEN UND WAS DU SONST NOCH PASSENDES FÜR DEN DIR WOHLBEKANNTEN ORT FINDEST, BESONDERS WENN ES SICH DEINER MEINUNG NACH FÜR DIE PALÄSTRA ODER DAS GYMNASIUM EIGNET, LASS BITTE, WIE BEABSICHTIGT, VERLADEN, SOBALD SICH EINE EINIGERMASSEN BRAUCHBARE GELEGENHEIT FINDET. DENN DA SITZE ICH GERADE, WÄHREND ICH DIESEN BRIEF SCHREIBE, UND SO MAHNT MICH SCHON DIE STÄTTE. AUSSERDEM BITTE ICH DICH UM KLEINE RELIEFS, DIE ICH IN DIE STUCKWÄNDE DES ATRIUMS EINARBEITEN LASSEN KANN, UND ZWEI BRUNNENEINFASSUNGEN MIT FIGURENSCHMUCK.

CICERO, BRIEF AN ATTICUS; TUSCULUM, MAI 67 V. CHR.
(ÜBERSETZUNG H. KASTEN)

Falls das Schiff ganz in Delos beladen worden und von dort aus gestartet wäre, wofür einige Forscher plädieren, hätte es vor 69 v. Chr. (Zerstörung von Delos) zum Schiffbruch bei Antikythera kommen müssen, vorausgesetzt dass es sich bei der Ladung um gekaufte Güter handelte. In diesem Fall wäre die *Eastern Sigillata A*-Ware mit dünnerem Überzug bereits vor der Mitte des 1. Jhs. v. Chr. erhältlich gewesen. Falls die Ladung aus Plünderungsgut zusammengestellt worden wäre, könnte man die Zeit nach 88 v. Chr. bzw. nach 69 v. Chr. (Zerstörungen von Delos) in Erwägung ziehen.

«DIE STATUEN, DIE DU MIR BESORGT HAST, SIND IN GAETA AUSGELADEN. ICH KANN IN ROM NICHT ABKOMMEN UND HABE SIE ALSO NOCH NICHT GESEHEN. ZUR BEZAHLUNG DER FRACHT HABE ICH JEMANDEN HINGESCHICKT. ICH BIN DIR SEHR VERBUNDEN, DASS DU ALLES SO GEWISSENHAFT UND BILLIG BESORGT HAST.»

CICERO, BRIEF AN ATTICUS; ROM, ENDE 67 V. CHR.
(ÜBERSETZUNG H. KASTEN)

Im Jahr 70 v. Chr. tadelte Cicero Gaius Verres (*In Verrem* II 1.46 und 5.185), weil dieser im Jahr 80 v. Chr. sehr alte Statuen aus dem Tempel des Apollon in Delos entwendet haben soll, die er mit einem Frachter abtransportieren liess. Aus dieser Darstellung können wir ableiten, dass es möglich war, über krumme und gar verbrecherische Kanäle an Kunstwerke und Weihgaben von der Insel zu gelangen, und dies zu einer Zeit, als Delos gerade dabei war, sich vom zerstörerischen Angriff des Mithridates VI. Eupator im Jahr 88 v. Chr. zu erholen. Verres war auf dem Weg nach Kilikien, wo ihn das öffentliche Verwaltungsamt eines *legatus pro quaestore* erwartete, das ihm durch Beschluss des Generals Publius Cornelius Dolabella zugefallen war, den späteren Gatten von Ciceros Tochter Tullia. Ciceros Hinweis auf Plünderungsaktionen und den Abtransport von Kunstwerken auf der Insel Delos ist ein Beleg dafür, dass der dortige Hafen die nötigen technischen Voraussetzungen erfüllte, damit grosse Frachter mit beachtlichem Tiefgang anlegen konnten. Wir wissen, dass in den Jahren 72–71 v. Chr. (*FGrHist* 434 Fl, 35.7-8) Frachtschiffe, die mit Kunstschätzen aus den griechischen Städten am Schwarzmeerufer beladen waren, die Kriegsbeute des Licinius Lucullus und seiner Offiziere nach Italien transportierten. Dasselbe Szenario hat sich vielleicht auch in Delos nach seiner zweiten Zerstörung im Jahr 69 v. Chr. ereignet. In diesem Fall wäre wohl davon auszugehen, dass abgesehen von den verfügbaren griechischen Schiffen auch römische Handelsschiffe zum Transport der Ware herangezogen wurden. Cicero, von dem wir wissen, dass er griechische Kunst nicht nur verehrte, sondern ihr sozusagen wie ein Jäger nachstellte, besuchte Delos interessanterweise auf einem rhodischen Kriegsschiff im Juli des Jahres 51 v. Chr., während er Vize-Konsul der römischen Provinz Cilicia (Kilikien) war (*Ad Atticum*, 5.12.1).

Die These, gemäss welcher die Skulpturen aus Ephesos stammen, würde ebenso eine Erklärung für die Präsenz kleinasiatischer Münzen und Keramik in der Schiffsladung liefern. Die gefundenen Silbermünzen (32 pergamenische und vier ephesische Cistophori-Tetradrachmen) und drei Bronzemünzen aus Ephesos und Knidos stützen die postulierte kleinasiatische Provenienz ebenfalls > Kapitel Münzen. Wie die drei sizilischen Münzen widerspiegeln sie Etappenorte auf der Schiffsreise, denn die Cistophori-Münzen waren nur in der Provinz Asia gültig und ihre Untereinheiten aus Bronze benutzten die Leute für Alltagstransaktionen in den Gebieten, wo sie geprägt wurden. Die späteren Cistophori stammen aus den Jahren von 76 bis 67 v. Chr., was Anlass zur Vermutung gibt, dass die beiden ephesischen Bronzemünzen in der Zeit zwischen 70 und 60 v. Chr. entstanden und die restlichen Münzen aus dem Schiffswrack vor 60 v. Chr. zusammengekommen waren. Dabei dürfen wir natürlich nicht vergessen, dass das delische Bankenparadies mit seinen Möglichkeiten des Umtausches den Umlauf jeglicher

Silber- und Bronzemünzen, die Händler und Matrosen von allen erdenklichen Destinationen dorthin gebracht hatten, förderte. Ein grosser Münzhortfund, der Prägungen aus dem gesamten Mittelmeerraum umfasste und der im Zerstörungshorizont des Jahres 69 v. Chr. in einer Schenke zutage kam, illustriert diesen Aspekt deutlich. Im Weiteren enthielt dieser Fund auch Reliefschalen und Weinamphoren aus Süditalien und von der Insel Kos.

Die These, wonach es sich bei der Schiffsladung von Antikythera um Reparationszahlungen an Rom wegen des Krieges gegen Mithridates von Pontus handeln soll, ist nicht sehr überzeugend.

Wenn auf der anderen Seite der Abfahrtshafen des Schiffes weiter östlich zu suchen ist, vermutlich am Golf von Issus oder an der Südküste Kleinasiens (in der heutigen Türkei), und davon auszugehen ist, dass die Kunstwerke erst im Hafen von Delos dazu kamen, dann müssen wir wohl erwägen, dass ein solcher Umweg ans östliche Ende des Mittelmeeres nur deshalb in Frage kam, weil man dort Waren in Empfang nahm, deren Ziel der Umschlagplatz von Delos war. Sklaven waren das üblichste «Handelsgut», das die Südküste von Kleinasien in dem hier zur Diskussion stehenden zeitlichen Rahmen anzubieten hatte. Piraten verkauften Sklaven an Händler weiter (solche aus Italien nicht ausgeschlossen), die ebenfalls auf dem Seeweg unterwegs waren. Falls das phallusförmige Amulett EAM 30664 einem jungen Sklaven an Bord gehörte, dann müssten wir diesen Menschen ebenfalls als Bestandteil der Ladung betrachten. Daher ist es durchaus denkbar, dass zur ersten Schiffsladung und Etappe Sklaven gehörten, die an einem der kilikischen Sklavenmärkte (Side, Attaleia, Phaselis) eingeschifft und in Delos potentiellen Käufern angeboten wurden. Falls man diese Art von Handelstätigkeit auch in den Häfen von Knidos und Kos ausgeübt hätte, wären die Amphoren aus Kos so etwas wie Begleiter der Sklaven – beides nichts anderes als handelbare Waren – gewesen. Phallusförmige Amulette waren in Delos generell sehr populär, denn die multikulturelle delische Gesellschaft sprach solchen Gegenständen die Kraft zu, Unheil abwenden zu können. Die *Eastern Sigillata A*-Keramik wäre somit, wenn wir das soeben entworfene Bild weiterentwickeln, direkt an ihren Produktionsorten erworben worden.

Wo auch immer das vor Antikythera gesunkene Schiff ausgelaufen ist, seine Mischladung ist auffällig ähnlich wie jene des Wracks von Mahdia (nach 86 v. Chr.) und vergleichbar mit dem Material aus dem fast gleichzeitigen Wrack von La Fourmigue C, das Amphoren, Betten und Gefässe aus Bronze umfasste. Diese Ähnlichkeit im Materialquerschnitt dürfen wir als deutlichen Beleg dafür werten, dass es einen systematischen Seehandel mit Luxusgütern gab. Dabei gelangten sowohl geplünderte Gegenstände wie auch regulär erworbene Güter aus dem östlichen Mittelmeerraum zu ihren neuen Besitzern in Italien. Solche Ladungen machten wohlverstanden nur einen kleinen Prozentsatz innerhalb des Gesamtvolumens des Seehandels aus. Vor allem Nahrungsmittel, die man in Amphoren transportierte, und Rohmaterialien nahmen nämlich darin den wichtigsten Platz ein. Eine Ladung wie jene von Antikythera war eher etwas Aussergewöhnliches und ihr Inhalt lässt gewisse Züge einer momentanen Laune und des Zufalles erkennen. Derartige Lieferungen bedienten sehr spezifische, wenn nicht sogar extravagante Kundenwünsche, umfassten sie doch Kunstwerke und Kuriosa, für deren Besitz es offensichtlich eine gewisse Nachfrage gab.

Dieser Hintergrund könnte auch die Präsenz des sogenannten Mechanismus an Bord erklären. Dabei handelt es sich um ein so ausserordentliches Präzisionsgerät, dass die Schiffsladung dadurch noch mehr Aufmerksamkeit verdient > Kapitel Mechanismus. Die Forscher haben an diesem Objekt die ausgeklügelte Mechanik sowie den Geniestreich, dank dem es für mathematische und astronomische Berechnungen dienen konnte, bewundert. Bei den frühen Deutungen ging man von einem astronomischen Instrument (Astrolabium, Planetarium) aus, während neuere Meinungen darin eine computerähnliche Maschine vermuten, die dazu diente, verschiedene Kalender zu speichern und astronomische Phänomene anzuzeigen. Intensive Untersuchungen der mechanischen Bestandteile und der Inschriften haben zu neuen Erkenntnissen im technischen Bereich und beim Grundbauplan des Geräts geführt. Der Mechanismus, der in der zweiten Hälfte des 2. Jhs. v. Chr. gefertigt wurde, umfasst Zahnrädchen, Achsen sowie Skalen und Scheiben mit komplizierten Angaben. Eine Holzkiste diente als Schutzhülle. Im Weiteren wies es vorne und hinten eine Art Deckel aus Bronze auf. Beschriftungen hat man auf der Aussenseite, über und unter den mittleren Datenscheiben des vorderen Deckels (ein Sternkalender, auf Altgriechisch *parapegma* genannt) und auf der Rückseite des hinteren Deckels festgestellt (die Abfolge der bekannten fünf Planeten gemäss ihrer Distanz zur Erde und verschiedene Zeiger, die mit kleinen Kugeln die Planeten im Verhältnis zueinander anzeigen). Die Zahnräder des Mechanismus sind bis auf ein Exemplar aus Olbia die einzigen bekannten Beispiele aus der griechischen Antike. Sie zeigen, über welche Fertigkeiten und über welche Kenntnisse von Kupferlegierungen und deren Einsatz in Präzisionsgeräten die Feinmechaniker verfügten. Im Mechanismus fliessen astronomisches Wissen über die Bewegung der Sterne sowie Spitzenleistungen der Darstellung der Bewegung von Himmelskörpern in einem ausgeklügelten mechanischen Gerät zusammen. Man denke zum Beispiel an Planetarien und das Wissen, das seit der Zeit des Archimedes (287–212 v. Chr.) zusammengetragen worden war. In kosmologischer Hinsicht widerspiegelt der Mechanismus die Vorstellung von der Erde, die sich im Zentrum des Universums befindet, was in jener Zeit als wissenschaftliche Grundannahme fest verankert war. Man kann sich vorstellen, dass der ruhelose und innovative Geist eines Poseidonios von Apameia zusammen mit der astronomischen Tradition von Rhodos für die Herstellung eines solchen Geräts ausschlaggebend war, auch wenn einer der Kalender indirekt Syrakus als Herkunftsort erahnen lässt, die Heimatstadt des berühmten Archimedes.

Ein Gerät, das so viel in sich vereinigt – es diente der Voraussage von Finsternissen, enthielt vielfältige kalendarische Angaben und war gleichzeitig vielleicht auch ein astrologisches und nautisches Instrument – und das die Hoffnung auf nutzbringende Anwendungen in Lehre und Forschung nährte, muss damals wohl ein sehr seltenes und begehrtes Objekt gewesen sein. Gewiss hätten viele es besitzen wollen, aber es war nur für wenige bestimmt, wie wir aus Schriftquellen wissen. Himmelskugeln mit astronomischen Angaben zum Beispiel blieben entweder in der Werkstatt ihres Herstellers oder sie waren in den öffentlichen Gebäuden von Städten platziert. Der Fall der Stadt Sinope am Ufer des Schwarzen Meeres, wo man den Globus des Billaros aufbewahrte (Strabo 12.3.11), ist insofern erwähnenswert, weil er zeigt, dass so seltene Gerätschaften selbst an entlegenen Orten fern von den Zentren der Wissenschaft und der politischen Macht auftauchen konnten. Antike

Abrechnungen, die aufzeigen, wie solches Material den Besitzer wechselte, stützen die These, dass der Mechanismus Raubgut war. Sein Hersteller, Besitzer und seine Geschichte, bevor das Gerät in der Ladung dieses dem Untergang geweihten Schiffes verschwand, bleiben völlig unbekannt. Ciceros Hinweis auf Himmelsgloben *(planetaria)*, die mit grosser Präzision die Bewegungen von Sonne, Mond und den fünf Planeten darstellten und die als Raubgut nach Rom gelangten und dort im Haus des Konsuls Marcus Claudius Marcellus und im Tempel der Virtus aufgestellt wurden (*De re publica*, 1.21-22), ist für unser Verständnis antiker Wissenschaft sehr wichtig. Die «unterschiedlichen Umlaufbahnen, die mit verschiedenen Geschwindigkeiten und Bewegungen beschritten wurden», erforderten den Einsatz von Rädern. Obschon der Bericht in ein imaginäres Umfeld eingebettet ist und dem Ablauf eines philosophischen Dialogs folgt, können wir davon ausgehen, dass er vermutlich von Ciceros Besuch der Insel Rhodos inspiriert ist. Dort betrieb er bei Poseidonios im Jahr 79/78 v. Chr. Studien in diesem Wissenschaftsfeld. In der Tat erwähnt Cicero in seinem Werk *De natura deorum* (2.34-35) Poseidonios im Zusammenhang mit einem Auftrag für ein astronomisches Gerät *(sphaera)*.

Das Schiffswrack von Antikythera ist nicht nur ein Glücksfall für wissenschaftliche Untersuchungen im Gebiet der antiken Technik, Technologie und Wissenschaft, sondern es vermag auch viele neue Einblicke in andere Aspekte der späthellenistischen Zeit zu liefern. Mit dem Fund dieses Schiffswracks wurde auch ein neuer Forschungszweig, die Unterwasserarchäologie in den griechischen Meeren, aus der Taufe gehoben > Kapitel Die Untersuchungen der Jahre 1900 und 1901. Dank ihr konnten wir unser Wissen über bis anhin unbekannte Techniken des Schiffbaus erweitern. Vor allem eröffnet uns das Schiffswrack mit seiner Ladung jedoch die Möglichkeit, auch darüber konkrete Aussagen zu machen, was genau als Handelsware über den Seeweg transportiert wurde und welche Rolle die Römer innerhalb dieses Warenflusses von Luxusgütern spielten.

In der Tat liefert das Schiffswrack von Antikythera den materiellen Beweis dafür, dass Ciceros Kritik an dem, was er die Aufweichung der römischen Moral und der römischen Sitten infolge der Hellenisierung der römischen Gesellschaft nennt, heuchlerisch war. Seine Zeitgenossen scherten sich kaum darum. Denn wer es sich leisten konnte, zelebrierte die neue Mode: Teure, luxuriöse und aus dem Osten importierte Güter genossen hohe Wertschätzung. pb

Ausgewählte Bibliografie:
Tchernia – Pomey – Hesnard 1978; Parker 1992; Carre 1993; Baudoin – Liou – Long 1994; Hellenkemper Salies *et al.* 1994; Häuber 1994; MacKendrick 1995; Saladino 1998; Chatzidakis 2003; Rauh 2003; Mastrocinque 2009; Bruneau – Ducat 2010; Bouyia 2012b.

Die Untersuchungen der Jahre 1900 und 1901

Metaxia Tsipopoulou
Maria Antoniou
Stavroula Massouridi

Die faszinierende Geschichte der Entdeckung, der Bergung und Konservierung der Antikythera-Funde: Dokumente aus dem Historischen Archiv des Griechischen Archäologischen Dienstes (HAGAD) gewähren Einblick.

Einführung

Das Historische Archiv des Griechischen Archäologischen Dienstes ist eines der ältesten und wichtigsten Archive Griechenlands. Es umfasst Archivmaterial aus der Gründerzeit des modernen griechischen Staates und deckt sämtliche Gebiete ab, in denen sich archäologische Stätten und Monumente befinden. Es liefert zudem Einblicke in die Entwicklung und Geschichte des Griechischen Archäologischen Dienstes selbst. Die Dokumente zum Schiffswrack von Antikythera bilden nicht nur den Anfangspunkt der Unterwasserarchäologie in Griechenland, sondern auch weltweit.

WÄHREND ICH AUF DER SUCHE NACH SCHWÄMMEN IN GRIECHISCHEM GEWÄSSER TAUCHTE, FAND ICH AUF DEM MEERESBODEN DEN RECHTEN ARM EINER BRONZEPLASTIK ETWAS ÜBERLEBENSGROSSER DIMENSIONEN.

Im Jahr 1900 litt Griechenland noch an den Folgen des griechisch-türkischen Krieges von 1897. Es ist ein grosses Wunder, dass es diesem kleinen Land gelingen konnte, die absolut neue Herausforderung der Bergung eines Schiffswracks bei der Insel Antikythera zu meistern, überdies in einem wirtschaftlich und politisch höchst ungünstigen Umfeld sozusagen ohne geeignete technische Ausrüstung und fast ohne staatliche Fördermittel. Die umständliche und viel Zeit in Anspruch nehmende Bergung konnte nur dank des selbstlosen Einsatzes von Menschen, die rasch handelten, glücken. Diese Personen übertrafen sich selbst, indem sie diese sowohl historische wie auch patriotische Tat vollbrachten.

Die Dokumente des HAGAD zeigen in einzigartiger Weise den Moment der Entdeckung sowie die Zeit raubenden Aktionen und lassen erahnen, dass man keine Mühen scheute, um die bestmögliche Konservierung der Funde sicherzustellen. Die Selbstaufopferung der Taucher und der Mitglieder des Griechischen Archäologischen Dienstes wie auch die Zusammenarbeit zwischen dem griechischen Staat und ausländischen Forschern, Restauratoren und Firmen, die im Bereich der Bergung von Schiffswracks spezialisiert waren, stehen dabei im Vordergrund.

Die Chronik der Bergung

Kurz vor Ostern im Jahr 1900 nahmen zwei Boote mit Schwammtauchern von Symi (einer kleinen Insel nördlich von Rhodos) Kurs auf «Pinakakia», 25 m vom Kap «Glyfadia» an der nordöstlichen Küste von Antikythera entfernt. Als die See ruhiger wurde, tauchte als Erster Ilias Stadiatis ins Meer ein. In einer Tiefe von 42 m stiess er auf ein antikes Schiffswrack. Über eine Länge von 50 m erstreckten sich das Wrack und seine Ladung: Bronze- und Marmorstatuen, viele Gefässfragmente und natürlich auch Wrackteile des grossen Schiffes selbst. Der Taucher brachte als erstes den rechten Arm einer Bronzestatue an die Oberfläche.

Am 6. November 1900 informierte Dimitrios E. Kontos, der Kapitän eines der Schwammtaucherboote, den Minister für kirchliche Angelegenheiten und Erziehung, Spyridon Staïs, über das Schiffswrack. Kontos kündigte den Fund dem höchsten Beamten der Altertümerverwaltung mittels eines Schreibens am darauf folgenden Tag an: «Während ich auf der Suche nach Schwämmen in griechischen Gewässern tauchte, fand ich auf dem Meeresboden den rechten Arm einer Bronzeplastik etwas überlebensgrosser Dimensionen.» Er bat um die Erlaubnis, «aus der Tiefe auf eigene Initiative die weiteren antiken Objekte, die gewiss dort liegen, zu sichten und zu bergen» und wollte gleichzeitig auch in Erfahrung bringen «welche Entschädigung der griechische Staat [ihm] gewähren würde, falls [seine] Suche von Erfolg gekrönt sein sollte». Die griechische Regierung liess nicht lange mit ihrer Antwort auf sich warten. Am 7. November 1900 informierte der Minister den Kapitän dahingehend, dass es seine Absicht sei, die Sache zu unterstützen, und zwar mit einem Schiff der Marine, das an den Fundort abkommandiert werden und dort die Arbeiten mit allem nötigen Material unterstützen sollte. Er stellte auch klar, dass «die Belohnung für die Statuen durch Artikel 37 des Gesetzes über antikes Fundmaterial geregelt ist» und dass «weil das Verdienst [des Kapitäns] gegenüber dem Nationalmuseum gross ist, [der Minister] dafür sorgen werde, dass die Abfindung grosszügig ausfallen wird.»

Am 21. November ersuchte Staïs den Marineminister, ein Schiff an den Fundort zu senden und beauftragte Antonios Oikonomou, Professor für Archäologie an der Universität von Athen, die Bergung der antiken Objekte aus dem Schiffswrack zu überwachen. Schlechtes Wetter verhinderte ein Auslaufen der beiden Schwammtaucherboote und des Mannschafts- und Transportschiffes *Mykali* bis zum 24. November. Die Bergung erwies sich wegen den widrigen Wetterbedingungen und der beschränkten Dauer, während der sich die Taucher unter Wasser aufhalten konnten, als extrem schwierig. Im Übrigen war die *Mykali* zu gross, um sich der Küste nähern zu können. Deshalb kehrte sie am 27. November nach Piräus zurück und mit ihr das bis dahin gehobene archäologische Fundgut, das sich nun in Oikonomous Obhut befand. Am folgenden Tag wies Staïs den Generaldirektor der Altertümerverwaltung, Gabriel Vyzantinos, an, mit einem anderen Boot der Militärmarine nach Antikythera zurückzukehren, um dort die Bergung weiter mitzuverfolgen. Vyzantinos kam am 29. November an Bord des Dampfschiffes *Syros* in Avlemonas auf der Insel Kythera an und ging zusammen mit den Schwammtauchern weiter zum Fundort, von wo aus er dem Zentralbüro der Altertümerverwaltung einen Bericht telegraphierte. Schlechte Wetterbedingungen zwangen leider alle Schiffe, während mehreren Tagen in der Bucht von Agios

WIR SITZEN IN DER BUCHT VON AGIOS NIKOLAOS AUF DER INSEL KYTHERA FEST. JEDER VERSUCH, DAS ANTIKE MATERIAL AN DIE OBERFLÄCHE ZU HOLEN, IST UNMÖGLICH WEGEN DES GEWALTIGEN STURMS UM UNS HERUM. IN ERWARTUNG VON DIREKTIVEN.

Nikolaos Schutz zu suchen. «...Wir sitzen in der Bucht von Agios Nikolaos auf der Insel Kythera fest. Jeder Versuch, das antike Material an die Oberfläche zu holen, ist unmöglich wegen des gewaltigen Sturms um uns herum. In Erwartung von Direktiven.» Dies führte dazu, dass die *Syros* mit dem Direktor der Altertümerverwaltung nach Piräus zurückfuhr, was den Kapitän des Schwammtaucherbootes dazu veranlasste sich zu beklagen: «...Es ist unmöglich ohne Unterstützung weiterzumachen. Die Arbeit erfordert Geduld. Bitte um Antwort. Dimitrios Kontos.»

Am 20. Dezember beauftragte Panagiotis Kavvadias, Generaldirektor der Altertümerverwaltung, einen Beamten des Griechischen Archäologischen Dienstes, G. Kritikos, nach Antikythera aufzubrechen. Am 8. Januar 1901 kündigte Kritikos die Entdeckung des *Epheben* von Antikythera an: «...hervorragend erhalten zwei Bronzehände, eine zu einem Boxer gehörend und mit Bandagen umwickelt sowie eine Bronzeplastik. Fünf Fragmente einer leicht überlebensgrossen Statue, vermutlich ein Hermes oder ein Apollon. Ich werde noch einige Tage bleiben, bis ich die Gelegenheit habe, nach Kythera zurückzufahren, falls ein Marineschiff kommt; ein solches ist absolut und sofort nötig. G. Kritikos, Assistent des Generaldirektors der Altertümerverwaltung.» Ein Haus in Antikythera, das man für zehn Drachmen im Monat anmietete, diente als zeitweiliges Lager für die geborgenen Artefakte wie auch als Unterkunft für den Inspektor. Die Teile der Bronzeplastiken und die Fragmente der Marmorskulpturen wurden an Bord der *Syros* nach Piräus gebracht (die Lieferpapiere mit den Unterschriften von Kritikos und Jason Bouboulis, dem Leutnant des Schiffes, tragen das Datum vom 8. Januar 1901). In Athen lagerte man das Material im Ministerium ein und liess es von der Polizei bewachen: «Wir verlangen, dass Sie zwei Polizeibeamte für drei oder vier Tage abkommandieren, damit sie den Eingang des Ministeriums an der Stadioustrasse Tag und Nacht bewachen...»

Mehrere Telegramme von Kavvadias an den Bürgermeister von Kythera (die kleine Insel Antikythera gehört zur grösseren Nachbarinsel Kythera) sowie an die Polizeistation von Kythera und Antikythera legen nahe, dass der Archäologische Dienst darum bemüht war, die Fundstelle des Wracks vor Plünderung zu schützen und abzuschirmen. Das Ministerium setzte Aufseher vor Ort ein, wie man es einem Entwurf für ein Dekret, von Staïs am 14. Dezember 1900 gezeichnet, entnehmen kann: «...Wir beschliessen, Aufseher einzusetzen, die Tag und Nacht auf den Schwammtaucherbooten anwesend sein sollen zu einem Tagessatz von vier Drachmen.» Kapitän Emmanuel Charchalakis, in Kythera geboren, wurde am 24. Januar 1901 zu einem Monatslohn von 60 Drachmen als Aufseher angestellt «weil nicht das gesamte archäologische Material auf dem Meeresgrund in der Nähe von Antikythera geborgen wurde und somit die Gefahr illegaler Tätigkeit [droht]...»

DANK ÜBERMENSCHLICHEN ANSTRENGUNGEN IST ES UNS GELUNGEN, AUCH EINE FRAGMENTARISCHE KOLOSSALSTATUE DES HERAKLES, WELCHE JENER IM ARCHÄOLOGISCHEN MUSEUM VON NEAPEL ÄHNLICH IST, ZU HEBEN. MINISTER S. STAÏS.

Fragmente von Statuen aus Bronze und Marmor nach der Entdeckung

Staïs überwachte die Arbeiten vor Ort. Am 17. Januar wandte er sich mit Briefen an den Kapitän der *Syros* und an den Bürgermeister von Kythera, in welchen er darum ersuchte, täglich informiert zu werden, selbst dann, wenn schlechtes Wetter die Arbeit am Fundort nicht zuliess. Er wies im Übrigen darauf hin, dass alles mit grösstmöglicher Sorgfalt zu tun sei. Er setzte sich auch mit der Frage auseinander, ob allenfalls mehr Taucher, Spezialgerät oder auch ein Schiff (in der Art eines Lastkahns mit einem Kran, um schweres Material heben zu können) nötig waren. Es lag ihm ganz speziell am Herzen, die Statuen ganz und keineswegs zerbrochen bergen zu können: «Es bereitet mir Sorgen, dass die Taucher bei ihrer Arbeit vielleicht zu wenig darauf achten, die Statuen nicht an den sichtbaren Beinen oder Armen zu packen und daran zu ziehen. Sie sollten bei der Bergung besser am Körper beginnen. Andernfalls ist die Gefahr des Bruches zu gross. Solchen Schwierigkeiten müssen wir entgegentreten; wir sind bereit, alle erforderlichen Massnahmen zu treffen und scheuen die Kosten nicht. Zuerst müssen die Rümpfe ganz freigelegt und erst dann nach oben gebracht werden…» In Zeitungsartikeln der Zeit kann man lesen, dass das antike Material hastig und in Bruchstücken geborgen worden sei. Staïs sah sich veranlasst, am 26. Januar 1901 einen Journalisten zu tadeln: «Ich ersuche Sie höflich darum, in Ihrer Berichterstattung darauf hinzuweisen, dass die Skulpturen von Antikythera mit der grösstmöglichen Vorsicht und Sorgfalt geborgen werden. Die Beine, Arme, usw. brachen nicht jetzt von den Körpern ab, sondern bereits früher. Dies kann jeder feststellen, der das Material selbst gesehen hat.» Staïs erwirkte die Bildung eines Komitees, welchem A. Christomanos und A. Damvergis, Professoren für Chemie an der Universität von Athen, und K. Mitsopoulos, Professor für Mineralogie, angehörten. Diese lud er am 26. Januar 1901 ins Ministerium zu einer Autopsie der Bronzeplastiken ein. Dabei sollten diese Experten festhalten, ob die Brüche alt oder neu waren und sich darüber äussern, ob die fehlenden Rümpfe oxydiert waren und möglicherweise komplett zerstört oder ob sie in grösserer Tiefe ihrer Entdeckung harrten. Er gab zu Protokoll: «…Wir gehen davon aus, dass die Brüche antik sind, betrachten es aber als notwendig, Ihre erlauchte Meinung in dieser Hinsicht einzuholen.» Am 27. Januar hielten die Spezialisten folgendes fest: «…Wir kommen zum Schluss, dass die Brüche der meisten und der grössten Stücke alt sind, konnten gleichzeitig aber auch neuere Brüche bei einer Anzahl kleinerer Stücke feststellen, die entweder als Folge der Bergung oder des Transports zu betrachten sind... Das lange Liegen im Meereswasser hat die Skulpturen zerbrechlich und schuppig gemacht... Es ist unmöglich, dass die dazugehörenden Körper sich chemisch aufgelöst haben... Falls sie tatsächlich auch Teil der Schiffsladung waren, wird man sie bei einer Suche auf dem Meeresgrund sicherstellen können. Dieser sollte wegen des stark abschüssigen Geländes am Fundort über eine grössere Fläche abgesucht werden, denn Strömungen infolge von Stürmen und Erdbeben können bewirken, dass sich hohle und leichte Stücke von den massiven und schweren Teilen lösen.»

Staïs brach am 7. Februar selbst zur Inspektion der Stelle des Schiffbruches auf. Dabei begleiteten ihn Kavvadias, Panagiotis Kastriotis, der Direktor der Altertümerverwaltung, sowie Emmanuel Lykoudis, der juristische Berater des Ministeriums. Man benutzte zur Bergung und zum Transport der schweren Fundstücke weiter die *Mykali* und die *Syros*, aber auch einen gedeckten Frachter, der über einen Kran verfügte, und später noch die *Aigialeia*, ein kleines Torpedoboot. Am 17. Februar 1901 identifizierte man unter einem riesigen Gesteinsblock, den man mit dem Kran entfernt hatte, mehrere Skulpturen. In der Annahme, dass der Block selbst auch eine Statue sei, erliess der Minister den Befehl ihn ebenfalls zu heben, was das Schiff fast zum Sinken gebracht hätte. In der Tat handelte es sich um die Kolossalstatue vom Typ Herakles Farnese, deren Kopf nicht vorhanden war. In einem Telegramm vom 19. Februar 1901 ist folgendes zu lesen: «... Dank übermenschlichen Anstrengungen ist es uns gelungen, auch eine fragmentarische Kolossalstatue des Herakles, welche jener im Archäologischen Museum von Neapel ähnlich ist, zu heben. Minister S. Staïs.» Die Arbeiten setzten sich ungefähr von Mitte März bis September 1901 fort, unter der Aufsicht des Vorarbeiters Antonios Kritikos und dem lokalen Leiter der Altertümerverwaltung K. Kourouniotis. Von Kourouniotis aufgegebene Telegramme lassen darauf schliessen, dass mit der Zeit Anzahl und Bedeutung der Funde abnahmen: «Wegen des schlechten Wetters haben wir während vier Tagen lediglich unwichtige Fragmente von Skulpturen gehoben.» So hatte man den Minister bereits am 31. Juli darum ersucht, Kapitän Kontos solle die Bergungsarbeiten einstellen. «... Weil sich die Suche als erfolglos erwies und weil alle Objekte, die während der letzten Monate entdeckt und gehoben wurden, ... Keramikfragmente und Stücke aus Holz vom Schiffswrack selbst ohne archäologischen Wert sind, gehen wir davon aus, dass keine weiteren wertvollen Objekte auf dem Meeresgrund liegen.» Am 1. August 1901 bat Kontos darum, seine Suche bis Ende Oktober weiterführen zu dürfen: «... Denn ich habe die berechtigte Hoffnung, dass noch viel weiteres archäologisches Material auf dem Meeresgrund liegt.» Der Minister stellte die Bewilligung für die Suche noch am gleichen Tag aus: «Gerne erteile ich Ihnen die angeforderte Bewilligung...» Die Arbeiten setzten sich bis zum 30. September fort. Gestützt auf einen Bericht, den Kourouniotis am 12. September 1901 an die Generaldirektion der Altertümerverwaltung sandte, wird ersichtlich, dass «die Taucher davon ausgingen, nur noch für wenige Tage hier zu arbeiten..., weil jene sichtbaren Fragmente auf dem Grund entweder unter dem Fels stecken... oder mit ihm verschmolzen sind, so dass man sie nicht mehr entfernen kann.»

Nachdem die Arbeiten am 18. Oktober 1901 zum Abschluss gekommen waren, berief der Minister eine geeignete Expertenkommission ein, die die Summe festlegen sollte, welche man dem Kapitän und den Tauchern schuldig war. Kavvadias übernahm den Vorsitz in der Kommission, zu der verschiedene regionale Leiter der Altertümerverwaltung (Christos Tsountas, Vasileios Leonardos, Valerios Staïs und Panagiotis Kastriotis) gehörten. Auszug aus dem Protokoll (Blatt 81, 27. Oktober 1901): «Die Kommission hat beschlossen, dass der Staat Dim. El. Kontos eine Summe von 150'000 [Drachmen] zusprechen soll, weil er das Wrack entdeckt und das oben erwähnte antike Material geborgen hat. Dies soll gelten mit Hinweis auf die Bestimmungen in Artikel 37 des Gesetzes 2646 vom 24. Juli 1899 und weil Dim. El. Kontos... den Ort, wo das antike Fundgut lag, meldete, und er dem Staat seine Dienste zur Verfügung stellte, indem er das Material geborgen und dafür seine eigenen Taucher eingesetzt und eigene Mittel aufgewendet hat. Ebenso soll gewürdigt werden, dass die Bronzen, das Material aus Marmor und die restlichen Funde von wissenschaftlichem Wert sind und dass er sich persönlich stark eingesetzt und keine Ausgaben gescheut hat...»

Georgios Nikolaidis, Vize-Vorsitzender der Archäologischen Gesellschaft, hatte bereits am 26. Februar 1901 die Absicht der Gesellschaft angekündigt, jeden der sieben Taucher mit je 500 Drachmen zu belohnen. Wegen der Auszahlung dieses Betrages wäre es fast zu einem Streit gekommen. Am 5. November 1901 baten die Taucher um ein Eingreifen bei Kontos zur Konfiszierung der Summe, um so ihre Bezahlung sicherzustellen, die dann auch bald erfolgte. Kontos jedoch war mit der ihm zugesprochenen Summe unzufrieden und richtete am 24. Mai 1914 einen langen Brief an «Seine Exzellenz, den Premierminister, Herrn Elefth. Venizelos», in dem er mitteilte, dass ihm eine Schuld von 14'500 Golddrachmen erwachsen sei, weil er die Ausrüstung der Taucher bezahlt hatte und für ihren Lohn aufgekommen war und weil er mehr als ein Jahr daran gehindert war, in Symi zu sein und der Schwammtaucherei nachzugehen. Als Schlusssatz seines Schreibens fügte er hinzu: «...Es sei darauf hingewiesen, dass ich unverschämt grosse Summen von Ausländern ausgeschlagen habe, die sie mir für die blosse Nennung des Fundortes der Statuen anboten, welchen ich geflissentlich und aus Liebe für mein Vaterland für mich behielt...» Vermutlich mit Hilfe eines Juristen liess er mitteilen, die Kommission hätte gestützt auf Artikel 10 und 11 des Gesetzes über antikes Fundgut die Abfindung auf die Hälfte des Wertes des gefundenen Materials ansetzen sollen. Von den 150'000 Drachmen «...nach Bezahlung der Auslagen, wozu die Kosten für die Verpflegung, die Löhne für die Taucher und die Schiffsmannschaft sowie diverse andere Ausgaben gehörten, blieben mir kaum noch 10'000 Golddrachmen, gerade mal knapp so viel wie der Lohn eines Direktors, womit ich nicht einmal meine Auslagen decken konnte...» Kontos hatte zwar seine Tätigkeit als Schwammtaucher wieder aufgenommen, hatte aber einen tragischen Unfall während eines Tauchganges mit Taucheranzug erlitten, als dessen Folge er nunmehr gelähmt war. Der sehr emotional gehaltene Brief endet folgendermassen: «Dies ist also die Situation, ich

DENN ICH HABE DIE BERECHTIGTE HOFFNUNG, DASS NOCH VIEL WEITERES ARCHÄOLOGISCHES MATERIAL AUF DEM MEERESGRUND LIEGT.

ES SEI DARAUF HINGEWIESEN, DASS ICH UNVERSCHÄMT GROSSE SUMMEN VON AUSLÄNDERN AUSGESCHLAGEN HABE, DIE SIE MIR FÜR DIE BLOSSE NENNUNG DES FUNDORTES DER STATUEN ANBOTEN, WELCHEN ICH GEFLISSENTLICH UND AUS LIEBE FÜR MEIN VATERLAND FÜR MICH BEHIELT.

wende mich mit grösstem Respekt an Sie, Ihre Exzellenz, und bitte Sie um Wiedergutmachung und Mitgefühl für diese schwere Ungerechtigkeit, die über ein armes Familienoberhaupt gekommen ist. Gewähren Sie mir die nötige Aufmerksamkeit... um das Wohl meiner verarmten Familie, die ich wegen meiner Lähmung nicht länger beschützen kann...» Die Antwort, in Form eines Briefes von Ioannis Tsirimokos, Minister für kirchliche Angelegenheiten und Erziehung, erreichte Monate später den Bürgermeister von Symi (am 29. November 1914). Darin hiess es, Kontos und die Taucher hätten gestützt auf Artikel 37 des Gesetzes zu antikem Fundgut die korrekte Summe erhalten, der griechische Staat könne darum keine weitere Entschädigungssumme sprechen. Im Übrigen, «...auch der griechische Staat ist für Auslagen aufgekommen, denn er musste Personal einstellen und während der gesamten Dauer der Bergungsarbeiten ein Dampfschiff anheuern. Es gilt zu berücksichtigen, dass die für Archäologie zur Verfügung stehenden finanziellen Mittel so knapp bemessen sind, dass nicht die geringste ausserordentliche Ausgabe ins Auge gefasst werden kann.»

Dank der Unterstützung des Vorhabens durch die griechische Militärmarine, die Schiffe und Mannschaft abkommandierte, und dem Einsatz der Schwammtaucher konnte das extrem schwierige Unterfangen zu einem erfolgreichen Ende geführt werden. Die Taucher arbeiteten bei ungünstigen Wetterlagen in den heftigen Winter- und Frühlingsstürmen in der See bei Antikythera. Die erste und gleichzeitig die Hauptbergungsphase, die sich von November 1900 bis September 1901 erstreckte, gipfelte im Fund wichtiger Stücke, die die Sammlung des Archäologischen Nationalmuseums noch heute bereichern. Den tragischen Tod des Tauchers Georgios Kritikos wie auch zwei weitere Tauchunfälle darf man jedoch nicht vergessen. In einem Telegramm vom 9. Mai 1901 kündigte Kourouniotis an: «Der Taucher Georgios Kritikos, auch Neofotistos genannt, ist während der Arbeit tödlich verunfallt.» Antonios Kritikos setzte das Zentralbüro der Altertümerverwaltung am 31. Mai 1901 mit entwaffnender Direktheit ins Bild: «...Die Arbeit geht nur sehr langsam voran. Einige Taucher sind krank und hospitalisiert. Nur fünf [Taucher] sind einsatzfähig.»

Kontos und die Taucher von Symi waren nicht die Einzigen, die an der Bergung des Schiffswracks von Antikythera interessiert waren. Auch ausländische Firmen meldeten sich unmittelbar nach der Entdeckung, denn die griechische Regierung war mit ihrer Absicht, das Wrack zu heben, an die Öffentlichkeit gelangt. Am 1. Dezember 1900 bekundete die in Genua ansässige *Società promotrice per recuperi sottomarini* (Gesellschaft zur Förderung von Unterwasserbergungen) ihr Interesse bei der griechischen Regierung und empfahl sich als geeignet für die Bergung. Die Zusammenarbeit erwies sich jedoch als unfruchtbar. Die Taucher von Symi tauchten bis auf eine Tiefe von 65 bis 70 m, wo sie sich bis zu fünf Minuten aufhielten; das Ein- und Auftauchen erforderte zusätzliche drei Minuten. Sie mussten dieses Prozedere täglich mehrmals wiederholen und mit den ungünstigen Wetterverhältnissen, der grossen Tiefe, dem Schlamm auf dem Meeresboden und dem beträchtlichen Gewicht der Objekte zurechtkommen. Am Ende des Winters 1901 waren die Folgen der körperlichen Strapazen augenfällig und das Ersuchen der Taucher um eine Ruhephase absolut begründet.

Vom Frühling 1901 bis ins Jahr 1903 versuchte die griechische Regierung andere griechische, aber vor allem auch ausländische Taucher an der Suche zu beteiligen. Der Bürgermeister von Ägina liess am 21. Februar 1902 den Minister A. Momferratos wissen: «...Georgios Bitros, ein hiesiger Kapitän und Besitzer von Taucherausrüstung, kann mit der Sache betraut werden..., denn er besitzt Schiffe mit dem fürs Schwammtauchen erforderlichen Gerät und er kann auf erfahrene und gesunde Taucher zurückgreifen...». Zu einer Zusammenarbeit mit den Schwammtauchern der Insel Ägina ist es jedoch nicht gekommen, denn – wie der Bürgermeister von Ägina am 9. März 1902 schrieb: «...Das Boot mit den Schwammtauchern ist ins Ausland aufgebrochen.» Das Ministerium kontaktierte auch den Fürsten von Monaco, der, wie in der Zeitung Akropolis nachzulesen ist, in seiner Antwort darauf hinwies, die Taucherboote des Fürstentums seien für das Unterfangen nicht geeignet. Darauf zog der griechische Staat das Angebot der spezialisierten *Società promotrice per recuperi sottomarini* wieder in Betracht. Der griechische Konsul, den man damit beauftragt hatte, die Firma in Genua zu kontaktieren, hielt am 26. April 1901 fest: «... [Die Firma] verfügt über alle nötigen Voraussetzungen, um über einen längeren Zeitraum alle Untersuchungen, Ausgrabungen und Bergungsarbeiten auf dem Meeresgrund und bis zu einer Tiefe von 110 m auszuführen.» Kavvadias unternahm eine Reise nach Europa und

...ES GILT ZU BERÜCKSICHTIGEN, DASS DIE FÜR ARCHÄOLOGIE ZUR VERFÜGUNG STEHENDEN FINANZIELLEN MITTEL SO KNAPP BEMESSEN SIND, DASS NICHT DIE GERINGSTE AUSSERORDENTLICHE AUSGABE INS AUGE GEFASST WERDEN KANN.

führte Verhandlungen, deren Ziel die Rekrutierung eines Restaurators für den sog. Epheben von Antikythera war. Dasselbe tat auch Georgios Athinogenis, ein Beamter des Ministeriums für kirchliche Angelegenheiten und Erziehung im Jahr 1902.

Die Verhandlungen mit der *Società* waren zäh und ihre Bedingungen erwiesen sich als ungeeignet und mit der griechischen Gesetzgebung im Bereich der Archäologie unvereinbar. Die griechische Regierung drängte auf eine billigere Variante, aber die Firma machte 5000 Francs Transportkosten, 100 Francs für jeden Arbeitstag sowie eine Summe, die der Hälfte des Wertes des entdeckten und gehobenen archäologischen Materials entsprach, zur Bedingung (9. Juni 1902). Athinogenis hatte gleichzeitig auch eine andere italienische Firma kontaktiert *(Anchora)*, von der er einen Vertragsentwurf vorlegte. Kavvadias reagierte am 5. Mai 1903 mit einem langen Bericht ans Ministerium auf Athinogenis' Initiative. Darin hob er hervor, die Firma sei unbekannt und sie verlange 30'000 Francs, während das vom Ministerium festgesetzte obere Limit bei 10'000 Francs liege. Im Übrigen habe die bekanntere italienische Firma, mit der das Ministerium bereits verhandelte, in zwei ihrer Briefe vom Januar 1903 den Wunsch geäussert, auf einen Kompromiss einzugehen.

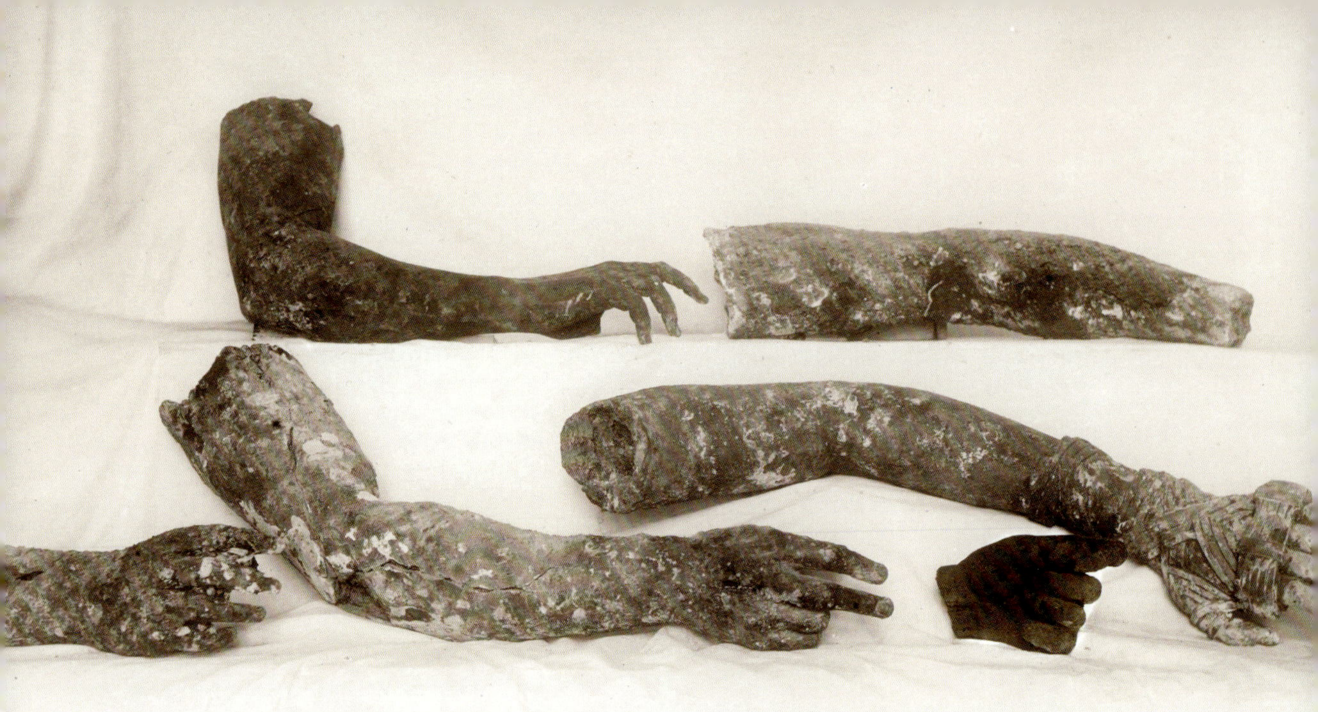

Bronzene Fragmente von lebengrossen Statuen: sie gehören zu den ersten Funden aus dem Wrack.

Konservierung und Restaurierung der Funde

Die aus dem Schiffswrack geborgenen Kunstgegenstände waren in beträchtlichem Mass beschädigt und korrodiert. Die Objekte aus Marmor waren noch schlechter erhalten als jene aus Bronze. Ein Teil ihrer Oberfläche war verloren, der Rest mit Muscheln und anderen Ablagerungen verwachsen. Nur jene Partien, die im Schlamm oder im Sand lagen, waren intakt. Der fragmentarische Zustand sowie die beschädigten Oberflächen des Fundmaterials liessen von Anfang an keinen Zweifel daran, dass die Konservierung und Restaurierung hohe Anforderungen stellen würden. Am 28. Juni 1901 ersuchte man Antonios Kritikos darum, alle Bronzeobjekte «in sauberes Süsswasser zu legen», das er «alle zwei Tage» erneuern sollte. Die eigentliche Konservierung begann allerdings erst im Archäologischen Nationalmuseum, wo man die Bronzen chemisch, die Marmorobjekte mechanisch (mit Meisseln) reinigte.

Das Ministerium für kirchliche Angelegenheiten und Erziehung setzte sich schriftlich mit unterschiedlichen Institutionen und Einzelpersonen in Griechenland wie auch im Ausland in Verbindung, um jene Spezialisten ausfindig zu machen, die eine fachgerechte Konservierung garantieren konnten. Die Erwartungen der Archäologen und der Regierung konzentrierten sich auf die Bronzeplastik des sog. Epheben, welche man in fünf grösseren Einzelteilen geborgen hatte. An der Tatsache, dass Kavvadias höchstpersönlich nach Genf, Paris und Wien reiste, lässt sich ablesen, welche Bedeutung man dieser schwierigen Suche nach dem besten Restaurator beimass. «Die Oberfläche der Bronzeplastik war ziemlich gut erhalten, aber zur Verhinderung einer weiteren Oxydierung und vor allem auch weil es speziell im Bereich des Kopfes bereits zu starken Korrosionen gekommen war, griff man sowohl zuerst beim Kopf wie nachher auch bei der ganzen Plastik auf eine Reinigungsmethode zurück, bei der chemische Substanzen eingesetzt wurden. Zuerst überwachte der Chemiker Anastasios Damvergis den Reinigungsprozess. Danach liess man Domenico Carotenuto, Restaurator am Archäologischen Museum von Neapel, aus Italien anreisen. Er arbeitete jedoch nur im Monat März 1901 mit, denn es sollte sich bald herausstellen, dass seine Erfahrung mit Material, das durch die Lagerung im Salzwasser beschädigt war, den Anforderungen nicht genügte. Der Chemiker Othon Rousopoulos schliesslich führte die Konservierungsarbeiten des sog. Epheben im Juni 1902 zu Ende. Rousopoulos war an der Restaurierung aller Bronzefunde, die nach 1900 aus dem Wrack gehoben wurden, beteiligt. Gemäss der Fachzeitschrift *Archaeologiki Ephimeris* war die Verwendung von chemischen Substanzen, die zum Verlust der natürlichen Patina geführt hatte und die Plastik danach schwarz erscheinen liess, ein Fehler, den man viel später mit dem Aufstrich von grüner Farbe zum Teil wieder wettmachen wollte.

Zuerst arbeitete der Bildhauer Panagiotis Kaloudis an der Zusammenfügung der Einzelteile und später übernahm der französische Künstler Alfred André diese Aufgabe; er fertigte den inneren metallenen Stützrahmen an. André hatte es vorerst abgelehnt, in Athen zu arbeiten, und den Wunsch geäussert, man solle ihm die Plastik nach Paris senden. Nach Verhandlungen kam er im Mai 1902 doch nach Athen, untersuchte die Bronzeplastik und unterbreitete einen Arbeitsplan, den das Ministerium guthiess. «Im Hinblick auf die Art der Zusammenfügung [der Einzelteile] erklärte Mr. André, dies werde er mit einer selbst erfundenen und hergestellten Legierung bewerkstelligen, die er überdies auch für die Fehlstellen einsetzen werde. Die Legierung... ist stabil und garantiert dauerhaft... Mr. André verspricht, im Inneren [der Plastik] einen Stützrahmen aus Eisen einzusetzen ...» André kehrte im August nach Athen zurück und brachte den Eisenrahmen wie auch Arbeitsgerät und Material mit, das er benötigte. Vom 14. August bis zum 30. September 1902 war er intensiv am Werk.

Den Epheben stellte man im Archäologischen Nationalmuseum auf einem Marmorsockel aus, den der Marmorbildhauer Ioannis Linardis zum Preis von 230 Drachmen hergestellt hatte. In typischer Weise schrieb der Minister Momferratos dem Aussenminister (Oktober 1902), was die Restaurierung der Bronzeplastik des Antikythera-Epheben betraf: «Das beste Fundobjekt aus der Bergungsaktion des Schiffswracks bei Antikythera war die Bronzeplastik eines jungen Mannes, die, da sie in mehreren Einzelteilen gefunden wurde, unser Ministerium vor die grosse Herausforderung stellte, die passende Art der Zusammenfügung festzulegen wie auch die Person, die so etwas bewerkstelligen konnte, ausfindig zu machen...» In demselben Dokument wird erwähnt, dass Kavvadias André vorgeschlagen hatte. Das Ministerium hatte sich auch mit dem Museum von Kairo in Verbindung gesetzt wegen des dortigen Restaurators M. Barsanti wie auch mit Oscar Effendi, dem stellvertretenden Direktor des osmanischen Kriegsmuseums in Istanbul, und mit Wilhelm Sturm in Wien. Letzterer kam nach Griechenland und nach einer Autopsie der Bronzeplastik hielt er in einem ausführlichen Bericht fest (12. Oktober 1901): «Das Innere sollte ganz mit einer festen Substanz ausgefüllt werden. Da ich Metall hierfür nicht als geeignet betrachte, schlage ich einen Steinklebstoff aus Eigenproduktion vor...» Da seine Methode jedoch sechs Monate in Anspruch nehmen würde sowie auch noch zwei Jahre

DAS BESTE FUNDOBJEKT AUS DER BERGUNGSAKTION DES SCHIFFSWRACKS BEI ANTIKYTHERA WAR DIE BRONZEPLASTIK EINES JUNGEN MANNES, DIE, DA SIE IN MEHREREN EINZELTEILEN GEFUNDEN WURDE, UNSER MINISTERIUM VOR DIE GROSSE HERAUSFORDERUNG STELLTE, DIE PASSENDE ART DER ZUSAMMENFÜGUNG FESTZULEGEN WIE AUCH DIE PERSON, DIE SO ETWAS BEWERKSTELLIGEN KONNTE, AUSFINDIG ZU MACHEN...

für die Trocknung des Leims kalkuliert werden müssten, ersuchte Sturm darum, die Plastik nach Wien senden zu lassen.

Griechische Restauratoren, darunter Thomas Arvanitis und Ioannis Papadakis, empfahlen sich ebenfalls für die Restaurierung dieser berühmten Plastik. Nikolaos Vranakis unterbreitete aus demselben Grund einen ausführlichen Bericht, in dem es einerseits um die Methode und Techniken zur Zusammenfügung der Einzelteile der Plastik ging, er andererseits aber auch darauf hinwies, dass unbedingt auch ein Bildhauer herbeigezogen werden sollte, «nicht nur um die Einzelteile aneinander zu fügen, sondern auch um die perfekte künstlerische Pose und Wirkung der Plastik glaubhaft wiedererstrahlen zu lassen.» Wie bereits oben erwähnt, erhielt schliesslich A. André den Zuschlag, der gemäss Momferratos (Oktober 1902) die Arbeiten «mit so bewundernswertem Geschick und hervorragender künstlerischer Perfektion» ausführte, dass man gar empfahl, ihm «einen speziellen Orden» zu verleihen.

Die Restaurierung und Rekonstruktion des Epheben führten zu vielen Reaktionen bei griechischen und ausländischen Archäologen, so auch bei Ioannis Svoronos, dem Direktor des Numismatischen Museums, der das Archäologische Nationalmuseum ebenfalls darum gebeten hatte, die Plastik fotografieren und untersuchen zu dürfen.

Im Jahr 1948 schlug Christos Karouzos, Direktor des Archäologischen Nationalmuseums, vor, die Statue wieder in ihre Einzelteile zu zerlegen und die Harzschicht von jenen Metallplättchen abzutragen, die man zur Füllung der Leerstellen verwendet hatte (1948–1949). Er beaufsichtigte, wie der Bildhauer Andreas Panagiotakis, vormaliger Leiter der Skulpturenwerkstatt des Archäologischen Nationalmuseums, der leitende Techniker Ioannis Bakoulis, an dessen Seite auch noch der Bildhauer Nikos Perantinos zu erwähnen ist, der Chemiker V. Zisis und der Maler Alekos Kontopoulos die Statue wieder zusammenfügten (Dezember 1952 bis Dezember 1953). Karouzos hielt fest: «Das Vorhaben war äusserst anspruchsvoll, weil zum einen die Einzelstücke verzogen waren (entweder als Folge des Schiffbruches oder aus unbekannten Gründen) und zum anderen weil André ihre Ränder so zurecht gebogen hatte, damit die Stücke sich so zusammenfügen liessen, wie er es gemäss seiner willkürlichen Rekonstruktion gewollt hatte.» Eine Kommission aus Archäologen genehmigte die Reparaturen am Epheben, der nun seine ursprüngliche Haltung und Gestik wiedererlangt hatte. Auch die frühere Plastizität und Ausstrahlung der Plastik waren wieder spürbar. Eine dreiköpfige Kommission aus Skulpturenexperten wurde vom Ministerium einberufen. Sie kam zu folgendem Schluss: «Das Ergebnis ist absolut zufriedenstellend und lobenswert..., denn zum ersten Mal können sich nun die wahren Qualitäten der antiken Plastik frei entwickeln.» Das Kunstwerk wurde im April 1954 wieder im Nationalmuseum der Öffentlichkeit zugänglich gemacht.

Den sogenannten Antikythera-Mechanismus, einen weiteren herausragenden Fund aus dem Schiffswrack, hatte dank glücklichen Umständen, wie es in damaligen Zeitungsartikeln hiess, der frühere Minister Staïs höchstpersönlich im Archäologischen Nationalmuseum entdeckt: «Gestern Abend besuchte der frühere Minister für kirchliche Angelegenheiten, Herr S. Staïs, das Archäologische Museum [...]. Im Saal, wo die Hermesstatue aufbewahrt wird, bemerkte Herr Staïs einzelne Bronzefragmente. Nachdem er eines von ihnen genauer in Augenschein genommen hatte, konnte er darin ein fragmentarisches Getriebe erkennen, ein Zahnrad war deutlich zu sehen. Herr Staïs fand noch weitere Fragmente und es gelang ihm, sie so zusammenzufügen, dass das Getriebe ganz zu erkennen war. Dann stellte er fest, dass eine Inschrift, deren Buchstaben sich auf der anderen Seite der Platte befanden, um das Zahnrad verläuft. Es war nicht möglich, diese Inschrift zu lesen...»

Von da an versuchten die Forscher dieses einzigartige Fundstück in ihre Deutungsversuche um das rätselhafte Schiffswrack zu integrieren. Die Presse lieferte täglich die neusten Versionen: «... Der verdiente Archäologe Herr Vyzantinos war gestern der Erste, der ins Nationalmuseum kam, um das Objekt genauer zu untersuchen...» und nachdem er einige Buchstaben identifiziert hatte, «kam er zum Schluss, dass das in Antikythera gefundene Material aus der Zeit zwischen 150 v. Chr. und 200 n. Chr. stamme...» «... Die Buchstaben auf der Platte zeigen, wie man dieses Instrument, das ins erste Jahrhundert v. Chr. zu datieren ist, verwendete. Falls dieses Instrument sich tatsächlich als antiker nautischer Kompass erweisen sollte..., wäre es ein sehr wichtiger Fund, denn es gibt bis anhin kein anderes solches Gerät aus der Antike. Herr Wilhelm, Direktor des österreichischen Instituts und Spezialist für Inschriften von weltweitem Ruf..., war in der Lage, die Inschrift zu lesen... Sonnenstrahlen.». «Der Numismatiker Herr Svoronos kam zum Schluss, dass [die Inschrift] zu einem Astrolabium gehört, einem in der Antike verwendeten nautischen Orientierungsgerät, das man zur Messung der Distanz zwischen Sternen verwendete»; diese These teilte jedoch Konstantinos Rados nicht.

Die Fragmente des Mechanismus waren komplett oxydiert. Gemäss Periklis Rediadis, einem Marineoffizier, der fünfmal an Bord der *Mykali* vor Antikythera war, befand sich auf der Oberfläche des Geräts eine Kruste aus Muscheln, die sehr schwierig zu entfernen war. Das Metall war gemäss seinen Angaben verändert und bröckelig, ein beachtlicher Teil des Mechanismus war bereits zerstört und die vielen Schriftzeichen darauf liessen sich nicht in eine klare Abfolge bringen. Rousopoulos kümmerte sich um die Konservierung des komplexen und empfindlichen Mechanismus. Die Forscher debattierten weiter über seine Funktion, aber auch ob man es reinigen sollte und vor allem wie.

Mehrere Forscher haben in jüngerer Zeit den Mechanismus wieder zum Gegenstand ihrer Arbeiten auserkoren, um herauszufinden, woher er stammt und wie er funktioniert; dabei setzten sie auch modernste Technologie ein. Diese Projekte werden dank der erfolgreichen Zusammenarbeit eines Teams mit Mitgliedern aus vielen Ländern und unterschiedlichen Disziplinen fortgeführt. mt.ma.sm

Ausgewählte Bibliografie:
Tsipopoulou - Antoniou - Massouridi 2012.

Die Untersuchungen des Jahres 1976

Erinnerungen an die Zusammenarbeit mit Jacques-Yves Cousteau in Griechenland

Lazaros Kolonas

Das aus dem 1. Jh. v. Chr. stammende Schiffswrack von Antikythera ist seit seiner zufälligen Entdeckung durch Schwammtaucher von Symi im Jahr 1900 bekannt. Danach sorgte der griechische Staat dafür, dass mehrere Marmor- und Bronzekunstwerke gehoben wurden. Darunter befand sich auch der «Ephebe von Antikythera», der seither als eines der wichtigsten Ausstellungsobjekte des Archäologischen Nationalmuseums gilt. Die Untersuchung des Schiffswracks war nur eines von mehreren archäologischen Projekten unter Wasser, mit dem der griechische Staat Jacques-Yves Cousteau beauftragte.

Zu seinen Aufgaben im Rahmen des Projektes gehörte auch, dass er über die Arbeiten einen Film drehen sollte. Dieser sollte gemäss den Vorstellungen des Staates auch als Werbemittel dienen, um auf wirksame Weise die Wunder Griechenlands zu zeigen. Werbung für den Tourismus war dringend nötig, denn dieser lag nach sieben Jahren Militärdiktatur darnieder. Obwohl das Ziel der Vereinbarung, wofür der griechische Staat 150'000'000 Drachmen gesprochen hatte, vielleicht nicht wirklich erreicht wurde, waren die Auswirkungen sowohl für den Schutz von antikem Fundmaterial, das auf dem Meeresgrund lag, wie auch für das technische Know-How, das der griechischen Unterwasserarchäologie nunmehr zur Verfügung stand, von grosser Tragweite.

Meine Beteiligung an Cousteaus Forschungsvorhaben in Griechenland begann nicht erst mit den Arbeiten am Schiffswrack von Antikythera. Ich hatte schon früher an der Erforschung von römischen Schiffswracks in der Nähe der kleinen Insel Dia, nördlich von Iraklio (Kreta), teilgenommen. Dort in der Bucht von Iraklio lag das französische Schiff *Thérèse*. Im Weiteren war ich auch an der Bergung der kompakten Masse von mittelminoischer Keramik beteiligt, die aus den Lagerräumen der minoischen Siedlung von Pseira am Golf von Mirabello in Kreta ins Meer geglitten war. Darüber hinaus habe ich auch bei anderen Forschungsvorhaben mitgewirkt, bei denen nicht Schiffswracks im Zentrum standen, so zum Beispiel bei den Untersuchungen bei Gavdos in der Bucht von Marathon – hier ging es darum, Beweise zur Herkunft der Bronzeplastik des Jünglings von Marathon zu finden – oder bei Santorini, wo wir den versunkenen Krater des Vulkans zwischen der Caldera und Fira suchten. Bei all diesen Vorhaben hat uns ein Team griechischer Archäologen begleitet, zu denen Charalambos Kritzas, Charalambos Pennas, der verstorbene Nikos Papadakis und Manolis Borboudakis gehörten. Georgios Papathanasopoulos, damals regionaler Leiter der Altertümerverwaltung und Direktor des Instituts für Unterwasserarchäologie, leitete die Arbeiten zusammen mit vier Institutsmitgliedern: die Taucher Eleftherios Tsavliris, Vasileios Vitalis, Petros Nikolaidis und Ioannis Garas. Ein Funker und ein griechischer Marineoffizier rundeten das griechische Team an Bord der *Calypso* ab.

Die Arbeiten am Schiffswrack von Antikythera begannen am 12. Juni 1976 und dauerten bis in den November desselben Jahres. Schlechtes Wetter unterbrach die fünf Monate dauernde Kampagne mehrmals. Als das Büro von Nikolaos Gialouris, damaliger Generalinspektor der Altertümerverwaltung, mich informierte, man habe mich zur Überwachung von Cousteaus Untersuchungen am Antikythera-Schiffswrack bestimmt, war ich zuerst wie vom Schlag getroffen. Ich war nämlich ziemlich erschöpft nach den Arbeiten mit Cousteau vor Kretas Küste. Ich war natürlich voller Enthusiasmus, als ich zum ersten Mal in Dia vor Kreta mit von der Partie war, denn ich durfte mit Cousteau persönlich und seinem wunderbaren Taucherteam zusammenarbeiten. Dazu gehörten Albert Falco, Patrick Delemotte, Ivan Giacoletto, Henry Garcia, Colin Mounier, Raymond Coll und noch andere, die man aus Cousteaus Dokumentarfilmen gut kannte und irgendwie als eine Art *supermen* betrachtete. Es war keine einfache Aufgabe für mich, als einziger Grieche unter 30 Ausländern, vor allem Franzosen, an Bord der *Calypso* zu sein. Ich war ja als Taucher, Archäologe, Inspektor und zu guter Letzt auch noch Filmprotagonist da, denn es wurde Tag und Nacht gedreht. Meine Mitarbeit in Cousteaus Projekten stellte für meine Gesundheit ein Risiko

Folge. Trotz eines gewissen inneren Widerstandes packte ich meine Sachen und war bereit, an Bord der *Calypso* zu gehen, die vom Zea-Hafen im Piräus am folgenden Tag nach Antikythera auslief.

Wir kamen am 13. Juni 1976 vor Antikythera an. Die *Calypso* ankerte in Patakiana und ein Team von Tauchern begab sich sogleich auf die Suche nach Spuren des Schiffswracks. Obschon Cousteau bereits 1959 mit seinem Antikenspezialist Frédéric Dumas das Schiffswrack in Augenschein genommen hatte, brachten die ersten Tauchgänge des Teams keine neuen Ergebnisse. Bei ihrem letzten Versuch brachten A. Falco, ein wahrer Meister für tiefes Eintauchen, und der Schweizer Taucher I. Giacoletto endlich zerbrochene Gefässe und Holzstücke, die vom Wrack stammten, nach oben. Nachdem die Taucher über den Zustand des Schiffswracks berichtet hatten, fotografierten sie es ausführlich. Um dies tun zu können, benutzten wir ein schwebendes Gitter, weil das steile Gelände und Felsbrocken, die später über das Wrack gefallen waren, es verunmöglichten, das Gitter auf dem Meeresboden zu befestigen. Trotz dieser erschwerten Bedingungen konnten wir den Standort des Wracks festlegen und somit die Suche nach antiken Fundstücken aufnehmen.

Der Fund einer Amphore im Jahr 1976

dar. So zog ich mir zum Beispiel während der Arbeiten in der Bucht von Marathon und in Dia einen Netzhautriss und eine Verletzung am Trommelfell zu und ich wäre bei den Untersuchungen beim Schiffswrack der *Thérèse* in Iraklio fast ertrunken, weil man mir sagte, ich müsse sofort abtauchen, ohne dass ich wusste, dass meine Sauerstoffflasche sozusagen leer war. Damals leistete man den Anweisungen des Generalinspektors der Altertümerverwaltung, ganz im Gegensatz zu heute, sogleich

Das Schiffswrack liegt in einer Tiefe von 50 bis 52 m. Jeder, der taucht, weiss, dass man sich in solchen Tiefenlagen nicht länger als sechs Minuten aufhalten kann. Darum organisierten wir zur Erforschung des Wracks eine Gruppe von Tauchern, die eine

‹ 1
Diese Bronzestatuetten aus dem späten 2. Jahrhundert v. Chr. sind bei der zweiten Grabungskampagne entdeckt worden.

2 ›
Das Grabungsteam um Cousteau mit einer Auswahl von Funden.

Dekompressionskammer benutzten, um der Taucherkrankheit vorzubeugen und Verletzungen, die durch zu tiefes und zu langes Tauchen verursacht werden, entgegenzuwirken. Während den Ausgrabungsarbeiten verwendeten wir vor allem an jenen Stellen, die nicht von heruntergefallenen Felsblöcken zugedeckt waren, eine Art Bagger oder ein Vakuumrohr. Dieses bestand aus einem langen spiralförmigen Rohr von 0,20 m Durchmesser, welches vom Schiffsdeck bis zum Meeresgrund reichte, und aus einem schmaleren Rohr, durch welches komprimierte Luft ans untere Ende des Baggers gepumpt wurde, wodurch dort unten ein Sog entstand. Das Rohr sog den Sand und kleine Gegenstände vom Meeresboden auf und dieses Material gelangte dann aufs Schiffsdeck aus Holz, wo ich im Sand wühlte und die antiken Objekte sozusagen an Deck «ausgrub». Wenn die Taucher auf grössere Gegenstände stiessen, die nicht durchs Rohr nach oben befördert werden konnten, legten sie diese in einen grossen Metallbehälter, den man danach mit einem Kran an Deck heben konnte.

Wegen der grossen Tiefe, in der das Wrack lag, musste ich die Ausgrabungen entweder vom Inneren eines Bathyskaphen (U-Boot), der *Soucoupe*, oder über einen Monitor verfolgen, der mit einer Spezialkamera verbunden war, die alles aufnahm, was unter Wasser vor sich ging. Auf dem Schiff war ich ebenfalls fürs Aufzeichnen, Fotografieren, Konservieren und Verpacken von sämtlichem antikem Material zuständig. Viele kleinere und grössere antike Gegenstände aller Art sind bei diesen Forschungsarbeiten am Wrack, die (mit

Unterbrüchen) fünf Monate dauerten, zum Vorschein gekommen. Dieses gesamte Material habe ich in den Grabungstagebüchern sorgfältig beschrieben. Diese sammelte ich und übergab sie 1976 dem Archäologischen Nationalmuseum.

Unter den zahlreichen Kunstgegenständen sind zwei wichtige Bronzestatuetten aus hellenistischer Zeit > Abb. 1 hervorzuheben, der Ephebe EAM X 18957 und der Boxer EAM X 18958. Beide waren vollständig erhalten, wenn man von einer dünnen und harten Schicht aus Meeresablagerungen absieht, welche die Restauratoren entfernen konnten. Die Entdeckung dieser Plastiken wie auch von kleineren Gegenständen aus Gold, Silber, Marmor und Glas, alles Bestandteile der kostbaren Schiffsladung, entschädigte für die Bemühungen all jener, die an Cousteaus Forschungsvorhaben in Griechenland beteiligt waren. Dabei trat in den Hintergrund, ob der im Vertrag definierte Auftrag tatsächlich erfüllt worden war. Eindeutig wichtiger waren die neuen Erkenntnisse für die Unterwasserarchäologie in Griechenland, die damals unter Georgios Papathanasopoulos, dem Vorsteher der soeben neugegründeten Spezialbehörde, im Begriff war, ihre ersten Schritte zu unternehmen. lk

Ausgewählte Bibliografie:
Kolonas 2012.

Das Schiff

Polyxeni Bouyia (†)

Sehr wenig ist vom Schiff, das vor Antikytheras Küste gesunken ist, übrig geblieben. Dies erstaunt, wenn man an seine Grösse denkt, die man ausgehend vom Volumen und dem Gewicht der Ladung abschätzen kann. Obwohl einige Funde, die man während der ersten und zweiten Kampagne unter Wasser (1900–1901 und 1976) freilegte, Rückschlüsse auf die Bauweise und Ausstattung zulassen, so bleibt das Gesamtbild doch ziemlich lückenhaft. Die Datierung des Holzes mit der C14-Methode führt zur Annahme, dass das fürs Schiff verwendete Holz um 220 v. Chr. (± 40 Jahre) gefällt wurde. Falls diese Datierung zutrifft, wäre das Schiff zum Zeitpunkt seines Untergangs bereits sehr alt gewesen. Spezialisten gehen davon aus, dass die durchschnittliche Lebensdauer eines Schiffes nicht mehr als 60 Jahre betrug, dies vor allem wegen den vom Holzwurm zugefügten Schäden am Holz.

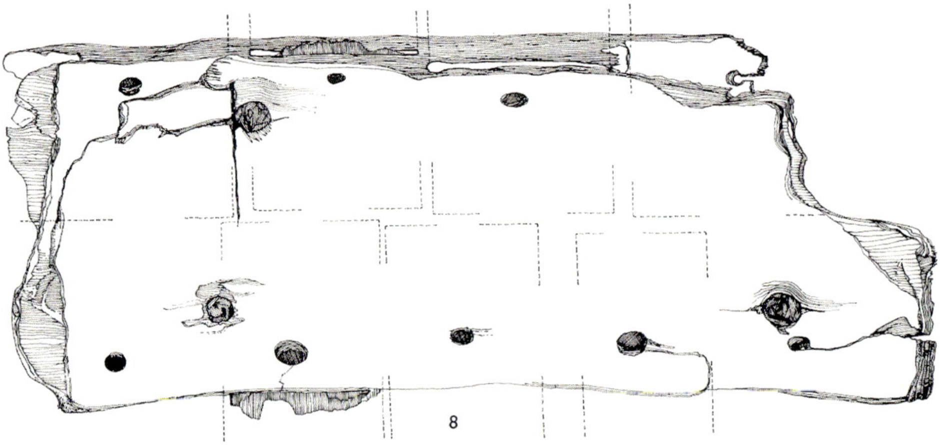

8

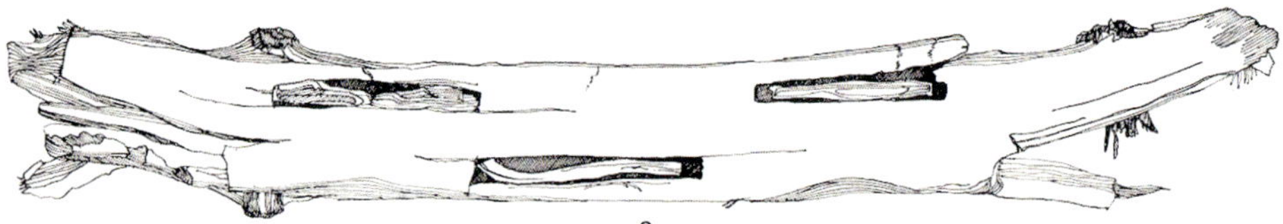

9

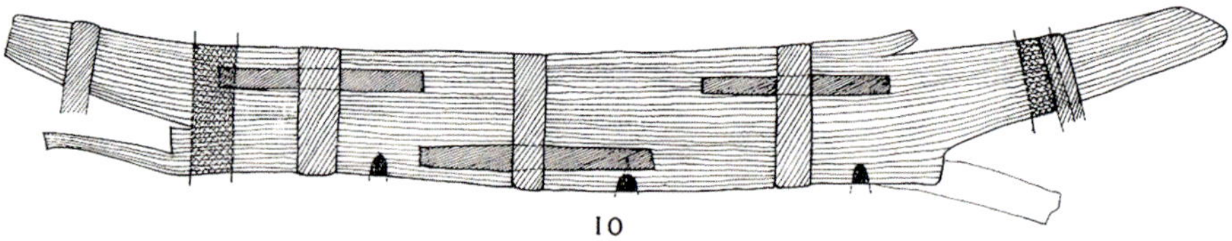

10

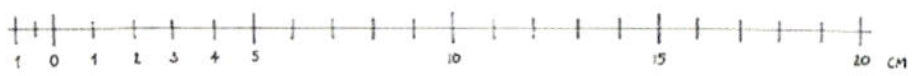

Der Schiffstyp

Die grosse Menge an Skulpturen und Keramik an Bord (aber auch von anderem Material, das noch nicht geborgen werden konnte) stellt einen wichtigen Ausgangspunkt dar, um den Schiffstyp wie auch dessen Funktion sowie den Grund seines Unterganges zu bestimmen: Beim Schiff handelte es sich um einen Frachter. Peter Throckmorton, der erste Forscher, der das Wrack untersucht hat, hält fest, dass das Schiff 30 m lang und 10 m breit war. Dieses Verhältnis drei zu eins entspricht wahrscheinlich den üblichen Proportionen im mittelmeerischen Schiffbau. Trotz der systematischen Anstrengungen, bei der zweiten Kampagne das Schiffswrack zu kartieren und zu vermessen, konnte man letztlich die erhofften Daten nicht in Erfahrung bringen. Throckmorton bezifferte das Fassungsvermögen des Schiffes auf annähernd 300 Tonnen. Das Schiffswrack von Mahdia, das ebenfalls eine grosse Menge Kunstwerke und Bauplastik geladen hatte und von dem man annimmt, es sei nach Sullas Zerstörung von Athen im Jahr 86 v. Chr. gesunken, war vermutlich 40 m lang, 14 m breit, 6.5 m hoch und verfügte über eine Ladekapazität von 230–250 Tonnen. Man geht davon aus, dass Frachter zum Steintransport kürzer und gedrungener waren als solche, auf denen Getreide transportiert wurde.

2
Grosse Nägel, die zum Bau des Schiffes Verwendung fanden.

‹ 1
Die Holzplanken des Schiffs

Techniken des Schiffbaus

Die gedeckten Partien des Schiffes liessen sich nicht identifizieren, genauso wenig wie Bug und Heck. So entziehen sich wichtige Konstruktionsdetails unserer Kenntnis. Ein Stück mit dreieckigem Querschnitt gehört vermutlich zu einer Planke in der Nähe des Kiels auf der Aussenseite vom Schiffsrumpf (Kielgang). Der Schiffsrumpf bestand aus einer einfachen Beplankung. Die am besten erhaltene Planke, die man 1900–1901 entdeckte, hat eine Breite von 16 cm und eine Dicke von 9 cm (dabei ist eine Schrumpfung von annähernd 1 bis 1,6 cm berücksichtigt) › Abb. 1. Diese beachtliche Materialdicke lässt eine robuste Konstruktionsweise erahnen. Die Länge und Dicke der Schiffsplanken variierten natürlich je nach ihrer Position im Rumpf, da diese der Krümmung im Bereich von Bug und Heck angepasst werden mussten. Die Konstruktionstechnik, die sich durch die Verwendung langer Planken auszeichnet, welche an ihren Enden mit durch Bohrlöcher getriebenen Holzstiften (Holznägeln) und Bronzenägeln miteinander verzimmert waren, hielt man bei der Erstpublikation der Funde im Jahr 1902 für unüblich.

Eine beachtliche Zahl griechisch-römischer Schiffswracks, die man in der ersten Hälfte des 20. Jhs. entdeckt und untersucht hat, erhöhte den Wissenstand über die Holzfunde, die während der ersten Grabungskampagne geborgen werden konnten. Eine Neueinschätzung früherer Deutungen war nunmehr möglich. Das Schiff, das vor Antikythera sank, war nach einer Methode konstruiert worden, bei der man zuerst die Schale anfertigte. Dabei handelt es sich um jene Schiffbautechnik, die im Mittelmeerraum vom 4. Jh. v. bis zum 1. Jh. v. Chr. vorherrschend war. Dies lässt sich daran erkennen, dass die Planken mit schweren Bronzenägeln am Rahmen befestigt wurden. Bei dieser Vorgehensweise > Abb. 3, die gerade das Gegenteil von der späteren Praxis (spätestens seit dem 11. Jh. n. Chr.) darstellt, wird das Schiff zunächst in Längsrichtung gebaut. Dabei werden die Planken parallel zum Kiel platziert; die Grösse und Position der Federn sowie Nuten (Breite, Länge, Höhe, Abstände) gewähren den Zusammenhalt und die Stabilität. *Coagmenta punica*, so der lateinische Name der hier angewandten Konstruktionstechnik, weist auf eine punische Herkunft. Die Funktion der Federn ist von den altgriechischen Substantiven *gomphoma* (γόμφωμα, vom Griechischen γόμφος), das auf so gebaute Schiffsteile (Beplankung

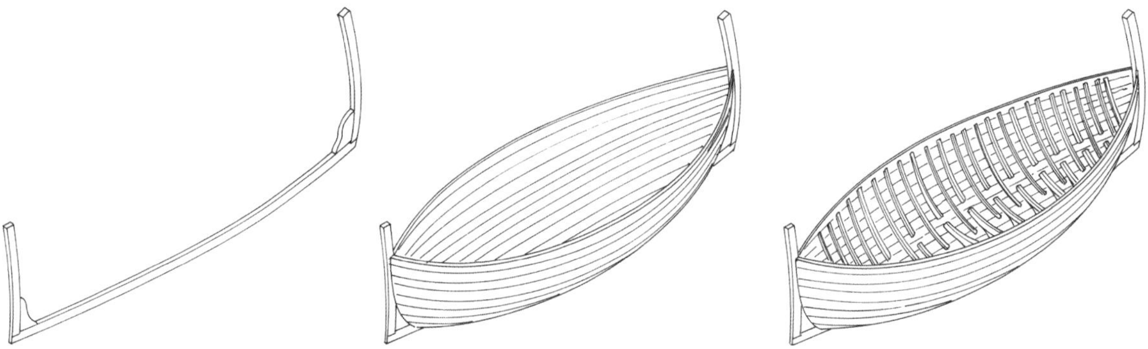

3
Schematische Rekonstruktion der für das Schiff von Antikythera angewendeten Bautechnik

und Fussböden) hinweist, und *gomphoter* (γομφωτήρ), eines der altgriechischen Wörter für Schiffbauer, abzuleiten. In den grossen Plankenfragmenten steckten noch mehrere Bronzenägel, deren Köpfe sich an der Aussenseite des Rumpfs befinden. Die Verwendung von Bronzenägeln, die man durch Verbindungsbrettchen (Federn) trieb, lässt sich auch bei den Schiffswracks von Titan (1. Jh. v. Chr.) und Mahdia nachweisen. Throckmorton stellte fest, dass nebeneinander liegende Planken des Wracks von Antikythera nicht aufeinander ausgerichtet waren (Abweichungen von 0,02 bis 0,04 m). Durch diesen Spielraum wollte man verhindern, dass die Planken bersten, was dann geschehen kann, wenn die Hölzer zu eng nebeneinander liegen. Er fand auch heraus, dass man für verschiedene Schiffspartien auch unterschiedliche Holzsorten benutzte.

Wie bei den Nemi-Schiffen wirkte sich die grosse Dicke der Beplankungsbretter vorteilig auf eine Staffelung der Position der Nuten aus. Der Druck, der auf die Verbindungsteile einwirkte und hier vor allem auf jene unterhalb der Wasserlinie, war sozusagen der Prüfstand für die Beständigkeit des Schiffes, sorgte aber auch dafür, dass kein Wasser in den Rumpf eindringen konnte. Die Federn und Holzstifte des Wracks von Antikythera waren aus Eichenholz, die Planken hingegen aus Ulmenholz. Wegen des grossen Drucks aufs Holz und auch wegen des Salzwassers, in dem die Schiffe segelten (vom Frühling bis in den Herbst; in den Wintermonaten waren die Schiffe in Hallen gelagert), hing die Wahl des Holzes von dessen Eigenschaften wie auch von der Verfügbarkeit ab. So hat man, um der Schrumpfung der Federn wie auch der natürlichen Bruchgefahr vorzubeugen, das Rohmaterial möglichst entlang den Jahresringen geschnitten. Die trapezartige Form der Federbrettchen entsprach wohl bautechnisch am besten ihrer Funktion.

Andere technische Details und weiteres Gerät

Throckmorton äusserte die Meinung, die kurzen Bronzenägel auf der Aussenseite des Schiffsrumpfes dienten zur Befestigung von dünnen Bleiplättchen, die die Wasserundurchlässigkeit unterhalb der Wasserlinie garantieren sollten. Den Fund von Dachziegeln > Abb. 5 betrachtete man bei der Erstpräsentation des Materials im Jahr 1902 als

4
links: Pumpe zur Entwässerung des Schiffs
rechts: Fragmente der Bleibeschichtung des Schiffs

5
Mit diesen Ziegeln hat man einen Bereich des Schiffs überdacht

6 ›
Gewichte aus Blei, die man vielleicht zur Bedienung der Segel benutzte.

aussergewöhnlich. Das Bleirohr > Abb. 4 hingegen brachte man logischerweise mit der Entwässerung des Schiffes in Verbindung.

Die Kampagne von 1976 führte zu einer beträchtlichen Erweiterung des Fundmaterials, da man einen grossen Abschnitt der Rumpfwandung, viele Nägel und Fragmente von Bleiblech bergen konnte > Abb. 2 und 4. Je nach Grösse verwendete man die Bronzenägel für das Zusammenfügen verschiedener Schiffsteile oder für die Bleibeschichtung.

Trotz des Fehlens archäologischer Beweise für die geschlossenen Partien des Schiffes lässt sich vermuten, dass dieses über grosse, wasserdichte Luken verfügte, denn das Schiff segelte auf offener See. Durch diese hat man wohl mit Hilfe eines Krans an Land die Skulpturen an Bord geladen.

Die korinthischen Dachziegel (*imbrices* und *tegulae*) > Abb. 5, die man 1976 gefunden hat, entsprechen in ihrer Grösse jenen, die man bereits in den Jahren 1900–1901 gehoben hatte. Ihre Menge, aber vor allem das Vorhandensein von *tegulae* lässt darauf schliessen, dass es an Deck eine überdachte Zone gab.

Ein Fragment eines Bleirohres, das gemäss Grabungsjournal zusammen mit ähnlichem Material geborgen wurde und das als Teil des Entwässerungssystems des Schiffes zu deuten ist, hat man mit einem ähnlichen Rohr aus der Kampagne von 1900–1901 in Verbindung gebracht.

Gemäss Throckmorton soll das Schiff mit bis zu fünf grossen Ankern mit Bleischäften ausgestattet gewesen sein. Die Entdeckung von zwei Geräten zur Messung der Tiefe und zur Erkundung der Art des Meeresbodens ist ein Hinweis für die Grösse des Schiffes und die Art der Seereisen, die es unternahm.

Einige kleine Bronzeringe gehörten wohl eher zur Fischereiausrüstung als zu den Segeln. Zur Zeit des Schiffbruches hatten Frachter ein rechteckiges Segel mit einem horizontalen Baum, das an dem in der Mitte aufgestellten Mast befestigt war. Bronze- oder Bleiringe, durch welche die Taue liefen,

vereinfachten das Hissen bzw. Einholen des Segels. Diese waren an den vertikalen, mit Leder verstärkten Nähten der Stoffstreifen befestigt, aus denen das Segel zusammengesetzt war. Ein dreieckiges Segel hisste man zuoberst am Mast, sobald das Schiff das offene Meer erreicht hatte. Ein zusätzliches dreieckiges Seitensegel kam ab hellenistischer Zeit in Gebrauch.

Das Schiff, das vor Antikytheras Küste sank, war vermutlich auf dem Weg nach Italien. Es ging während eines Sturmes, dessen Winde von Osten oder Nordosten bliesen, vor der Ostküste der Insel unter. Man kann deshalb vermuten, dass das Schiff im östlichen Bereich der Ägäis aufgebrochen war. Zu seiner Herkunft sind verschiedene Theorien geäussert worden: Es soll Sullas Beute aus Athen an Bord gehabt haben oder Piratenbeute aus Melos. Andere wiesen auf Paros als Herkunft hin, weil die Skulpturen ausschliesslich aus parischem Marmor sind. Oder das Schiff wäre gar im 4. Jh. n. Chr. auf seinem Weg von Argos nach Konstantinopel gewesen, wo die Skulpturen die Hauptstadt des oströmischen Reiches hätten schmücken sollen. Die heterogene Ladung spricht jedoch eher für die internationalen Häfen von Delos oder Ephesos als plausibelste Startpunkte der Fahrt im 1. Jh. v. Chr. Es ist möglich, dass das Schiff auf seinen Reisen in den Gewässern des Mittelmeeres anderen Schiffen begegnete, die ebenfalls Kunstgegenstände geladen hatten und von denen vielleicht auch das eine oder andere dazu verdammt war, unterzugehen, wie z.B. jene, die bei Kalymnos (100–50 v. Chr.), bei Styra (Euböa, ca. 130–50 v. Chr.) und vielleicht bei Artemision (200–80 v. Chr.), aber auch an der tunesischen Küste (Mahdia, nach 86 v. Chr.) oder der französischen Küste (La Fourmigue C, ca. 80–60 v. Chr.) gesunken sind. pb

Ausgewählte Bibliografie:
Throckmorton 1964; Throckmorton 1965;
Ralph 1965; Throckmorton 1970;
Basch 1972; Casson 1971;
Pomey – Tchernia 1978;
Gianfrotta – Pomey 1980; Foerster Laures 1983;
Foerster Laures 1984a; Hocker 1985; Rival 1991;
Höckmann 1994; Steffy 1995; Coates 2001;
McGrail 2008; Medas 2009; Whitewright 2011;
Bouyia 2012c.

Das Leben an Bord

Anastasia Gadolou

Das Leben an Bord, zum Beispiel auf jenem Schiff, das vor Antikythera sank, aber auch auf anderen, die in der Antike übers Mittelmeer segelten, war bis jetzt noch nie Gegenstand von systematischen Untersuchungen. In den letzten Jahrzehnten haben Neufunde antiker Texte und Inschriften zusammen mit Ergebnissen planmässiger Unterwasserarchäologie-Untersuchungen uns die Möglichkeit eröffnet, das Alltagsleben antiker Seeleute unter die Lupe zu nehmen. Diese stellten eine wichtige Berufskategorie dar, die man als Schlüsselfiguren der antiken mediterranen Schifffahrtsgeschichte betrachten darf.

Was ass und trank die Besatzung? Wie kochte die Mannschaft und wie nahm man die Verpflegung zu sich? Was taten die Seeleute in ihrer Freizeit? Dies sind einige jener Fragen, die wir nun stellen und dank der Erkenntnisse aus der Untersuchung des Schiffswracks von Antikythera und auch von anderen Wracks präziser formulieren können. Unsere Antworten sind jedoch nicht definitiv, da die Ausgrabungen und die Bergung weder systematisch waren, noch zu Ende gebracht werden konnten.

‹ 1
Spielsteine aus Glas, aus Stein und ein kleiner Kiesel

‹ 2
Schnecken und Olivenkerne aus dem Wrack

3 ›
Eine Handmühle aus Stein, die an Bord verwendet wurde.

Die Analyse des Materials der Schiffswracks von Ma'agan Michael (430–390 v. Chr.), Porticello (400–390 v. Chr.), Keryneia (306–300 v. Chr.) und Tektas Burnu (425 v. Chr.) hat unschätzbare Hinweise auf das Leben an Bord antiker Schiffe wie auch zum Menuplan und der Arbeitsabläufe geliefert.

Die Oliven und die Schnecken > Abb. 2 aus dem Wrack von Antikythera waren wohl Bestandteil des Speisezettels der Crew, denn beide Nahrungsmittel lassen sich einfach transportieren und sind lange haltbar.

Auch wenn vom Wrack von Antikythera keine weiteren Speisereste vorliegen, so sind es solche von anderen gesunkenen Schiffen, die einen Einblick in die kulinarischen Gewohnheiten einer Schiffsmannschaft zulassen. In Amphoren, einem der üblichsten Behälter im Laderaum, transportierte man Wein, aber auch andere Speisevorräte wie gepökeltes Fleisch und Fisch. Letztere waren vielleicht auch Teil der Lebensmittelreserven an Bord, man kann sich aber auch vorstellen, dass Fisch fortwährend gefischt wurde, welchen die Besatzung roh, gepökelt oder gekocht während der Schiffsreise ass. Dafür spricht auch der Fund einiger Röhrchen und Ringe aus Bronze, die als Gewichte von Fischernetzen zu deuten sind. Zudem enthielten die Transportbehälter vermutlich Getreide, Früchte (z.B. Weintrauben), Nüsse, (z.B. Mandeln) und Kräuter. Dank ähnlicher Funde aus dem Wrack von Keryneia (306–300 v. Chr.) lässt sich dies vermuten.

Die grossen Dachziegel vom Schiffswrack > Abb. 5 (vorheriges Kapitel) gehörten zur Überdachung einer Fläche an Deck, wo man Speisen zubereitete. Es ist natürlich davon auszugehen, dass die Mitglieder der Besatzung auch Speisen zubereiteten und zu sich nahmen, wenn sie an Land gingen, um die Wasservorräte aufzufüllen.

In den grossen Vorratskrügen aus den Wracks von Ma'agan Michael und Porticello bewahrte man vermutlich das Trinkwasser

für die Besatzung auf. Vergleichbare Vorratskrüge fehlten unter den Funden von Antikythera, Keryneia und Tektas Burnu, wo man die Wasservorräte vermutlich eher in Amphoren oder Tierhautschläuchen lagerte, die periodisch bei Aufenthalten in den Häfen wieder aufgefüllt wurden.

Bei den beiden ersten Bergungskampagnen in Antikythera hob man mehrere Kochtöpfe und ein ganzes Set Tischgeschirr. Kochtöpfe mit oder ohne Brandspuren verwendete man vermutlich sowohl zur Zubereitung der Speisen wie auch als Essnäpfe. Trinkbecher wie zum Beispiel verzierte Reliefbecher und Teller verschiedener Grösse wurden wohl von der Besatzung an Bord verwendet.

Ton- und Metalllampen benutzte man zur Beleuchtung auf dem Schiff. Mehrere Exemplare, eines darunter mit Brandspuren, waren Teil des Fundmaterials.

Auch Teile von Brettspielen befanden sich unter den Funden. Dazu gehören vier kuppelförmige Spielsteine aus blauem und farblosem Glas, zwei gleiche aus Stein und ein kleiner Kiesel > Abb. 1. Auch die Mannschaft vom Schiffswrack von Tektas Burnu unterhielt sich bei Brettspielen.

Ein bruchstückhafter zylindrischer Knochen, der Teil eines Musikinstrumentes war, vermutlich einer Flöte, und weitere ähnliche Gegenstände > Abb. 5 gehörten entweder einem Besatzungsmitglied oder waren mit grösserer Wahrscheinlichkeit Handelsgut.

Kleine Knochen, Astragale genannt, die als Talismane dienten, gewähren einen Einblick in die Welt des (Aber-)Glaubens der Besatzung > Abb. 7. Ein Anhänger aus grünem Glas in Form eines Phallus > Abb. 6 mag möglicherweise auf die Präsenz eines Kindes oder eines jungen Mannes hinweisen, am ehesten eines Sklaven. Neuste Untersuchungen zeigen, dass nur Kinder und Jugendliche solche Objekte bei sich trugen.

4
Stössel in Form eines Fingers

5
Fragmente von Musikinstrumenten aus Bein

6 ›
Anhänger in Form eines Phallus

7 ›
Knochen (Astragale), die vielleicht als Talismane dienten.

Die eher eingeschränkten archäologischen Funde zeugen von einem Alltagsleben an Bord, das einem sich selbst genügenden Mikrokosmos glich. Die Dauer der Reise wie auch die lauernden Gefahren waren die Grundlage für die Zusammenarbeit und die Kameradschaft. Das Meer eint und trennt die Menschen gleichzeitig. Wir werden nie wissen, was die Mannschaft des Schiffes, das vor Antikythera gesunken ist, tat, sagte und was die Seeleute fühlten. Die moderne archäologische Forschung ermöglicht uns trotzdem bis zu einem gewissen Punkt einige Aspekte dieser Schiffsreise zu beleuchten und zu erfahren, welche Aktivitäten an Bord stattgefunden hatten, bevor dieses Schiff auf seiner Reise westwärts plötzlich zu sinken begann. ag

Ausgewählte Bibliografie:
Trego 2004; Gadolou 2012.

Das menschliche Knochenmaterial

Argyro Nafplioti

In diesem Kapitel präsentieren wir die Analysen vom menschlichen Knochenmaterial aus den Bergungskampagnen von 1900 und 1976. Zur Zielsetzung des vorliegenden Beitrags gehören die Identifikation des menschlichen Knochenmaterials, die Rekonstruktion von Skeletten ausgehend vom lückenhaften Material sowie die Ermittlung der Mindestzahl der Schiffbrüchigen, ihres Geschlechts und ihres Alters zum Zeitpunkt des Todes. Auch einen Einblick in die Lebensumstände, soweit dies möglich ist, möchten wir hier gewähren.

Material und Methoden

Zur Untersuchung standen uns elf Zähne sowie Teile von 22 menschlichen Knochen zur Verfügung. Nur ein Wirbelknochen war fast vollständig erhalten, während die restlichen Stücke alle nur Fragmente sind (Erhaltungsgrad: 10–90%). Von einigen Knochentypen haben sich mehrere Vertreter erhalten. Ihr Erhaltungszustand variiert von schlecht (Verwitterung bis unter die Knochenhaut) bis gut. Die Knochen stammen von unvollständigen Skeletten. Grünliche Flecken da und dort auf der Oberfläche mancher Exemplare sind wohl auf den Kontakt mit oxydierten Bronzegegenständen zurückzuführen.

1
Schädel, wahrscheinlich von einer jungen erwachsenen Frau

Mehrheitlich ist das Knochenmaterial offensichtlich schon vor dieser Studie gereinigt und bis zu einem gewissen Punkt konserviert worden.

Die Überreste der menschlichen Gebeine haben wir nach den üblichen Methoden unter dem Makro- wie auch dem Mikroskop analysiert. Die Mindestzahl der Individuen haben wir ausgehend von den häufigsten anatomischen Elementen, die uns zur Verfügung standen, festgelegt; dabei haben wir die rechte bzw. die linke Körperhälfte separat gezählt.

Das Todesalter ist bei vier unvollständigen Skeletten nach folgenden Kriterien ermittelt worden: 1. Zahnentwicklung, Ausbruch und Ausmass der Beschädigungen am Zahnschmelz; 2. Analyse der Fusion der Kranialnaht. Da aber der Zeitpunkt und das Ausmass des Zusammenwachsens der Schädelnaht je nach Population und Geschlecht variiert, sind wir hier mit der Verwendung dieser Informationsquelle eher vorsichtig. Aus den genannten Gründen verwenden wir letztere Daten nur in Verbindung mit Altersschätzungen, die sich aufs Ausmass der Zahnschmelzbeschädigung stützen. In einem Fall konnte dank der Epiphysenfuge bei einem einzelnen Knochen für ein Individuum das Minimalalter beim Todeseintritt ermittelt werden. In zwei Fällen liess sich das biologische Geschlecht aufgrund gewisser Charakteristika der Schädelform bestimmen; wir meinen im Speziellen das Stirnbein, die Wülste über der Augenhöhle und das Hinterhauptbein. Ausgehend von der allgemein akzeptierten Vorstellung, dass männliche Skelette grösser und robuster als jene weiblicher Individuen derselben Population sind, liess sich das wahrscheinliche Geschlecht auch postcranialen Skelettteilen (bei Skeletten ohne Schädel) zuweisen, zu denen einzelne lange Knochen gehören. Trotzdem sind solche Ergebnisse mit einer gewissen Vorsicht zu geniessen.

Schädelmessungen führten wir gemäss den Definitionen von Howell durch. Wegen der Unvollständigkeit der langen Knochen liess sich für keines der Individuen die Gesamtgrösse ermitteln. Das Material haben wir im Weiteren mit der Absicht dokumentiert, das Vorhandensein oder die Abwesenheit nicht-morphologischer Charakteristika festzuhalten. Die Frequenz nicht-metrischer Daten innerhalb einer Population haben wir herausgearbeitet, um zu mehr Informationen über die genetische Konstellation zu gelangen. So lässt sich die biologische Distanz innerhalb der Population und zwischen Populationen ermitteln.

Resultate

Anhand der morphologischen Analyse des menschlichen Knochenmaterials liessen sich 22 Knochen und elf Zähne identifizieren. Zwei Knochenfragmente stammen von einem Schädel, zwei von einem Unterkiefer; 18 sind postcraniale Vertreter (unterhalb des Schädels), darunter elf lange Knochen, sechs Wirbel und eine Rippe. Nur sieben der elf Zähne waren noch mit dem angrenzenden Alveolarknochen verbunden. Die anderen vier fand man lose und sind weder mit einem der Unter- noch mit dem Oberkieferknochen, die sich auch unter dem Material befinden, in Verbindung zu bringen.

Die menschlichen Knochenfunde stammen von nicht vollständigen Skeletten. Wir benutzten das Grabungsjournal und die Inventarnummern für Einzel- wie auch für vergesellschaftete Funde, hauptsächlich mit dem Ziel, den Fundort der Knochen wie auch der zusammen mit ihnen entdeckten Gegenstände festzustellen und die Skelette aufgrund einzelner Knochenvertreter zu rekonstruieren. Wir benutzten alle dem Material abzulesenden Daten, um das Alter im Moment des Todeseintritts, das biologische Geschlecht und die Robustheit der Knochen der einzelnen

Individuen herauszufinden. Auch Ähnlichkeiten bei der Knochenfarbe und beim Erhaltungszustand berücksichtigten wir als Arbeitskriterien. Bei den beiden Knochen aus der Ausgrabungskampagne von 1900 lässt sich nicht mehr feststellen, wo sie genau lagen.

Aufgrund der oben genannten Kriterien war es nur in einem einzigen Fall möglich, ein Skelett ausgehend von isolierten Knochen partiell zu rekonstruieren. Dies betrifft das Knochenmaterial aus der sogenannten Fundgruppe 184. Der nicht vollständige Schädel (Erhaltungsgrad 15%) und der damit verbundene rechte obere Eckzahn, der erste vordere Backenzahn, der erste und zweite Mahlzahn > Abb. 2, der Unterkieferknochen (20%) und der damit verbundene rechte erste und zweite Mahlzahn > Abb. 3, das Schienbein (25%), das Wadenbein (25%), die Rippe (75%) und drei Halswirbel (90–100%), unter der Zahl «184» inventarisiert, gehörten vermutlich zu einem Individuum. Drei weitere Wirbel (60–95%) gehörten wohl zum gleichen Individuum, auch wenn bei ihnen diese Inventarisierung fehlt. Aufgrund einzelner morphologischer Charakteristika, des Ausmasses der Zahnschmelzbeschädigungen und der Fusion der Kranialnaht lässt sich dieses Individuum wahrscheinlich als junger erwachsener Mann (20–25 Jahre alt) identifizieren.

Es ist anzunehmen, dass zwei andere Zähne im Fundkomplex 184 von einem weiteren erwachsenen Individuum stammen. Dies meinen wir aufgrund der Schäden im Zahnschmelz, der Grösse der Zahnkrone, die grösser als die Oberkiefer- und Unterkieferzähne vom oben erwähnten Individuum sind, und auch wegen der Präsenz hypoplastischer Linien, die beim anderen Material vom Fundkomplex 184 fehlen, sagen zu können. Dieses Individuum dürfte älter gewesen sein als jenes, von welchem das meiste Knochenmaterial übrig geblieben ist.

Zahnschmelz-Unterentwicklung (Hypoplasie) ist die Folge einer Störung beim Aufbau des Schmelzes und manifestiert sich im Allgemeinen in Linien, Vertiefungen oder Kanälen. Die Hypoplasie ist ein Indikator für Ernährungsstörungen, Krankheit oder für andere Formen von Stress während der Zahnbildung. Aufgrund der Analyse der Zahnbildung und der Position der Linien auf der

2–3
Menschliche Überreste aus dem Wrack

Zahnkrone dürfen wir davon ausgehen, dass das erwähnte Individuum ungefähr im Alter von drei Jahren einem oder mehreren der genannten Stressfaktoren ausgesetzt war.

Was die sonstigen Knochenfunde betrifft, lässt sich zusammenfassend festhalten, dass wegen der Unvollständigkeit des Materials wie auch der Spärlichkeit der möglichen Aussagen zum Fundkontext nicht genügend Beweise vorliegen, um es ein und demselben Individuum zuzuweisen. Dagegen stammt der besterhaltene Schädel (Erhaltungsgrad 80%), über den wir hier verfügen, wahrscheinlich von einer jungen erwachsenen Frau > Abb. 1. Die schwache Porosität auf einem Teil der rechten Orbitalplatte, auf der äusseren Oberfläche des hinteren und oberen Scheitelbeins sowie auf dem oberen Hinterhauptbein hängt vermutlich mit Vitaminmangel zusammen.

Aufgrund des ausserordentlich gut erhaltenen Zahnschmelzes des linken zweiten Mahlzahnes und der Entwicklungsstufe des linken dritten Mahlzahnes, der erst nach Eintritt des Todes aus dem Gebiss fiel, stammt ein zweiter Unterkiefer (Erhaltungsgrad 35%) vermutlich von einem jüngeren Individuum als jenem, dessen Schädel wir oben erwähnten. Dieser Mensch war ungefähr 15 ± 3 Jahre alt. Zwei weitere Mahlzähne können nicht diesem Unterkiefer zugewiesen werden, da ihre Kronen kleiner sind und auch weil ihr Zahnschmelz stärker beschädigt ist im Vergleich zum zweiten Mahlzahn, der noch mit dem Unterkiefer verbunden ist. Sie stammen also von älteren Individuen. Gemäss den Aufzeichnungen im Grabungsjournal von 1976 wurden zudem der Schädel und der oben erwähnte Kiefer an unterschiedlichen Orten im Schiffswrack geborgen.

Der rechte Oberarmknochen ist unter den hier zur Verfügung stehenden Funden das am häufigsten vertretene anatomische Element. Diese Tatsache haben wir berücksichtigt und kommen so mit unseren Berechnungen fürs Minimum der Individuen auf die Zahl vier. Wegen der Unvollständigkeit des Materials und auch wegen den nur sehr spärlich abzulesenden zuverlässigen Indikatoren, welche Knochen als Fundquelle liefern können, war es für diese vier Individuen unmöglich, weder das Geschlecht noch das Todesalter stichhaltig festzulegen. Dennoch sprechen die Knochengrösse, die Textur und die Formen der Muskelansatzstellen bei diesen vier Oberarmknochen dafür, dass sie von erwachsenen Individuen stammen. Im Weiteren ist am Grad der Fusion der unteren Epiphyse (Naht bei Röhrenknochen zwischen geraden und geschwungenen Knochenzonen) auf einem der vier Oberarmknochen zu erkennen, dass dieses Individuum beim Eintritt seines Todes ganz gewiss nicht jünger als 16 Jahre alt war. Was das biologische Geschlecht betrifft, lässt sich spekulieren, dass zwei Oberarmknochen von Männern stammen und einer von einer Frau; beim vierten hingegen lässt sich keine nähere Aussage machen. Diese Resultate sind allerdings mit Vorsicht zu geniessen, da die Knochen nur bruchstückhaft vorliegen und somit die zuverlässigen Indikatoren für eine Geschlechtsbestimmung weitgehend fehlen.

Ferner ist die Präsenz einer Knochenwandöffnung bei zwei der erwähnten Oberarmknochen, eine nicht-metrische Eigenschaft, vielleicht dahingehend zu deuten, dass die beiden Individuen eng miteinander verwandt waren. Aber auch hier müssen wir letztlich darauf hinweisen, dass die Materialmenge zu dürftig für solche Aussagen ist.

Diskussion und Schlussfolgerung

Der eher bescheidene Erhaltungszustand des Knochenmaterials, die Unvollständigkeit der Skelette und die geringe Menge an

Informationen zum Fundkontext setzen der Möglichkeit zu gesicherten Schlussfolgerungen aus dieser Materialkategorie deutliche Grenzen. Dennoch verfügen wir hier über eine ausserordentlich kostbare Materialquelle, denn das Schiffswrack von Antikythera ist das älteste in griechischen Gewässern gesunkene Schiff, das zu archäologischen Untersuchungen Anlass gegeben hat und in deren Verlauf auch Knochen von menschlichen Skeletten geborgen wurden. Die daraus abgeleiteten Informationen sind von unschätzbarem Wert.

Anhand des häufigsten anatomischen Elements (rechter Oberarmknochen) lässt sich die Zahl der hier umgekommenen Menschen auf mindestens vier beziffern. Aus den oben genannten Gründen, die einerseits mit dem Knochenmaterial und andererseits auch mit den Eigenschaften des Fundkomplexes zusammenhängen, entspricht diese Zahl nicht der tatsächlichen Anzahl der an Bord Anwesenden. Wegen dem zu geringen Aussagewert der Indikatoren für das biologische Geschlecht wie auch für das Alter im Todesmoment konnte nur bei drei der vier Individuen eine Geschlechtszuweisung erwogen werden, während für alle vier anzunehmen ist, dass sie erwachsen waren.

Die Festlegung des Todesalters und/oder des biologischen Geschlechts kann eher bei jenen drei Individuen erwogen werden, von denen Knochen aus der Schädel- und/oder Unterkieferpartie vorliegen: im sogenannten Fundkomplex 184 ein 20 bis 25-jähriger Mann, eine junge erwachsene Frau und ein 15 ± 3 Jahre altes Individuum, dessen Geschlecht nicht festzustellen war. In demselben Fundkomplex liess sich aufgrund lose gefundener Zähne und des Zustandes ihres Zahnschmelzes mindestens ein weiteres erwachsenes Individuum feststellen, dazu noch ein weiteres, das älter ist als jene etwa 15-jährige Person. Was die Geschlechterverteilung betrifft – stets im Wissen der bereits erwähnten Grenzen, die uns das Material setzt –, stammt der Schädel vom Fundkomplex 184 vermutlich von einem Mann. Interessanterweise ist im Grabungsjournal vermerkt, dass das Knochenmaterial aus diesem Fundkomplex 184 in der Nähe von Goldschmuck lag. Der besterhaltene Schädel, welcher in der Nähe der Knochen dieses Fundkomplexes sowie vom Goldschmuck lag, stammt jedoch eher von einem weiblichen Individuum, was sich aus gewissen Charakteristika der Schädelmorphologie ableiten lässt. Eine mögliche weibliche Präsenz an Bord ist nicht so überraschend, denn zu jener Zeit verkehrten keine Passagierschiffe und eine Seereise konnte man demnach nur auf Lastschiffen unternehmen, auf denen eben auch Passagiere mitreisen durften. Wir dürfen davon ausgehen, dass die Schiffsbesatzung den Passagieren weder Mahlzeiten zubereiten noch sonst irgendwelche Dienstleistungen anbieten musste. Passagiere waren wahrscheinlich mit ihren eigenen Bediensteten unterwegs. Zum Abschluss ist auch noch auf aussagekräftige bildliche Darstellungen hinzuweisen. Als Beispiel soll hier ein Relief aus dem frühen 3. Jh. n. Chr. dienen, das sich im Museo Torlonia in Rom befindet. Darauf ist eine weibliche Figur zwischen zwei Männern zu sehen, die gerade dabei ist, von einem Handelsschiff im Hafen von Rom an Land zu gehen. an

Ausgewählte Bibliografie:
Brothwell 1981; Krogman – İşcan 1986; Tyrell – Chamberlain 1988; Ubelaker 1989; Saunders 1989; Buikstra – Ubelaker 1994; Casson 1994; Ley *et al.* 1994; White – Folkens 2000; Ortner 2003; Nafplioti 2012.

Skulptur

Elena Vlachogianni

Mit dem Sammelbegriff Skulptur sind hier sowohl die Marmorstatuen wie auch die Bronzeplastiken gemeint. Die Skulptur nimmt ohne Zweifel die bedeutendste Position innerhalb der Ladung jenes Schiffes ein, das zwischen 70 und 60 v. Chr. oder vielleicht doch eher um 50 v. Chr. nordöstlich der Küste der Insel Antikythera gesunken ist. Die Skulpturen sind in den Jahren 1900 und 1901 aus einer Tiefe von 54 bis 60 m geborgen worden. Dabei spielten die fast übermenschlichen Bemühungen der Schwammtaucher der Insel Symi, die diese Skulpturen zufällig entdeckten, eine zentrale Rolle. Bei der zweiten Unterwasserarchäologie-Expedition im Jahr 1976, die J.-Y. Cousteau und seinem Team zusammen mit dem griechischen archäologischen Dienst anvertraut wurde, hat man zwei weitere intakte Bronzestatuetten sowie den Kopf einer dritten bergen können. Daneben brachte das Forscherteam auch noch weitere Fragmente von Bronzeplastiken und Marmorstatuen an Land.

DIE MEGARISCHEN STANDBILDER UND DIE HERMEN, VON DENEN DU MIR SCHREIBST, ERWARTE ICH SEHNSÜCHTIG. ALLES DERARTIGE, SOFERN ES DIR IN MEINE AKADEMIE ZU PASSEN SCHEINT, SCHICK MIR NUN JA; UM MEIN GELDBEUTEL BRAUCHT DIR NICHT BANGE ZU SEIN. DAS IST NUN SO MEIN VERGNÜGEN: ICH SUCHE NACH DINGEN, DIE SICH FÜR MEIN GYMNASIUM EIGNEN. LENTULUS STELLT MIR SEINE SCHIFFE ZUR VERFÜGUNG. BESORG' DAS ALSO BITTE GEWISSENHAFT!»

CICERO, AD ATT. I, 5; ROM, MÄRZ/APRIL 67 V. CHR.

BRONZEPLASTIKEN

Die Bronzen waren bei ihrer Entdeckung erstaunlich wenig beschädigt. Man reinigte sie chemisch, um die Korrosionsschicht, die ihre Oberfläche überzog, zu entfernen. Man kann dic Bronzeplastiken folgenden zwei Gruppen zuordnen: a) originale grossformatige Statuen der klassischen und hellenistischen Zeit; b) späthellenistische, klassizistische Werke.

Zur ersten Gruppe gehören der leicht überlebensgrosse Ephebe EAM (**E**thniko **A**rchaiologiko **M**ouseio – Archäologisches Nationalmuseum Athen) X 13396 > Abb. 1, den man aus vielen Einzelteilen zur Grossplastik zusammengefügt hat, wie wir sie heute kennen, und der «Philosoph» EAM X 13400 > Abb. 2-3, von dem sich lediglich der Kopf, Teile der Arme und der Füsse, die in Sandalen stecken, sowie Fragmente seines Himations erhalten haben.

Der sog. Ephebe von Antikythera, ein stehender Begriff in der Welt der Klassischen Archäologie, stellt einen jungen Mann dar. Die meisten Forscher gehen heute davon aus, dass es sich um ein Originalwerk der (spät)klassischen Zeit (340–330 v. Chr.) handelt; allgemeiner ordnet man es auch dem dritten Viertel des 4. Jhs. v. Chr. zu. Obwohl bei der Zuweisung zu einer bestimmten Künstlerhand in der Forschung keine Einigkeit herrscht, so ist doch die Nähe zur polykletischen Tradition und eine Verbindung zur argivisch-sikyonischen (peloponnesischen) Schule nicht von der Hand zu weisen. Letztere trat ungefähr um die Mitte des 4. Jhs. v. Chr. in Erscheinung, nicht nur durch Nachfolger der dritten Generation des grossen sikyonischen Bronzeplastikers Polyklet, sondern auch durch andere, unabhängige Künstler, die aber doch dem Einfluss seiner Schule verpflichtet waren.

1
Bronzestatue eines Epheben (sog. Jüngling von Antikythera)

3
Rechter Arm und linke Hand der Philosophenstatue

‹ 2
Kopf einer bronzenen Philosophenstatue, um 230 v. Chr.

Den leicht überlebensgrossen Bronzekopf der Philosophenplastik hält man ebenfalls für ein Originalwerk, in dem so etwas wie frühe hellenistische oder allgemeiner formuliert «barocke» Stilelemente zum Ausdruck kommen: Vor diesem Hintergrund gehört er wohl eher ins letzte Drittel des 3. Jhs. v. Chr. als in die erste Hälfte des 2. Jhs. v. Chr., denn stilistisch ist er weit von den dramatischen Figuren des grossen Frieses des Zeusaltars von Pergamon entfernt. Der rechte angewinkelte Arm des Philosophen war im Gestus eines Redners ausgestreckt › Abb. 3, während er in der linken Hand einen Stock hielt. Armfragmente von anderen Bronzeplastiken ähnlicher Grösse in ähnlichen Posen wie die des Philosophen, aber auch Beinfragmente mit Füssen in identischen Ledersandalen › Abb. 4 und 6, sind ein Hinweis dafür, dass es an Bord eine Gruppe von mindestens vier Ehrenstatuen gab, in denen Philosophen, Redner oder öffentliche Amtsträger zu erkennen sind. Solche Denkmäler hat man ursprünglich wohl im öffentlichen Raum aufgestellt. Diese Deutung steht auch in Einklang mit den massiven Stiften, die sich unter den Sohlen erhalten haben und der Befestigung der Statuen dienten. In der variierenden Qualität der erhaltenen Fragmente widerspiegelt sich eine unterschiedliche künstlerische Gestaltung und Könnerschaft der ausführenden Hände.

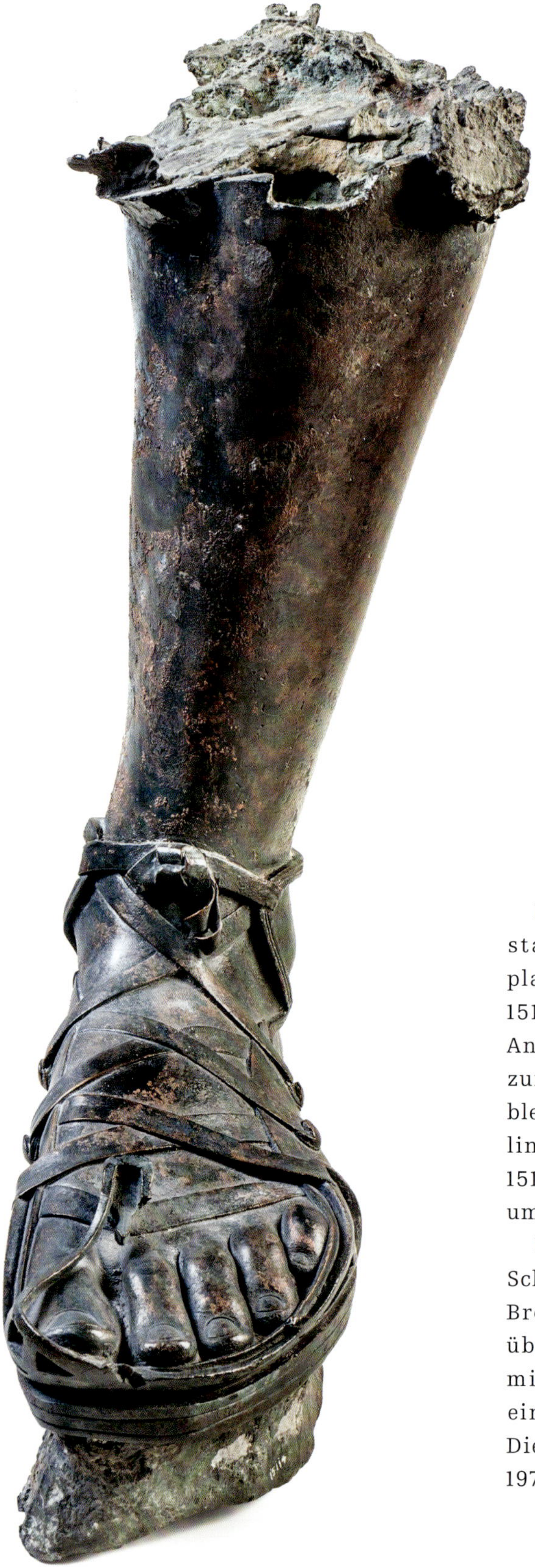

5 ›
Linker Arm
eines Faustkämpfers

4 und
6 ›
Füsse mit Sandalen,
die zu bronzenen Philosophen-
statuen gehörten.

Fragmente von Händen und nackten Füssen stammen von anderen originalen Bronzeplastiken. Ein solches Beinfragment (EAM X 15116) zeigt einen Fuss in einer hohen Sandale. An den Sohlen der Füsse diente ein Bleizapfen zur Befestigung im Steinsockel. Unter den verbleibenden menschlichen Körperteilen ist der linke Arm eines Boxers zu erwähnen (EAM X 15111) > Abb. 5. Diesen kann man an den die Hand umflechtenden Riemen erkennen.

Eine Leier > Abb. 7 (EAM X 15104) und zwei Schwertfragmente (X 15102/15103) gehörten zu Bronzestatuen. Dasselbe gilt auch für einen überlebensgrossen und intakten Helmbusch mit drei Stiften, die der Befestigung auf einem Helm dienten (EAM X 18961), > Abb. 8. Dieses Stück hat man bei der Kampagne von 1976 gefunden.

7
Bronzene Leier von einer noch nicht entdeckten Bronzestatuette

8 ›
Helmbusch aus Bronze

Zur zweiten Gruppe (klassizistische Bronzen) gehören fünf Statuetten von stehenden nackten Männern. Drei sind Altfunde aus dem Jahr 1901, zwei hat man 1976 geborgen. Im Weiteren ist dieser Gruppe auch die Statuette einer stehenden Frau zuzuordnen, die Chiton und Peplos trägt (EAM 15110, > Abb. 11). Sie ist auch ein Altfund des Jahres 1901. Die Statuette EAM X 13397 > Abb. 9 zeigt einen Athleten, der ein Trankopfer darbringt. Bei der Statuette EAM X 13398 > Abb. 10, die am ehesten Hermes darstellt, ist der Einfluss der polykletischen Schule deutlich zu erkennen. Die stehende Figur EAM X 13399 sowie der Boxer mit Riemen am Arm EAM X 18958 zeigen hingegen klar Einflüsse der lysippischen Schule. Der letztgenannte Boxer > Seite 84, Abb. 1 (rechts) ist gerade dabei, einem Gegner mit seiner linken Hand einen direkten Schlag zu versetzen, während er ihn mit der Rechten in einer gewissen Distanz hält. Lediglich zwei Statuetten wurden mit ihren zylindrischen Steinsockeln gefunden. Man kann jedoch annehmen, dass auch die anderen ähnliche Sockel aufwiesen, die man vor dem Transport entfernt hatte.

Ihre ziemlich flach belassenen Rückseiten wie auch stilistische Ähnlichkeiten bei der Frisurendarstellung sind Anhaltspunkte dafür, dass sie nicht nur aus einem ähnlichen Werkstattzusammenhang stammen, sondern gar vielleicht von denselben Künstlerhänden geformt wurden. An diesen Werken lässt sich ablesen, dass in ihnen keine bekannten klassischen Vorbilder getreu kopiert, sondern verschiedene stilistische Elemente aus dem 5. und 4. Jh. v. Chr. übernommen und neu vermischt wurden. Darunter sind auch Elemente des sog. Strengen Stils zu erwähnen, die insbesondere bei der Statuette einer Frau deutlich nachzuvollziehen sind > Abb. 11. Diese Stilelemente sind vielleicht die stärksten und kommen in der klaren Konzeption auf Vorderansicht zum Ausdruck, obwohl sie gleichzeitig in eine Darstellungsweise integriert werden, die ins fortgeschrittene 2. Jh. v. Chr. gehört. Aus dieser Zeit stammen nämlich diese Statuetten.

‹ 9
Statuette eines Athleten beim Trankopfer

10
(links) Statuette des Hermes (?)

11
Fragmente einer Frauenstatuette

MARMORSKULPTUREN

Insgesamt 36 Marmorskulpturen hat man am Ort, wo das Schiffswrack lag, geborgen. Die genaue bzw. ursprüngliche Anzahl, welche die gesamte Ladung umfasste, bleibt indes im Dunkeln, da viele sowohl intakte als auch bruchstückhafte Statuen nach wie vor auf dem Meeresgrund liegen. Die sehr stark überkrusteten Oberflächen der Marmorskulpturen verleiteten die Taucher zur irrigen Annahme, dass sie Steinblöcke vor sich hatten. Sie gingen davon aus, unter diesen vermeintlichen Felsblöcken befinde sich weiteres Fundmaterial. Darum schafften die Schiffe der königlichen Marine sie beiseite und so sanken sie in noch tiefere Gewässer ab. Nur ein Teil der Schiffsladung konnte also geborgen werden. Man hat damals keinen Versuch unternommen, die Einzelfunde zu kartieren oder die Gesamtsituation im Moment des Auffindens im Schiff und auf dem Meeresgrund zu dokumentieren.

Alle Statuen sind aus ausserordentlich hochwertigem weissem Marmor der Insel Paros, hell und leuchtend in jenen Partien, die in den Ablagerungen des Meeresbodens begraben und vor den Einwirkungen des Salzwassers geschützt waren. Die Erosion durch Meeresinkrustationen und steinfressende Organismen, die sich sozusagen im Marmor einnisteten, hat dafür gesorgt, dass diese Skulpturen heute fast dämonisch auf uns wirken. Manche Stücke sind so weit zerfressen, dass sie kaum noch zu erkennen sind.

Viele der Marmorstatuen sind von ihren Massen her überlebensgross, manche ungefähr lebensgross und einige wenige sind Statuetten kleinerer Dimensionen. Dargestellt sind Götter, Helden und Sterbliche, sie stehen oder sitzen, sie sind bekleidet, halbbekleidet oder nackt, sie ruhen oder sind in Bewegung. Bei keinem einzigen Exemplar ist der Sockel erhalten und lediglich bei wenigen die zugehörige Plinthe > Abb. 25. Die Ladung umfasste auch sechs niedrige Sockel ohne Inschriften mit Eintiefungen, in die Plinthen eingesetzt werden konnten, sowie viele Plinthenfragmente und Statuenstützen. All dieses Material ist ebenfalls aus parischem Marmor. Abgesehen von jenen Skulpturen, die menschliche Gestalten darstellen, umfassten die Funde auch drei lebensgrosse Pferdestatuen von einem Viergespann mit Teilen ihrer Plinthe > Abb. 13. Der Körper des vierten Pferdes zerschnitt im Moment seiner Hebung die Sicherungsstricke und er sank daraufhin in die Tiefe, so dass man ihn bisher nicht bergen konnte.

‹ 12
Statue des Gottes Hermes (Detail)

Aufgrund stilistischer Eigenschaften können die Marmorskulpturen vom Schiffswrack von Antikythera vier Kategorien zugewiesen werden: a) Repliken, die berühmte Werke der Klassik kopieren oder Varianten davon sind. Bei diesen «Kopien» handelt es sich natürlich trotzdem um antike originale Werke; b) klassizistische Schöpfungen, die Elemente aus der klassischen Epoche mit solchen hellenistischer Zeit kombinieren; c) späthellenistische Skulpturen, die sich stark an Werken des frühen und mittleren Hellenismus orientieren; d) eigenständige Schöpfungen der späthellenistischen Zeit.

Zur ersten Kategorie (Repliken) gehört die lebensgrosse Statue des Hermes, die in der Tradition des sogenannten Hermes Richelieu steht (EAM 2774, > Abb. 12 und 15). Das Bronzevorbild dieses Statuenmotivs ist in die Zeit um 360/350 v. Chr. zu datieren. Die Bronzeplastiker könnten argivisch-sikyonische (peloponnesische) Künstler der dritten Generation gewesen sein, Erben der polykletischen Schule wie z.B. Kleon, Alypos oder Polyklet III., die alle drei stilistisch als Vorläufer von Lysipp gelten. Die Hermesreplik von Antikythera gehört zu der sehr kleinen Gruppe späthellenistischer «Kopien» dieses Motivs. Die anderen Vertreter sind eine Porträtstatue aus Messene und der Hermes-Torso aus Melos, jetzt in Berlin (Antikensammlung, Staatliche Museen), ein Werk des parischen Bildhauers Antiphanes. Die Mehrzahl der Repliken dieses Statuenmotivs stammt aus dem 1. und 2. Jh. n. Chr.

Beim Hermes von Antikythera fällt als Charakteristikum auf, dass seine Haarlocken in schwachem Relief ausgeführt und durch Kanäle voneinander getrennt sind. Es ging dem Künstler offensichtlich eher darum, einen gewissen Eindruck zu vermitteln, als eine exakte Nachbildung der Realität zu modellieren. Wir können den Hermes aus dem Schiffswrack im Hinblick auf die Haargestaltung mit einer klassizistischen Büste vom Heroon in Kalydon (Darstellung eines jugendlichen Gottes oder Helden) und mit einem Kopf eines jungen Mannes aus Eretria aus dem frühen 1. Jh. v. Chr. vergleichen (heute im Nationalmuseum von Athen). Was die Haltung betrifft, lässt er sich mit der klassizistischen Replik vergleichen, die wir im Hermes von Aigion fassen; dieser stammt aus der späten julisch-claudischen Periode (1. Hälfte des 1. Jhs. n. Chr.).

Die zweite überlebensgrosse Skulptur ist ebenfalls ein Vertreter der Repliken-Gruppe. Die Statue des Hermes vom Typus Hermes Andros-Farnese (EAM 15521) geht zurück auf ein Bronzevorbild, das um 340 v. Chr. von einem Künstler aus dem Umkreis von Praxiteles oder seiner Schule geschaffen wurde. Die Replik von Antikythera und die Hermesstatue von Andros stellen die frühesten Marmorkopien dieses Statuenmotivs dar. Zusammen mit dem sogenannten Antinoos Belvedere (Rom, Vatikanische Museen) sind diese Skulpturen auch die

13
Lebensgrosse Pferdestatue, die zu einem Viergespann gehörte.

einzigen, bei denen sich die originale Plinthe erhalten hat. Daraus lassen sich wertvolle Hinweise für das Original ablesen, denn die Position der Füsse kann dank der Plinthe rekonstruiert werden.

Möglicherweise können wir im nackten männlichen Torso EAM 15522, der eine angedeutete Drehung vollzieht, eine Variante des sogenannten Münchner Athleten (Statue eines Athleten vom Typus Ölausgiesser in der Glyptothek, München) sehen, der gerade dabei ist, seinen Körper einzuölen. Für das Bronzevorbild dieses Motivs hat man mehrere Datierungen vorgeschlagen, die von 400/390 v. Chr. bis 320 v. Chr. reichen. Auch Künstler wie Strongylion, Naukydes und Lysipp sind als mögliche Autoren genannt worden.

Die Statue eines nackten Mannes EAM 15523, dessen rechter Ellbogen vermutlich auf einen hohen, vom Mantel bedeckten Pfeiler gestützt war, halten wir für eine späthellenistische Replik des Apollon von Anzio (Vatikanische Museen, Rom), der auf ein Original aus dem dritten Viertel des 4. Jhs. v. Chr. zurückgeht. Der Pfeiler, an den sich der junge Gott lehnt, erinnert an einen solchen in einer Palästra. Es ist darum anzunehmen, dass das verlorene Vorbild in einem Gymnasium aufgestellt war, wie wir es vom sogenannten Apollon Lykeios her kennen.

Trotz seiner beschädigten Oberfläche lässt sich die überlebensgrosse Statue des Herakles EAM 5742 > Abb. 14 klar in die Traditionslinie von Repliken des Typus Herakles Farnese einordnen, die vom berühmten Bronzewerk des sikyonischen Künstlers Lysipp abstammt. Dieses hat man in Korinth in der Zeit um 330/320 v. Chr. öffentlich aufgestellt. J. Marcadé war der erste, der die enge Verbindung zwischen dem Herakles von Antikythera und einer Heraklesstatue des 2. Jhs. n. Chr. aus Argos erkannte. Letztere ist etwas kleiner als lebensgross. D. Krull sieht beide Werke als Repliken des Typus Farnese. Die Herakles-Statue von Antikythera und die Büste aus dem Heroon von Kalydon sind die beiden frühesten grossformatigen Umbildungen dieses Motivs. Der Herakles von Antikythera erweckt den Anschein, als lehne er sich eher beiläufig an seine Keule. Zum Motiv gehört auch eine leichte Bewegung des Oberkörpers nach rechts, ein Element, das sich bei der Replik des athenischen Bildhauers Glykon, die man in den Thermen des Caracalla in Rom fand, nicht aufzeigen lässt. Die deutlichen, in sich geschlossenen Linien beim Herakles aus dem Schiffswrack, die letztlich die Vorderansicht betonen, sind eine Eigenschaft, die auch andere Werke aus dem Wrack kennzeichnet.

Zwei Frauenstatuen sind am ehesten als späthellenistische Repliken von klassischen Werken anzusprechen. Der Torso EAM 15524, den man nur dank der besser erhaltenen Rückseite erschliessen kann, gehört in die Replikenserie, die auf die berühmte Aphrodite von Knidos des Praxiteles (364-361 v. Chr.) zurückgeht. Der Torso von Antikythera gehört zum sogenannten Typus Belvedere, falls es sich bei der von einem langen Stück Stoff überdeckten Hydria mit dem Badewasser, jetzt vom Torso abgetrennt und als separates Stück aufbewahrt (EAM 15525), tatsächlich um einen Teil dieser Statue handelt. Es wäre die älteste «Kopie» von diesem Motiv, denn alle anderen bekannten Repliken stammen aus der römischen Kaiserzeit.

‹ 14
Herakles vom Typ Farnese

15
Hermes Typ «Richelieu»

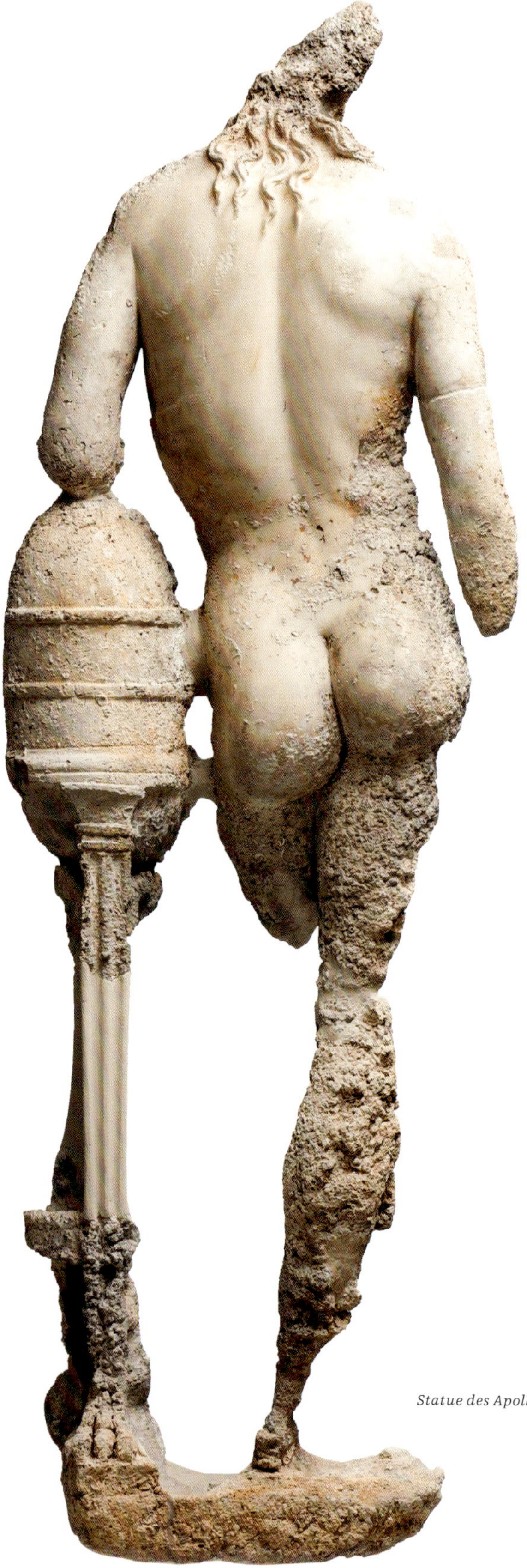

16
Statue des Apollon

Die zweite Statue (EAM 15526) besteht aus zwei Teilen, die am Gesäss miteinander verbunden sind, und gehört zu einer Gruppe späthellenistischer Statuen der Aphrodite. Dabei handelt es sich um Umbildungen nach dem praxitelischen Vorbild, das wir in der halbnackten Aphrodite vom Typus Arles fassen, von der man annimmt, sie sei eine Replik der marmornen Aphrodite von Thespies (370–360 v. Chr.). Von den zahlreichen überlieferten hellenistischen Varianten ist die aus dem Wrack von Antikythera jene, die sich am weitesten vom Original entfernt.

Klassizistische Skulpturen des Späthellenismus

Die zweite Kategorie umfasst späthellenistische klassizistische Skulpturen. Dazu gehören jene Werke, die nicht direkt bestimmte Statuentypen zitieren, sondern eher in einer allgemeineren Art Schöpfungen der klassischen Zeit aufgreifen, dabei aber hellenistischen Stil einfliessen lassen. Hier geht es vor allem um Torsos von stehenden nackten Männern.

Die überlebensgrosse Statue EAM 15527 lässt sich einer Reihe von Kolossalstatuen des Herakles zuordnen. Sie ist nicht nur ihrer Grösse wegen typisch, sondern auch was ihre Kraft und Plastizität betrifft. Der nackte Held hielt möglicherweise Äpfel in seiner rechten Hand und die Keule in seiner Linken. Auch wenn sich diese Statue nicht direkt und ganz eng an einem bestimmten klassischen Vorbild orientiert, so ist doch eine Bezugnahme auf ein Werk des späten Strengen Stils aus der Mitte des 5. Jhs. v. Chr. zu erkennen, wie z. B. auf den sogenannten Herakles von Cherchel oder den Herakles Oxford/Boston. Die Haltung des Torsos hingegen steht Münzdarstellungen des 2. Jhs. v. Chr. nahe.

Für die Statue eines nackten Apollon (EAM 15487), > Abb. 16 gilt dasselbe: Praxitelische Stilelemente sind im Oberkörper, der eine leichte Drehbewegung vollzieht, offenkundig. Der jugendliche Gott stützt sich mit seinem linken Arm auf einen Dreifuss. Hierbei handelt es sich um das früheste Beispiel eines solchen Geräts, das als Statuenstütze zum Einsatz kommt. Ein zweiter Dreifuss (EAM 15535) ist vermutlich ein Überrest einer zweiten Apollon-Statue, sozusagen eine Replik desselben Statuenmotivs, aber in kleineren Dimensionen.

Drei weitere Statuen sind hier von besonderem Interesse: Im Werk mit der Inventarnummer EAM 15528 fassen wir möglicherweise einen Apollon oder einen Athleten im Typus des Diskobols. Bei EAM 15539 könnte es sich um eine freie späthellenistische Schöpfung handeln, die vom Apollon Lykeios inspiriert ist. Das dritte Werk stellt vielleicht einen Hermes dar (EAM 15529). Dieser stützt sich mit seinem rechten Vorderarm auf eine Herme, die auf einem rechteckigen Sockel steht. Eine Vermischung von polykletischen und praxitelischen Einflüssen ist hier zu erkennen.

Schöpfungen des späten Hellenismus

Bei der dritten Statuenkategorie handelt es sich um späthellenistische Schöpfungen, die von Werken der frühen und mittleren hellenistischen Zeit abhängig sind. Dazu gehört der Knabe EAM 2773 > Abb. 17: er ist vollständig nach vorn geneigt und wird gerade in dem Moment gezeigt, in dem er sich wieder aufzurichten beginnt. Ohne Zweifel ist dieses Werk Teil einer Statuengruppe. Man hat diesen jungen Mann als Krieger, als kleinen Satyr, der eine Nymphe provoziert, als Wagenlenker oder – was wohl eher zutrifft – als Pankratiast bzw. als Ringkämpfer gedeutet, der zu Beginn des Wettkampfes die Startposition einnimmt. Dieses Werk, das eindeutig den Geschmack des Späthellenismus mit seinen dekorativen und pathosbezogenen Tendenzen trifft, zeigt den jungen Athleten in unnatürlicher Pose. Vergleiche dieser Haltung mit jener der kauernden Aphrodite oder des Skythen, der sein Messer schleift, führen zur Erkenntnis, dass die älteren Werke mit ihrer Vielzahl an Ansichtsseiten nun durch eine Konzeption auf Eindimensionalität hin ersetzt werden. Beim Knaben vom Wrack von Antikythera gibt es eine einzige Hauptansichtsseite: diese liegt seitlich, so dass der Betrachter die Gesamthaltung des Körpers und den Gesichtsausdruck mit einem Blick erfassen kann. Der kugelförmige Schädel mit der recht schmalen Stirnpartie, das grosse und abgerundete Kinn sowie die recht plastische Modellierung des Gesichts sind Hinweise dafür, dieses Werk mit Porträts von Delos zu vergleichen, die in die Zeit um 100 v. Chr. oder unmittelbar danach zu datieren sind. Man kann als Vergleiche aber auch den «Pseudo-Athleten» oder das Porträt von der Agora der Italiker von Delos, das – wie es scheint – nach 88 v. Chr. repariert wurde, in Erinnerung rufen. Wie C. Vorster bemerkt, ist die nächste Parallele in einer Darstellung eines Knaben aus einer römischen Villa in Fianello Sabino, ungefähr 20 km nordöstlich von Rom, zu sehen. Diese Statue eines Knaben, den man als Ringkämpfer deutet, weist nicht nur ähnliche Gesichtszüge wie unser Stück auf, sondern die beiden Werke gleichen sich auch in der Art der Haardarstellung und der Körperhaltung. Auch bei der Wahl des Marmors hat man für die Statue der römischen Villa darauf geachtet, eine Steinart zu finden, die dem parischen Marmor möglichst nahekommt. So erstaunt es nicht, dass als Produktionsort für die Statue von Fianello Sabino die Insel Delos genannt wurde.

Die Statuen mit den Inventarnummern EAM 5744 und EAM 15530 zeigen zwei Tänzer. Die eine ist eine kleinere Version der anderen.

17
Statue eines jungen Ringkämpfers

18 ›
Sitzstatue des Zeus

Beide sollen den Betrachter möglichst beeindrucken. Eine sich spiralförmig entfaltende, nach oben stürmende Bewegung zeichnet meist tanzende Satyrn aus. Das Paradebeispiel für dieses Statuenmotiv ist der Satyr von Lamia, von dem man annimmt, es handle sich um die Akroterfigur eines Tempels, oder der sogenannte Marsyas Borghese, der auf ein Bronzeoriginal des letzten Drittels des 3. Jhs. v. Chr. zurückgeht. Was den Tänzerfiguren von Antikythera fehlt, ist ein verinnerlichtes Gefühl für die Tanzbewegung, man hat bei ihnen eher den Eindruck, sie hüpften freudig in die Höhe.

Weniger Übereinstimmungen weisen die fünf Skulpturen aus dem Wrack auf, die auf einem Felsen oder einem würfelähnlichen Gegenstand sitzen. Sie nehmen wohl eine Zwischenposition zwischen den hellenistischen Schöpfungen der Bildhauerkunst von Pergamon und den späthellenistischen Werken, für die klassizistische Tendenzen charakteristisch sind, ein. Die Stellung des nackten «sitzenden» Mannes EAM 15544 liefert dazu Anschauungsmaterial: Nur mit Mühe kann man ihn von einer

stehenden Figur unterscheiden, denn der Sitz hat eher eine Stützfunktion und ist nicht als eigentliches Kompositionselement zu werten. Darin sehen wir eine starke Ähnlichkeit zur Haltung des Pan, wie wir sie in der gut bekannten Gruppe von Delos aus dem Gebäude der Kultvereinigung der Poseidonanhänger von Beirut ebenfalls sehen.

Unabhängige Schöpfungen der späthellenistischen Zeit

Zu dieser letzten Kategorie gehören ein sitzender Zeus (EAM 5743; > Abb. 18) sowie der sogenannte Philoktet (EAM 5752) > Abb. 19. Im Zeus verschmelzen auf einzigartige Weise sowohl alexandrinische wie auch pergamenische Einflüsse. Auch wenn der Zeus von Antikythera das «barock» wirkende Erscheinungsbild des Serapis von Cherchel und die offene Komposition des sitzenden Asklepios von Pergamon (in die zweite Hälfte des 2. Jhs. v. Chr. datiert) aufnimmt, ist er doch eher auf Vorderansicht konzipiert. Dadurch ebnet er möglicherweise den Weg für die klassizistische Statuette des thronenden Zeus(?) aus Rhodos. Der Vorschlag von P. C. Bol, in der zweiten Skulptur den homerischen Helden Philoktet zu sehen, geht auf eine allgemeine Ähnlichkeit mit einer Statuette des Helden zurück, die man in Katane (Catania) gefunden hat. Hier steht Philoktet ruhig auf seinem rechten Fuss, stark nach vorn gebeugt, und stützt sein verwundetes linkes Bein auf eine Krücke, die er mit beiden Händen hält.

Die homerischen Helden, wie P. C. Bol sie gedeutet hat, sind künstlerische Originalschöpfungen der späthellenistischen Zeit, für die es in der früheren griechischen bildenden Kunst keine Vorbilder gibt. Die Intensität der Bewegung, die in den Haltungen der fünf Marmorwerke zum Ausdruck kommt, ihr Material und die gemeinsamen technischen Details für ihre Aufstellung lassen erahnen, dass hier nicht nur von einem gemeinsamen Werkstattzusammenhang auszugehen ist, sondern dass sie sogar zu einer oder mehreren Gruppen gehörten. Diese sind einem übergeordneten Thema gewidmet.

Wegen ihrer Ähnlichkeit, was Grösse, Haltung und Bekleidung betrifft, können zwei dieser Helden derselben Statuengruppe zugewiesen werden: der bärtige Odysseus EAM 5745 > Abb. 20, den man aufgrund seiner einärmligen Tunica und dem Spitzhut zweifelsfrei identifizieren kann, sowie der jugendliche, muskulöse Achilleus (?) mit seinem widerspenstigen Haar (EAM 5746; > Abb. 21), der gerade dabei ist, sein Schwert aus der Scheide zu ziehen. Obwohl beide Figuren sich in einer stark nach vorn gerichteten Bewegung befinden, wenden beide ihren Kopf theatralisch nach hinten, was einen an Aias oder Menelaos in der sogenannten Pasquinogruppe denken lässt. Das Urbild dieser Gruppe datiert man in die Zeit zwischen dem ausgehenden 3. Jh. und dem 1. Jh. v. Chr.

Eine zweite Statue, die Odysseus darstellt (EAM 15531; H 2.10 m), zeigt den Helden, wie er zu seiner Verteidigung zurückweicht. Einiges spricht dafür, dass dieses Werk zu einer zweiten Gruppe gehört, in der auch Diomedes erscheint, denn Odysseus' Position erinnert an die Darstellung auf einem Relief (ein Kindersarkophag aus Megiste; EAM 1189), wo die beiden Helden beim Raub des Athenakultbildes gezeigt werden, einer Szene, wie sie in der *Kleinen Ilias* erzählt wird. Die dynamische Bewegung des nackten männlichen Oberkörpers, wie wir sie beim Stück EAM 15532 fassen, erinnert an jene des Apollon im Fries des Tempels von Lagina in Kleinasien, der ins späte 2. Jh. v. Chr. zu datieren ist. Es wäre verlockend, dieses Werk als Diomedes zu identifizieren, aber die geringere Grösse (knapp über 1.70 m) macht diese These zunichte, ausser man

19–21
Statuen von homerischen Helden (von links): Philoktet, Odysseus und Achilleus

würde davon ausgehen, wie es N. Himmelmann vorgeschlagen hat, dass dieser Torso zu einer anderen kleinformatigeren Gruppe gehörte, die dasselbe Thema darstellte.

Der Vergleich mit den Figuren in heftiger Bewegung sowohl im grossen Fries des Zeusaltars von Pergamon wie auch im sogenannten Kleinen attalischen Weihgeschenk führt zur Erkenntnis, dass die Dreidimensionalität der reifen hochhellenistischen Kompositionen hier definitiv verloren gegangen ist. Es sind zwar noch Spuren einer gewissen Dramatik vorhanden, aber auch sie wirken eher «eingefroren», müde und etwas manieriert. Bei den Statuen aus dem Wrack von Antikythera ist keine innere Vitalität mehr zu spüren. Hier geht es eher um Effekthascherei. Die Skulpturen greifen nicht wirklich in den Raum hinaus, sondern wirken eher in einer Hauptansicht, die eine grosse Bewegung suggeriert.

Der Torso des nackten angreifenden Kriegers (EAM 15533) unterscheidet sich in seiner Dynamik und dreidimensionalen Gestaltung von den anderen Helden. Aber auch er zeichnet sich gleichzeitig durch den Versuch einer möglichst naturnahen Abbildung wie auch eine unnatürliche Pose aus: In diesem Punkt erinnert das Werk an den sogenannten Fechter Borghese (Louvre) oder den stürzenden Gallier von der Agora der Italiker in Delos (Archäologisches Nationalmuseum Athen), beides Vorläufer aus der Zeit um 100 v. Chr.

Die angespannte Bewegung des Kriegers mit Helm EAM 15534; > Abb. 22 ist eines Helden gewiss würdig und erinnert an den nach rechts schreitenden Krieger auf dem sogenannten Marmorkrater Medici (Uffizien, Florenz), der in die Zeit um 100 v. Chr. zu datieren ist. Die Statue eines Kriegers mit Helm in New York (Metropolitan Museum), die man als Protesilaos deutet und von der man annimmt, es handle sich um eine Replik eines Werkes aus der Zeit um 440/430 v. Chr., könnte mit guten Gründen für eine ähnliche Deutung der Statue von Antikythera sprechen, obwohl hier der Schild fehlt.

Die Modellierung der Volumina der Figuren lässt erkennen, dass sie lediglich auf eine Ansichtsseite hin konzipiert wurden, denn die Rückseite ist nur summarisch ausgeführt. Die Figuren standen in einer Reihe nebeneinander, ohne dass sie Bezug aufeinander nahmen, allerdings nicht auf einem einzigen Sockel. Die doppelte Präsenz von Odysseus führt zur Schlussfolgerung, dass er in mehr als einer Szene aus dem troianischen Zyklus in Erscheinung trat. Wir können die Entwicklung, was Komposition, Ausführung und sogar die Grösse der Figuren betrifft, dank den frühaugusteischen Statuengruppen aus Sperlonga verfolgen; auch dort geht es um homerische Themen. Wenn Skulpturen wie jene der Schiffsladung von Antikythera für die Ausstattung einer luxuriösen römischen Villa bestimmt waren, erfüllten sie vielleicht eine Art Vorbildfunktion für den Statuenschmuck der Parkanlage des Tiberius in Sperlonga, wo sich in einer Grotte mehrere Gruppen befanden, die Szenen aus den homerischen Epen darstellen.

Die Ursprünge dieser bemerkenswerten Statuenensembles mit literarisch-erzählerischem Hintergrund sind nicht in der hellenistischen Rundskulptur zu suchen, denn da findet man keine vergleichbaren Vorbilder. Die literarische Tradition hingegen lieferte die Grundidee, insbesondere weil homerische Studien in hellenistischer Zeit ein Revival erlebten. Ikonographische Parallelen kann man in der zweidimensionalen Kunsttradition, so zum Beispiel in Reliefs, in der Kleinkunst oder der Malerei ausfindig machen. Einen interessanten Vergleich bieten die Statuetten aus parischem Marmor, die reliefartig vor der Rückwand der nördlichen Säulenhalle des Athenaheiligtums auf der Akropolis von Pergamon aufgestellt waren. Diese Gruppe stellt entweder Herakles oder nach einer anderen Deutung Mithridates dar, der einen Pfeil auf jenen Adler schiesst, der den am Felsen angeketteten Prometheus angreift und quält. Diese pergamenischen Statuetten, die ebenso ins frühe 1. Jh. v. Chr. zu datieren sind, waren wie ein Relief angelegt; ihnen fehlt jedoch jene malerische Qualität, wie sie den gleichzeitigen Werken von Antikythera eigen ist. Daraus können wir schliessen, dass diese neue Art von erzählerischen Kompositionen, die auf die homerischen Epen zurückgreifen, zum ersten Mal in den grossformatigen Werken des Schiffswracks von Antikythera fassbar wird.

Die Bedeutung der Ladung

Die Tatsache, dass die Ladung jenes Schiffes, das vor der nordafrikanischen Küste in der Nähe von Mahdia (Tunesien) Schiffbruch erlitt, keine vergleichbaren Skulpturen enthielt, wie N. Himmelmann sehr eindringlich ausführte, kann als Hinweis dafür gewertet werden, dass die Fracht des vor Antikythera gesunkenen Schiffes die damals gerade neuesten Tendenzen umfasste. Es ist darum denkbar, dass die homerischen Statuengruppen von Anfang an als Exportware zur Ausstattung von römischen Luxusvillen in Italien produziert wurden, wie es in der spätrepublikanischen Zeit Mode war. Aufgrund der Tatsache, dass sie vor der Mitte des 1. Jhs. v. Chr. hergestellt wurden, also kurz bevor man sie auf das dem Untergang geweihte Schiff verlud, lässt sich die Frage nach der Herkunft des ikonographischen Themas klären, obschon manche Forscher die vergleichbaren, wenn auch chronologisch etwas später anzusetzenden Statuengruppen von Sperlonga als in Italien entstandene Werke betrachten.

Man kann kaum abstreiten, dass es sich beim Material auf dem Schiff um Handelsware handelte. Dies lässt sich deutlich daran erkennen, dass die Ladung sowohl Kopien, Varianten und Umbildungen bekannter klassischer Werke, als auch reine Wiederholungen im kleineren Format umfasst, wie wir es bei den beiden Apollonstatuen mit dem Dreifuss (EAM 15487 und EAM 15535) oder bei den beiden Tänzern EAM 5744 und EAM 15530 feststellen konnten. Mehrere Faktoren stützen die These, dass die Ladung kommerzieller Natur war: Es fällt zunächst auf, dass das Material sehr homogen ist, insbesondere in typologischer Hinsicht, aber auch, was den Werkstattzusammenhang betrifft. Und im Weiteren ist auch der ausserordentliche Erhaltungszustand zu nennen. Die in den Ablagerungen auf dem Meeresgrund eingeschlossenen Fragmente weisen noch Werkzeugspuren auf. Es handelt sich wohl um «fabrikneue» Ware, da nichts auf eine frühere Aufstellung hinweist. Die Ladung umfasste zudem auch Sockel aus parischem Marmor. Dies hat zur Annahme geführt, dass die Skulpturen weder als Kriegsbeute noch Plünderungsgut zu betrachten sind, denn in diesem Fall müsste die Zusammensetzung heterogener und zufälliger sein. So dürfen wir wohl davon ausgehen, dass die Ware direkt bei einer Werkstatt oder einem Kunsthändler bestellt wurde.

Die grossformatigen originalen Bronzeplastiken mit ihren stilistischen Bezügen zur klassischen und hellenistischen Zeit dürfen wir hingegen wohl als «Secondhand»-Werke bezeichnen, da man sie vor dem 1. Jh. v. Chr. von ihrem ursprünglichen Aufstellungsort entfernt hatte. Es ist unmöglich, Vermutungen darüber anzustellen, wo dies war. Manche Teile der sogenannten Philosophen-Gruppe weisen Spuren von Reparaturen auf. Vielleicht landeten diese Stücke damals im Lager eines Kunsthändlers, der sowohl mit antiken Objekten wie auch mit (in seinem Zeithorizont) zeitgenössischen Werken handelte, darunter befanden sich ferner Repliken und klassizistische späthellenistische Schöpfungen. Vor der Mitte des 1. Jhs. v. Chr. gelangten sie auf jenes Schiff, das sie in den Westen bringen sollte.

22
Marmorstatue eines Kriegers

Datiert man die Marmorskulpturen ins frühe 1. Jh. v. Chr., bedeutet dies, dass sie erst kurz vor ihrer Verschiffung nach Italien entstanden waren. Da die Plinthen fehlen, bleibt unklar, ob sie, bevor man sie auf die Reise schickte, bereits früher irgendwo aufgestellt waren oder ob sie von Anfang an als Handelsware für Italien angefertigt wurden, wie es für die Gruppen mit den homerischen Helden anzunehmen ist.

Die Herkunft der Statuen

Die Tatsache, dass die Marmorwerke ausschliesslich aus parischem Marmor gehauen sind, deutet auf eine gemeinsame Herkunft und verweist auf den ägäischen Raum als Ort ihrer Herstellung. Wie nähere Untersuchungen nahelegen, sind die Insel Delos einerseits und Pergamon an der kleinasiatischen Küste andererseits die plausibelsten Vorschläge für eine solche Lokalisierung. Auch Paros anerbietet sich als gut begründbare Hypothese, denn die Insel verfügt über eine lange, bis in archaische Zeit zurückreichende Bildhauertradition und erlebt darüber hinaus im 1. Jh. v. Chr. dank den neoparischen marmorverarbeitenden Werkstätten einen neuen Boom.

In jener Monographie, die bis anhin die einzige fundierte Auseinandersetzung mit dem Gesamtbestand der im Schiffswrack gefundenen Skulpturen darstellt, kommt deren Autor P. C. Bol zum Schluss, dass sie wohl am ehesten aus Werkstätten auf der Insel Delos stammen. Er stützt sich bei dieser Aussage auf technische, typologische und stilistische Kriterien. Er sieht die Schiffsladung zum Teil als Ergebnis gewalttätiger Plünderungen und verbindet die Produktion der Marmorskulpturen und ihre Verschiffung direkt mit zwei wichtigen Eckdaten in der Geschichte der Insel: die Zerstörungen von 88 und 69 v. Chr. H. Hellenkemper stimmt dieser Meinung zu. N. Yalouris, P. Moreno und A. Corso hingegen postulieren eine Herkunft der Skulpturen aus Pergamon. Corso ist der Meinung, dass in Pergamon die Tradition, originale Kunstwerke zu sammeln und sie in den öffentlichen Heiligtümern der Stadt aufzustellen, eine Kulturpraxis sei, die in attalischer Zeit aufgekommen ist und bis in die späthellenistische Zeit weiterverfolgt werden könne. In dieser Periode, als Pergamon allmählich vom aufstrebenden Ephesos überschattet wurde, hat man die qualitativ hochwertigen Stücke im öffentlichen Raum durch Kopien ersetzt, was dem neuen Zeitgeist entsprach.

N. Himmelmann erwägt Delos, Paros oder Pergamon als mögliche Herkunftsorte der Schiffsladung. C. Vorster hingegen lässt die Frage offen, obschon sie sowohl die ausschliessliche Verwendung von parischem Marmor wie auch technische und stilistische Besonderheiten in den Vordergrund rückt. Sie findet dabei exakte Parallelen in den Werkstätten der Bildhauer von Delos.

Die Diskussion ist wohl noch nicht zu Ende und eine «Lösung» nicht in Sicht. Für einige Werke aus dem Schiffswrack lassen sich direkte ikonographische Parallelen von der Insel Delos heranziehen. So ist zum Beispiel ein Detail des Säulenkapitells zu nennen: ein aus dem Akanthuskelch herauswachsendes Gebilde, das auf seiner Oberseite mit Stielen und Blumen verziert ist. Wir finden es oben auf der Plinthe der Quadriga EAM 5749 wieder. Zu nennen wäre auch das Zaumzeug in Relief am Pferdenacken > Abb. 23, auf dem ein Adler auf einem Blitzbündel und verschiedene Waffen (ein makedonischer Helm mit grossem Busch, ein gallischer Schild, eine Axt, ein Schwert?) in nachlässig gearbeitetem Relief erscheinen.

Zu erwähnen ist allerdings auch eine Gegenposition, die man wie folgt zusammenfassen kann: P. C. Bol stützt seine Argumentation für die Herkunft der Skulpturen von der Insel

23
Detail des Zaumzeuges einer Pferdefigur

Delos auf den parischen Marmor, auf verschiedene technische Aspekte und auf Fragen der Zusammenfügung. Zu diesem letzten Themenkreis gehören die Frage nach der Ausführung von Skulpturen ausgehend von zwei oder mehreren Marmorblöcken, jene nach den recht grossen Stützen, sowie jene nach den viereckigen oder zylindrischen Elementen («Puntelli»), welche die oberen Gliedmassen mit dem Körperrumpf und den Hüften bzw. die unteren Gliedmassen mit ihren seitlichen Stützen verbinden. Solche technischen Gegebenheiten sind jedoch keine Exklusivität der künstlerischen Werkstätten der Insel Delos. Im Gegenteil, es handelt sich dabei um eine übliche und in der späthellenistischen Welt weit verbreitete technische Praxis.

Im international vernetzten Delos, das in der zweiten Hälfte des 2. Jhs. und im frühen 1. Jh. v. Chr. eine Durchgangsstation im mittelmeerischen Handel zwischen dem Osten und der italischen Halbinsel war, lässt sich keine Werkstatt nachweisen, in der Repliken von klassischen Werken produziert worden wären. Im Weiteren ist dort die Monumentalskulptur nicht so stark vertreten, dass sich daraus gleich automatisch die These einer lokalen Produktion für die Skulpturen des Schiffswracks erklären liesse. Bei Werken aus Delos (lebensgrosse und unterlebensgrosse Skulpturen, die zur Zierde von Innenräumen hergestellt wurden, Votivstatuetten in grosser Anzahl und von recht anspruchsloser Qualität aus lokalen Werkstätten, Porträtstatuetten und Büsten) sind Beziehungen zur attischen und pergamenischen Tradition offensichtlich, aber auch zu jener von Rhodos und Alexandria oder auch römischer Geschmack ist darin fassbar. Dies hängt mit dem internationalen Charakter der Insel und der dort tätigen Künstler zusammen. Darum ist es eigentlich nicht möglich, von einer delischen Schule zu

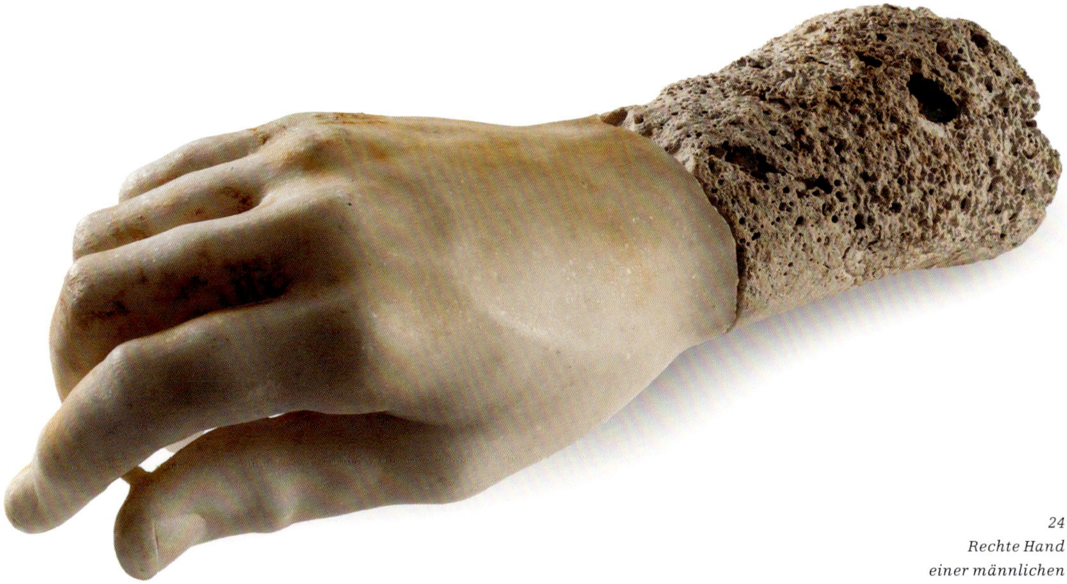

24
Rechte Hand einer männlichen Figur

25 ›
Linkes Bein einer Marmorstatue

sprechen, wie man dies sonst tut, wenn man von einem klar definierten Werkstattzusammenhang und der ihn prägenden stilistischen Ausrichtung ausgeht. Dennoch sind hier klassizistische Werke durchaus bekannt: darin kommen die grossen künstlerischen Strömungen der Zeit in einer allgemeineren Ebene zum Ausdruck. Auf der anderen Seite gilt es zu beachten, dass das Herrscherhaus von Pergamon – dank seines Sieges gegen die Gallier und den dadurch angestachelten, persönlichen künstlerischen Interessen von Eumenes II. und Attalos II. – einen fruchtbaren Boden sowohl für die Entwicklung klassizistischer Strömungen als auch für eine Besinnung auf altbewährte Werte und Modelle bot. Gleichwohl darf man nicht vergessen, dass Pergamons künstlerische Produktion in späthellenistischer Zeit und ganz speziell in der Phase nach 133 v. Chr., nachdem Pergamon definitiv Teil der römischen Einflusssphäre geworden war, im Vergleich zu den so herausragenden «barocken» Schöpfungen der vorangehenden Zeit gering war. Somit wäre es schwierig, die These zu vertreten, dass die Skulpturen vom Schiffswrack aus einem solchen Kontext stammen. Möglicherweise müsste eine andere wirtschaftlich aufstrebende kleinasiatische Stadt wie zum Beispiel Ephesos als Kandidat für die Herkunft des Materials untersucht werden, aber die Ausgangslage dazu ist nicht besonders erfolgversprechend.

Zusammenfassung

Die Ladung auf diesem dem Untergang geweihten Schiff, das vor Antikytheras Küste sank, umfasste Repliken und Varianten von berühmten grossformatigen Werken klassischer Zeit. Daneben fanden sich aber auch klassizistische Werke, innovative Neuschöpfungen sowie Kompositionen mit einem erzählerischen Hintergrund. Das gesamte Material liefert einen Einblick in die späthellenistische Kunstproduktion, insbesondere in jene der ersten Hälfte des 1. Jhs. v. Chr. Die Schiffsladung entsprach nicht strikt und vollständig den Bedürfnissen des neuen Marktes, denn die Lieferung war vielleicht unter den ersten ihrer Art in der abendländischen Kulturgeschichte. Die einzelnen Bestandteile der Ladung, die mehrheitlich von ihrem ursprünglichen religiösen Kontext losgelöst waren oder auch keine Funktion mehr als Weihgabe erfüllten, sind nur noch dekorative Werke, die am Bestimmungsort lediglich als Ziergegenstände dienen sollten. Das Zeitalter, in dem die Kunst nichts anderes mehr zu erfüllen hatte, als Kunst zu sein ohne weitere Implikationen, war soeben in seine erste Phase getreten. evl

Ausgewählte Bibliografie:
Kabbadias 1900; Kabbadias 1901; Frost 1903; Nikolaidis 1903; Bieber 1910; Lippold 1923; Fraser 1928; Michalowski 1932; Lippold 1950; Weinberg *et al.* 1965; Taylor 1965; Karousou 1967; Arnold 1969; Karouzos 1969; Marcadé 1969; Caley 1970; Bol 1972; Dierks-Kiehl 1973; Zanker 1974; Rackl 1978; Lullies – Hirmer 1979; Palagia 1980; Karousou 1985; Morrow 1985; Niemeier 1985; Houser 1987; Kreeb 1988; Maderna 1988; Neudecker 1988; Aurenhammer 1990; Linfert 1990; Maderna-Lauter 1990; Ridgway 1990; Yalouris 1990; Smith 1991; Parker 1992; Todisco 1993; Häuber 1994; Galsterer 1994; Geominy 1994; Hölscher 1994; Hoff 1994; Moreno 1994; Willer 1994; Heilmeyer 1994; Hellenkemper 1994; Himmelmann 1994; Zimmer 1994; Himmelmann 1995; Moreno 1995; Despinis 1996; Edwards 1996; Mattusch 1996; Ridgway 1997; Jockey 1998; Vorster 1998; Rolley 1999; Tzachou-Alexandri – Andreopoulou-Mangou 2000; Oikonomidou 2001; Hollinshead 2002; Kaltsas 2002; Ridgway 2002; Corso 2004; Geominy 2004; Maderna 2004; Ridgway 2004; Sharpe 2006; Corso 2007; Kaltsas – Despinis 2007; Mandel 2007; Martinez 2007; Prittwitz 2007; Schraudolph 2007; Vorster 2007; Mastrocinque 2009; Gratziou 2010; Herz 2010; Korres 2010; Vlachogianni 2012.

Gegenstände und Geräte aus Metall

Nomiki Palaiokrassa

Aus dem Schiffswrack von Antikythera ist auch eine beträchtliche Menge an Objekten aus Metall geborgen worden. Im Laufe der Untersuchungen hat man Teile von *klinai-anaklintra* aus Holz (Klinen bzw. Ruhebetten) und Bronzebeschläge an Land gebracht, daneben aber auch ganze und zerbrochene Gefässe und Behälter aus Bronze, Blei oder Zinn.

‹ 1
Bronzekopf eines Wasservogels

2–5
Füsse von Bronzebetten mit Holzresten

6 ›
Verzierung der Kopfstütze eines Bettes

KLINEN

Im Rahmen der Unterwasserexpeditionen der Jahre 1900–1901 sowie 1976 konnten mehrere Klinenfragmente aus dem 2. und 1. Jh. v. Chr. geborgen werden: Darunter sind insbesondere zwei so gut wie intakte Kopfstützen *(fulcra)* hervorzuheben (EAM X 15099-15100/α), daneben aber auch andere Teile von *fulcra* (EAM X 15098-15098α sowie 15101), drei Fragmente, die am Seitenrahmen befestigt waren (EAM X 18925; 18929 und 18968), drei Sockel sowie ein Fussfragment von Klinenbeinen (EAM X 18922-18924α-ε; 18969). An einigen dieser Fundstücke befanden sich auch noch Holzreste, die mit Bronzenieten an den Metallbeschlägen verzapft waren (EAM X 15100/α; 18925 und andere).

Die ornamental verzierten Beschläge der Kopfstützen sind von der Machart wie auch vom Dekor her kompliziert konstruiert und ausgeklügelt verziert, denn sie bestehen aus drei oder vier separat gegossenen Teilen. Das Hauptelement ist der äussere Rahmen. Dank jenen Stücken, die sich ganz erhalten haben, kann man sagen, dass sie von länglicher Form sind: geschwungen wie ein S und recht schlank. Das untere Rahmenstück ist leicht geschwungen und endet dann in einem rechten Winkel, an den sich eine Reliefvolute anfügt. Das schmale Band an der Vorderseite ist mit figürlichen Reliefs verziert. Davon sind einige erhalten geblieben: so z.B. Tierbüsten, ein Löwe (EAM X 15098) > Abb. 6, und ein Wasservogel (EAM X 15101) > Abb. 1, oder ein Medaillon mit einer Frauenbüste (EAM X 15099) > Abb. 8, der Kopf eines Hundes (EAM X 15100/15100α) > Abb. 7, oder ganz einfach eine unverzierte konvexe Scheibe (EAM X 15098α). Die Bekrönung auf den Tierbüsten hat die Form eines Blütenkelchs. Ein nicht erhaltenes Bronzeblech diente als abschliessende Deckschicht. All die soeben aufgezählten Bestandteile gehörten zum üblichen Grundmaterial, das man beim Herstellen und Zusammenfügen von metallenen Beschlägen von Kopfstützen im 2. Jh. v. Chr. verwendete; einige sind auch im 1. Jh. v. Chr. immer noch verbreitet.

Die figürlichen Darstellungen, die bei der Verzierung solcher Beschläge zur Auswahl standen, sind ganz übliche Dekorationselemente für den oben erwähnten *fulcrum*-Typus dieser Zeit. Die Künstler, die diese Gegenstände herstellten, liessen sich von mythologischen Themen, insbesondere vom Artemis-Zyklus, inspirieren. Artemis, die Göttin der Natur und der Fruchtbarkeit, war die Beschützerin der wilden Tiere, aber auch der Jagd und der Jäger in Form der «Potnia Theron» (die Herrin der Tiere).

Die Metallbeschläge umfassten einen Kern aus Holz (zum Beispiel bei EAM X 15099-15100/α), der an die Form des Metallgegenstandes angepasst ist und an jenen Stellen der Umrisslinie eine Krempe aufweist, wo das

7–9
Bronzeverzierungen und Holzreste der Betten

Holzstück befestigt werden sollte > Abb. 9. Das Metall hat man mit Bronzestiften am Holz verzapft, von denen sich einige erhalten haben, während an anderen Stellen lediglich die Öffnungen sowohl im Metall als auch im Holz von ihnen zeugen. Spuren der Werkzeugbearbeitung lassen sich in etlichen Fällen auf dem Holz nachweisen, so zum Beispiel solche von einem Dechsel oder Hohleisen. Im Allgemeinen sind auf der Rückseite der Holzstücke, wo kein Metallmantel vorhanden war, Eintiefungen und Kanäle festzustellen, die als Ergebnis des zerstörerischen Werkes des Meeresweichtieres *Teredo navalis* («Schiffswurm») zu bezeichnen sind.

Von den Klinenbeinen haben sich nur die fein verzierten Bronzefüsse erhalten, die – wie man von anderen Beispielen weiss – aus zwei oder drei separat gegossenen Stücken zusammengefügt wurden. Der Fuss des Klinenbeines besteht aus einem Würfel mit Profilleisten zum Boden hin. Sie sind abwechselnd konvex und konkav und gleichen horizontalen Kanneluren. Danach folgt ein Mittelstück mit entweder geradem oder nach aussen geschwungenem Profil, über dem ein kleinerer Würfel platziert ist. Als oberer Abschluss folgt ein Gebilde, das einer Glocke ähnelt. In seinem Inneren enthielt der Fuss einen Holzkern derselben Form.

Auch wenn diese Füsse alle fast gleich gross sind, weisen sie doch unterschiedliche Verzierungen und Herstellungsweisen auf. In einem Fall bestand der untere Abschnitt der Beine der Liege aus drei separat gegossenen Stücken (EAM X 18922; 18924α-γ). Den Hauptteil des Fusses hat man als eigenen Gegenstand gegossen, während das glockenförmige Gebilde sowie die Bekrönung separat hergestellt wurden. Ganz unten am Fuss ist ein sog. lesbisches Kymation zu sehen.

Beim zweiten Beispiel hat man den oberen Würfel des Fussteiles als separates Stück zusammen mit dem glockenähnlichen oberen Element gegossen (EAM X 18923). Aus wie vielen Teilen der gesamte Fuss gegossen und zusammengefügt wurde, muss unklar bleiben, weil nur der untere Abschnitt erhalten ist. In diesem Fall ist der Würfel unten mit einer Zierleiste geschmückt, die ein konvex-konkaves Profil aufweist.

Unterschiede lassen sich auch im Holzgerippe vom Fuss nachweisen. Bei den ersten beiden Beispielen ist die Oberfläche ganz eben. Beim dritten Stück ist ungefähr in der Mitte eine Nut in Form eines Taubenschwanzes zu sehen, mit der man diese Stücke aneinander fügte. Wir können wohl davon ausgehen, dass eine horizontale Strebe unten an den Schmalseiten für mehr Stabilität sorgte.

Aufgrund der Form des untersten Abschnittes der Bronzebeine, wie wir sie soeben beschrieben haben, sind die dazugehörenden Teile aus Holz wohl auf einer Werkbank bearbeitet worden. Solche Betten mit gedrechselten Beinen kennt man seit dem späten 6. Jh. v. Chr., erst ab dem 3. Jh. v. Chr. werden sie jedoch durch luxuriösen Dekor aus Metall noch weiter veredelt.

Die typologischen Unterschiede, die Grösse sowie die Befunde, die sich aus der Metallkorrosion an unterschiedlichen Stellen dieser Klinen ablesen lassen, helfen dabei, das Material zu gliedern. So lässt sich festlegen, dass die Beschläge der Kopfstütze EAM X 15099-15100/α und die Fussstücke EAM X 18922 und 18924α-ε von der gleichen Kline stammen, welche wir hier der Einfachheit halber Bett A nennen. Zum oberen Abschlussstück eines *fulcrum* von einer anderen, typologisch ähnlichen Kline (Bett B) gehörte der Wasservogel > Abb. 1. Obschon seine Grösse sich nicht wesentlich von den Zierelementen der *fulcra* von Bett A unterscheidet, sprechen technische Gegebenheiten dafür, dass wir dieses Stück nicht Bett A zuweisen können. Zu erwähnen ist ferner, dass das *fulcrum* mit dem Löwen > Abb. 6 als Abschluss um einiges grösser ist. Diese Beobachtungen wie auch die Art der Korrosion führen dazu, noch eine dritte Liege (Bett C) in die Diskussion zu bringen, zu welcher wahrscheinlich auch der Beschlag EAM X 15098α gehörte. Somit können wir die Vermutung äussern, dass das Antikythera-Schiff mindestens drei Betten transportierte.

Von den erhaltenen Holzrahmen kann nicht allzu viel abgeleitet werden. So lässt sich zum Beispiel nicht sagen, ob sie über ihre gesamte Länge mit Metallbeschlägen verkleidet oder ob sie nur teilweise mit solchen verstärkt und verziert waren, denn es haben sich nur wenige Fragmente erhalten. Aufgrund dieses Fundmusters lässt sich demnach die Vermutung äussern, dass die seitlichen Bretter aus Holz nur an den Enden mit Metallbeschlägen verstärkt waren. Vielleicht ist aber die Fundauswahl auch rein zufällig. So oder so können wir festhalten, dass an manchen Stellen Bronzebeschläge am Holzrahmen verzapft wurden und dass einige figürlich verziert waren. Wie die einzelnen Bestandteile der Rahmen aneinander befestigt waren, bleibt ebenfalls unklar. Wahrscheinlich waren die Holzbretter an den Enden aneinander genagelt.

Die makroskopischen und mikroskopischen Untersuchungen des Holzes haben ergeben, dass unterschiedliche Holzsorten für verschiedene Abschnitte dieses Möbeltypus zur Anwendung gelangten. Für die seitlichen Rahmen der Kopfstütze verwendete man das Holz der schmalblättrigen Esche (*Fraxinus*), im Bereich der Beine hingegen Edelkastanienholz (*Dios balanus*). Die Seitenstützen der Klinen waren aus Nussholz. Diese bewusste Materialauswahl nahm wohl Rücksicht auf die jeweiligen Eigenschaften der Holzsorten sowie auf die Lebensdauer und die Einfachheit der Bearbeitung.

Funde von solchen Betten sind besonders wertvoll, denn es gibt nur sehr wenige Vergleichsexemplare, die die Zeiten überdauert haben. Erwähnenswert ist insbesondere, dass hier sowohl Bettelemente aus Metall wie auch aus Holz vorliegen. Die Exemplare von Antikythera helfen uns dabei zu verstehen, aus welchen Einzelteilen antike Betten bestanden und wie man diese zusammensetzte, so zum Beispiel wie die einzelnen Holzstücke aneinander befestigt wurden. Es lassen sich daraus aber noch mehr Informationen ablesen, eben zum Beispiel die verwendeten Holzsorten zur Möbelherstellung, die Produktionsstätten der damaligen Zeit und Einblicke ins Alltagsleben und in die gesellschaftliche Struktur.

Die ausgeklügelten Techniken zur Zusammenfügung lassen erahnen, dass erfahrene Handwerker, die sich mit den Werkmaterialien Bronze und Holz bestens auskannten, am Werk waren. Manche Forscher gehen davon aus, dass Betten mit gedrechselten Beinen und figürlich verzierten Kopfteilen in Werkstätten auf der Insel Delos hergestellt wurden. In dieser Annahme stützen sie sich auf Plinius den Älteren, der berichtet, dass es delische Produktionsstätten – in der antiken Welt für ihre sorgfältige Herstellung von Gegenständen aus Bronze berühmt – waren, die als erste als Hauptmaterial für die Beine und die *fulcra* von Klinen Bronze benutzten. Die Schriftquellen erwähnen auch, dass delische Betten vom römischen General Gnaeus Manlius Vulso nach der Eroberung von Kleinasien im Jahr 187 v. Chr. auf der italischen Halbinsel eingeführt wurden. Die Annahme, dass unsere Betten tatsächlich in Delos produziert wurden, lässt sich zusätzlich dadurch stützen, dass auf der Insel selbst ein ähnlicher Beintypus und die dazu gehörende Gussform zutage kamen.

Das teure Material bedient die hohen Ansprüche und die Gewohnheiten einer erlesenen Gesellschaftsschicht. Diese kostbaren Liegen waren als Vorzeigemöbelstücke für einen wohlhabenden Bürger bestimmt und gehörten sicher zu den kostbareren Gütern der Schiffsladung. Wir können nur Vermutungen darüber äussern, wie der Käufer seine Warenbestellung tätigte und wo er sie hätte aufstellen wollen. Sie wurden wohl in Delos erworben und waren somit kein Beutegut. Wenn man diese Betten vor dem Hintergrund der restlichen Ladung betrachtet, liegt die Vermutung nahe, dass sie auf dem Weg nach Rom waren, dem damaligen Hauptziel für Warenlieferungen. Sowohl in Rom wie auch auf der übrigen italischen Halbinsel war es üblich, sowohl öffentliche wie auch private Gebäude mit solchen luxuriösen Möbelstücken aus griechischen Produktionsstätten auszustatten.

GEFÄSSE

Die verschiedenen Metallgefässe, die man in den Tiefen rund um das Schiffswrack von Antikythera geborgen hat, gehören chronologisch in die späthellenistische Zeit und waren Teil des Alltagsgeschirrs der Mannschaft.

Man kann sie aufgrund ihres Materials drei Kategorien zuweisen: Behälter aus Bronze, aus Zinn und aus Blei. Von den Bronzegefässen haben sich, mit Ausnahme einer fast ganz erhaltenen Prochous (EAM X 18937) > Abb. 11 und einer zweiten, allerdings fragmentarischen (EAM X 18979), ausschliesslich jene Teile erhalten, die aus Formen gegossen waren. Bei dieser Herstellungstechnik war das Metall massiv und somit waren die Voraussetzungen erfüllt, dass das Material lange haltbar blieb. Im Gegensatz dazu waren die Körper der Bronzegefässe aus getriebenem Blech und dadurch eher zerbrechlich und nicht so langlebig. Im Allgemeinen sind es die Henkel, welche die Zeiten überdauern. Dazu zählen der Henkel eines Kessels oder eines Gefässes, das einer Lekanis gleicht (EAM X 18983; 18940γ), einer Oinochoe (EAM X 18980-18981;18940α), eine Henkelattasche eines Kessels oder eines lekanis-ähnlichen Gefässes (EAM X 18982) oder der Rand und die Henkel eines Kados (Eimer) (EAM X 18939α-γ). Hier sollten wir auch das Maul eines Delphins (EAM X 18965), > Abb. 14 und eine Muschel (EAM X 18984), > Abb. 15 erwähnen, die beide wohl als dekorative Gefässattaschen dienten.

Die Blei- und Zinngefässe fallen dadurch auf, dass sie allgemein besser erhalten sind. Die Pyxis EAM X 26786 besteht aus Blei, während die Miniatur-Oinochoe EAM X 15109α-β, das Fragment einer anderen (EAM X 18938), die Miniatur-Kyathos EAM X 18977 und die Lampe EAM X 18978 aus Zinn sind.

Die Prochous EAM X 18937 > Abb. 11 und zwei Miniatur-Oinochoen (EAM X 15109α-β und 18938) weisen beide auf dem unteren Teil des Henkels dieselben Dekorationsmuster auf. Im Weiteren ähnelt der Henkel der Prochous EAM X 18937 einem anderen (EAM X 18980). Solche Übereinstimmungen mögen als Hinweise dazu dienen, dass sie aus dem gleichen Werkstattkontext

10
Pyxis aus Blei mit Deckel, für die Aufbewahrung von Kosmetika

11 ›
Komplett erhaltene Prochous aus Bronze

12–13
Henkel von fragmentiert erhaltenen Gefässen

14–15 ›
Fragmente von Gefässen in Form einer Delfinschnauze bzw. einer Muschel

stammen. Da vergleichbare Beispiele in Pompeji und auf der Insel Delos zutage kamen, können wir die These äussern, dass sie Produkte derselben Werkstatt sind, die entweder in Pompeji oder in Delos zu lokalisieren ist. Darüber hinaus lassen sich die Eimerteile (EAM X 18939α-γ) mit jenem aus dem Schiffswrack von Mahdia vergleichen. Auch die offene Lampe EAM X 18978 weist Merkmale auf, die bei Gefässen aus Werkstätten in Grossgriechenland ebenfalls vorkommen. Daraus können wir vielleicht ableiten, dass sie in einer Manufaktur in Grossgriechenland produziert wurden oder Werke sind, in denen sich der Einfluss aus Italien niederschlägt.

Die eingeschränkte Anzahl und vor allem auch die wenigen Typen von Metallgefässen, die im Schiffswrack von Antikythera gefunden wurden, führen zur Annahme, dass es sich bei ihnen um Gegenstände des täglichen Lebens der Schiffsmannschaft und nicht um einen Teil der Ladung handelte. Mehrheitlich verwendete man diese Gefässe als Schöpfgeräte, Vorratsgefässe oder Trinkbecher. Zu den Ausnahmen gehören die Henkelattasche eines Kessels oder eines lekanis-ähnlichen Gefässes (EAM X 18982), die Lampe EAM X 18978 und die Pyxis EAM X 26786 > Abb. 10, in der Medikamente oder Kosmetika aufbewahrt wurden. np

Ausgewählte Bibliografie:
Ransom 1905; Deonna 1938; Richter 1966; Strong 1966; Kyrieleis 1969; Bol 1972; Mutz 1972; Siebert 1973; Lilimbaki-Akamati 1979; Faust 1989; Stefanelli 1990; Tassinari 1993; Barr-Sharrar 1994; Faust 1994; Petrovszky 1994; Sismanidis 1997; Barr-Sharrar 1998; Mols 1999; Chatzidakis 2000; Andrianou 2009; Palaiokrassa 2012.

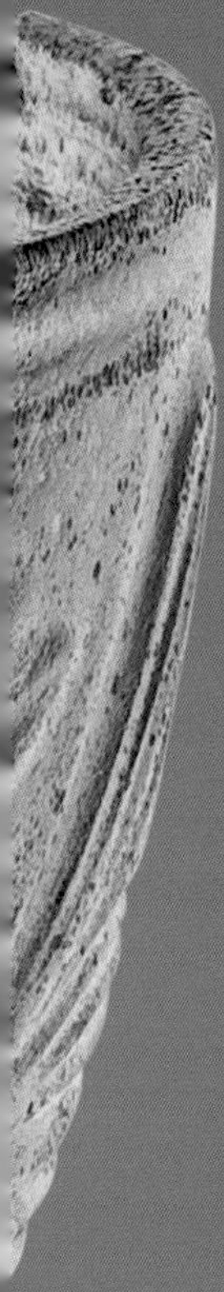

Das Glas

Christina Avronidaki

Es versteht sich eigentlich von selbst, dass die ausserordentlich seltenen und schönen Gegenstände aus Glas, die man aus dem Schiffswrack von Antikythera geborgen hat, nicht Objekte waren, welche die Schiffsmannschaft in ihrem Alltag benutzte, sondern ein wertvoller Teil der Ladung. Dabei handelt es sich um luxuriöse Gegenstände, die wie die anderen auf dem Schiff transportierten Kunstwerke für den Markt in Rom bestimmt waren.

‹ 1
Henkelloser Skyphos mit aufwändigen pflanzlichen Dekorationsmotiven

2–3
Fragmente von
Glasgefässen aus dem Wrack

Abgesehen von der meisterhaften Art ihrer Herstellung und der äusserst lebendigen Buntheit bestechen die Glasobjekte auch durch ihren hervorragenden Erhaltungszustand. Dies erstaunt, wenn man bedenkt, wie tief im Meer sie lagen und unter welch schwierigen Bedingungen man sie an Land brachte. In diesem Zusammenhang ist allerdings folgende Bemerkung anzufügen: Wenn für die anderen Materialgruppen der Schiffsladung das Meereswasser Korrosion und Beschädigung bedeutete, so entpuppte sich beim Glas die harte Kalküberkrustung geradezu als Schutzschicht. Nach ihrer Entfernung hatte man fast ganz erhaltene Gegenstände vor sich.

Die meisten Funde aus Glas hat man bei der Unterwasserexpedition von 1900–1901 aus den Sedimentablagerungen des Meeres gehoben. Dank Cousteaus Untersuchungen von 1976 kamen noch einige neue (ganze) hinzu, aber auch Fragmente, die zu Objekten gehörten, die man am Anfang des Jahrhunderts bereits geborgen hatte. In vielen Fällen war es gar möglich, die neu entdeckten Fragmente Bruchstelle an Bruchstelle an den älteren Stücken anzufügen. So zum Beispiel an der Reticella-Schale (EAM 23725) > Abb. 5. Acht Glasscherben passten zu der

‹ 4–5
6
Drei nahezu vollständig erhaltene Trinkschalen aus Glas

Buckelphiale (EAM 23714) > Abb. 6. Viele weitere Fragmente (so auch der gesamte Fuss eines Gefässes) liessen sich der Reticella-Schale EAM 23724α zuweisen.

Die üblichsten und aufwändigsten Glasherstellungstechniken der hellenistischen Zeit sind im Material aus dem Schiffswrack von Antikythera vertreten. Das Alabastron EAM 23726 > Abb. 7 stellt ein spätes Beispiel eines kerngeformten Gefässes dar. Die Skyphoi EAM 23709-23711, die Buckelphiale mit Blattdekor EAM 23714, der henkellose Skyphos mit aufwändigen pflanzlichen Dekorationsmotiven, welche in ihrer Art einzigartig sind (EAM 23712 > Abb. 1 und 8), die Schliffrillenschale EAM 23713 > Abb. 9 sowie die Zungenblattschale EAM 23715 > Abb. 2 sind hervorragende Beispiele einfarbiger Glasgegenstände, die speziell für das Exportgeschäft produziert wurden.

Die Gruppe polychromer Glaswaren ist fast noch bedeutender (EAM 23718-23725; EAM 30613-30614; EAM 29667) > Abb. 4-5 und 10-11. Dabei handelt es sich um eine einzigartige Objektgruppe, die sechs Mosaikschalen, vier Reticellaschalen sowie eine Streifenmosaikschale umfasst. Der gesamten Gruppe ist jeweils ein konischer Fuss gemein, den man aus einem separaten Glaswulst formte.

Unser Wissen über die Verbreitung und den Handel mit Glasprodukten (sei dies als unfertiges Rohmaterial oder in Form von fertigen Gefässen oder als Teile, die als Recyclingware im Umlauf waren), erfährt ständig Impulse durch immer neue Funde von Schiffswracks im Mittelmeergebiet. Die Bedeutung der Glasobjekte aus dem Wrack von Antikythera liegt jedoch nicht nur darin, dass dieses sicher ins zweite Viertel des 1. Jhs. v. Chr. zu datieren ist, sondern auch einen kompletten Warenquerschnitt syro-palästinischer und vielleicht auch

7
Solche Alabastra kommen meist im östlichen Mittelmeerraum vor.

8–9 ›
Zwei einfarbige Trinkschalen aus der 1. Hälfte des 1. Jhs. v. Chr.

ägyptischer Glasproduktionsstätten der 1. Hälfte des 1. Jhs. v. Chr. lieferte. Diese Materialpalette darf gleichzeitig als erster zuverlässiger Beleg für den Glasexport vom Osten in Richtung Westen gelten.

Trotzdem liefern die luxuriösen Glasgegenstände, die zusammen mit kostbaren Marmorstatuen und Bronzeplastiken – die in Werkstätten entweder in Delos, in Pergamon oder vielleicht am ehesten in Ephesos hergestellt waren –, mit Münzen aus Kleinasien und Sizilien, mit Transportamphoren aus Rhodos, Kos und Ephesos sowie mit Keramik – die vermutlich im östlichen Mittelmeerraum gefertigt wurde – reisten, keine neuen Erkenntnisse in der Frage nach dem Ausgangspunkt der Schiffsreise und der genauen Route. Unabhängig von der Frage, ob Delos der Startpunkt der Reise war oder bloss eine Etappe auf dem Weg von Pergamon oder Ephesos in den Westen, so ist doch – wegen Delos' Rolle als internationalem Handels- und Umschlagsplatz – jene These speziell verlockend, wonach die Glasgegenstände, die ursprünglich wohl im syro-palästinischen (die einfarbigen Stücke) und im ägyptischen Raum (die bunten) produziert worden

10
11 ›
Zwei Mosaikschalen, die wohl in Alexandria hergestellt wurden.

waren, erst im Hafen von Delos aufs Schiff geladen wurden. Die Glaswaren, die man bei Ausgrabungen auf der Insel Delos selbst entdeckte und die typologisch jenen vom Schiffswrack sehr ähnlich sind, deutet man ebenfalls als Importe aus Ägypten und dem syro-palästinischen Raum.

Aufgrund der Unterwasser-Erforschungen, die man am Wrack von Antikythera ausgeführt hat, liess sich bis heute eine Gruppe von 20 ganz oder nur fragmentarisch erhaltenen Glasobjekten aus der Tiefe heben. Diese Zahl stellt jedoch kaum die Gesamtmenge dar, denn die Ladung ist nicht vollständig gehoben worden. Bei zukünftigen Forschungsarbeiten können sicher weitere Funde getätigt werden, was unser Wissen bestimmt erweitern wird: Mit neuen Erkenntnissen über die Glasgegenstände ist also zu rechnen. ca

Ausgewählte Bibliografie:
Weinberg 1965; Grose 1979; Weinberg 1992; Nenna 1999; Arveiller-Dulong – Nenna 2000; Foy – Nenna 2001; Igniatiadou 2009; Lierke 2009; Weinberg – Stern 2009; Avronidaki 2012.

Goldschmuck und Silbergefässe

Elisabeth Stassinopoulou (†)

Bei den Bergungsarbeiten von 1900–1901 und 1976 am Schiffswrack von Antikythera kamen auch Goldschmuck sowie Silbergefässe zutage.

Sämtliche Schmuckstücke aus dem Schiffswrack gehörten aufgrund ihrer Form – vielleicht mit der Ausnahme des Goldringes EAM Χρ. 1645 > Abb. 3 – eher in die weibliche Sphäre. Obwohl die Ohrringe – ein Paar sowie ein Einzelstück EAM Χρ. 1579, 1579α und EAM Χρ. 1646 > Abb. 2 und 4 – nur zum Teil erhalten sind, kommt ihnen doch grosse Bedeutung zu, nicht nur weil man für sie kostbare Materialien verwendet hat, sondern auch weil sie zu den schönsten und repräsentativsten Schöpfungen bei den Schmuckstücken mit goldgefassten Steinen der späthellenistischen Zeit gehören (2.–1. Jh. v. Chr.). Die Kombination von farbigen Edel- und Halbedelsteinen mit Perlen als Zierelementen von Ohrringen oder anderen Schmuckstücken für Frauen, wie es für jene Zeit kennzeichnend ist, erfährt ab der Mitte des

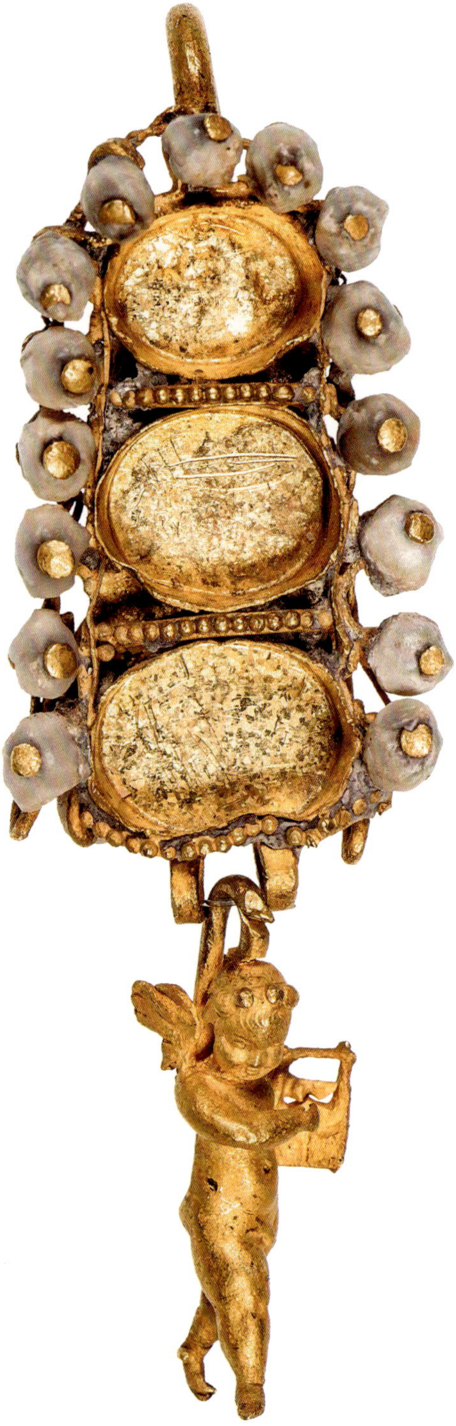

2. Jhs. v. Chr. einen Aufschwung. Die kostbaren Rohmaterialien konnten nunmehr relativ einfach beschafft werden und so liessen sich fortan Schmuckstücke herstellen, die aufgrund ihrer Buntheit grossen Eindruck machten.

Die drei Ohrringe aus dem Schiffswrack sind vermutlich vom gleichen Kunsthandwerker hergestellt worden. Wegen ihrer Farbigkeit und der Präsenz eines figürlichen Anhängers in Form von Eros-Attis gehen manche Forscher davon aus, es handle sich um ein Erzeugnis aus einer syrischen Manufaktur. Gemäss einer anderen Meinung stammen sie eher aus einer Schmuckproduktion, die unter dem Einfluss der Schwarzmeergegend oder Ägyptens stand. Die Exemplare aus dem Wrack von Antikythera sind typologisch mit jenen des Schatzes von Delos und dem Fund von Palaiokastro in Thessalien verwandt.

Die goldene Fassung in Form eines Rhombus mit einem Smaragd als Schmuckstein EAM Χρ. 1642, > Abb. 5 oder auch die zweitverwendete Fassung EAM Χρ. 1643 > Abb. 1 und 6 sind vielleicht Einzelteile der Verzierung einer oder mehrerer kostbarer Halsketten. Die Fassung gehörte zu einem sehr exklusiven Ring. Ihre Herkunft ist unklar, denn man hat Werkstätten in Alexandria, Antiochia, Tarent oder Rom als mögliche Herstellungsorte in die Diskussion gebracht.

Die Entdeckung von drei Ohrringen lässt erahnen, dass sich an Bord mindestens zwei Frauen aufhielten, es sei denn, die Schmuckstücke waren – wie dies bei anderen Gegenständen der Fall war – Handelsprodukte auf ihrem Weg zu den Käuferinnen.

‹ 2
Goldohrring mit Anhänger in Form eines Kithara spielenden Eroten. Die drei Edelsteine sind aus der Fassung gefallen. Perlen am Rand.

‹ 3
Ein Fingerring aus Gold

4
Zwei Goldohrringe; der eine mit Anhänger in Form eines Eroten. In den Fassungen geschliffene Edelsteine (ein Smaragd, zwei Karneole). Perlen am Rand.

5
Smaragd mit Goldfassung

6
Fassung aus Goldblatt und Granulatkügelchen, die Dreiecke und Rhomben bilden.

7 ›
Diese konische Silberschale war wohl Teil der kommerziellen Ladung des Schiffs.

Die kleinen Silbergefässe EAM Xϱ. 1647-1648 sind den populärsten Vorbildern der hellenistischen Keramik nachempfunden. Man benutzte solche Gefässe, um damit kleine Speisemengen wie Gewürze, Oliven und trockene Früchte zu servieren.

Die konischen Schalen EAM Xϱ. 1649-1650 > Abb. 7, auch unter dem Namen *mastoi* (Brüste) bekannt, kennt man vom parthischen Persien im Osten bis zur iberischen Halbinsel im Westen. Man verwendete sie bei Trinkgelagen als Becher. Solche Gefässe hat man zur gleichen Zeit auch aus Glas hergestellt: Dabei handelte es sich ebenfalls um luxuriöse Güter in der Ladung des Schiffes von Antikythera, man denke nur an die kleinen Glasschalen und die konischen Becher. es

Ausgewählte Bibliografie:
Segall 1938; Lévy 1965; Strong 1966; Pfeiler-Lippitz 1972; Deppert-Lippitz 1985; Jackson 2006; Jackson 2010; Stassinopoulou 2012.

Die Lagynoi

Evangelos Vivliodetis

Die sogenannten Lagynoi, eine besondere Kannenform, bilden innerhalb der Keramik die umfangreichste Gruppe, deren Vertreter einander alle sehr ähnlich sind. Dabei handelt es sich um eine der beliebtesten Gefässformen der hellenistischen Zeit.

Wie auch bei den anderen Materialkategorien hat man die Lagynoi sowohl bei der Kampagne von 1900–1901 als auch jener im Jahr 1976 gefunden: 35 bei den früheren Untersuchungen am Wrack und nochmals 12 bei den späteren, wie es sich aufgrund der Eintragungen und Zeichnungen in Lazaros Kolonas' Tagebuch nachweisen lässt.

Die meisten von ihnen gehören gemäss der Typologie von Westholm zu Typ II (mit bikonischem Körper). Nur zwei Exemplare aus dem Fundus von Antikythera sind Vertreter der Form Westholm Typ I (EAM 30761 und EAM 30680), die eine flachere Schulter und ein kegelförmiger Körper kennzeichnen. Ein weiterer Typ mit einem bauchigen Körper, der im 2. und 1. Jh. v. Chr. weit verbreitet war, fehlt im Material von Antikythera hingegen ganz.

Was den Dekor betrifft, lassen sich die Lagynoi vom Wrack von Antikythera drei Kategorien zuweisen. Zur ersten, der umfangreichsten, gehören die Stücke ohne Überzug (EAM 30682-30683, 30704-30705, 30713, 30715, 30718, 30720-30724, 30725α, 30727β, 30730, 30761-30762, 30771-30773, 30774-30775), die zweite Kategorie umfasst weissgrundige Exemplare (EAM 30680, 30701-30703, 30714, 30719, 30726, 30728α, β, 30729) und die dritte Gruppe, die nur sehr wenige umfasst, besteht aus jenen Stücken, die einen einfarbigen Streifen – entweder direkt auf den Ton oder auf den weissen Untergrund aufgemalt – aufweisen (EAM 30680-30681, 30728α, β, 30760).

‹ 1
Die Entdeckung einer Lagynos im Jahre 2014

2
Lagynoi aus dem Wrack

Bei den Lagynoi ohne Überzug ist allgemein eine stark geschwungene Schulter charakteristisch, die manchmal in einem sehr akzentuierten Wandknick in den unteren Gefässteil übergeht. Bei den Vertretern vom Schiffswrack von Antikythera hingegen ist dieser Winkel eher stumpf, wodurch kein wirklicher Wandknick entsteht.

Der Hals, ob lang oder kurz, ist röhrenförmig, der Fuss konisch oder in manchen Fällen ringförmig. Der Henkel, der immer vertikal angebracht ist, verläuft von der Schulter bis etwas unterhalb der Gefässmündung. Die Haupteigenschaft der Lagynoi ist einerseits die Schulter-Körper-Profillinie und andererseits die Präsenz von zwei gleich hohen Kegelstümpfen, die aneinander gefügt werden. Bei den frühen Beispielen ist das Gefäss nicht besonders hoch, im Allgemeinen erreicht es Höhen von 28 bis 34 cm.

Grosse Lagynoi ohne Überzug, eine Art Gebrauchskeramik, die man auch auf Zypern und Rhodos ab dem zweiten Viertel des 3. Jhs. v. Chr. kennt, waren im 2. Jh. und in der ersten Hälfte des 1. Jhs. v. Chr. in vielen Regionen des östlichen Mittelmeerraumes weit verbreitet. In vielen Fällen verwendete man grosse Lagynoi als Weinbehälter und sie konnten die üblichen Amphoren beim Weintransport ersetzen. Dieser Schluss ist nachvollziehbar, wenn man auch die Exemplare der Inseln Rhodos und Chios berücksichtigt, die häufig gestempelte Henkel aufweisen. Lagynoi eines ähnlichen Typus aus archäologischen Schichten der Athener Agora, von Eretria sowie aus Chios und Rhodos sind ebenfalls Hinweise dafür, dass ihre Datierung in die Zeit zwischen die Mitte des 2. und die Mitte des 1. Jhs. v. Chr. als recht sicher betrachtet werden darf. Da der Ton der Lagynoi von der Athener Agora jenem von Amphoren der Insel Chios ähnlich ist, lässt sich die These äussern, dass die Lagynoi vermutlich das Produkt einer Werkstatt in Chios sind.

Die weissgrundigen Lagynoi > Abb. 3 aus dem Schiffswrack von Antikythera gehören zu Typ II (mit bikonischem Körper), sind relativ gross (28 bis 30 cm hoch) und weisen dieselben Formeigenschaften auf wie jene ohne Überzug. Abgesehen davon, dass ihre Oberfläche an manchen Stellen einen weissen oder gelblichbeigen Überzug erahnen lässt, weshalb sie zusammen eine typologische Gruppe bilden, wissen wir wegen des schlechten Erhaltungszustandes nicht, ob sie nicht vielleicht mit komplexeren Dekorationsschemen und qualitativ hochwertigeren Überzügen versehen waren.

3
Lagynos mit weissem Untergrund

4 ›
Weissgrundige Lagynos mit geflochtenem Henkel

Die Lagynoi mit weissem Grund hat man vornehmlich im östlichen Raum der hellenistischen Welt produziert: Sie sind an der kleinasiatischen Küste, auf der Insel Zypern, wo weissgrundig verzierte Lagynoi bereits im 3. Jh. v. Chr. hergestellt wurden, in Ägypten, in Al Anafa im heutigen Israel, auf den ägäischen Inseln und ganz speziell auf der Insel Delos, auf der Athener Agora und noch andernorts verbreitet. Eine ziemlich grosse Zahl hat man zudem auf der Insel Ägina, in Argos, Pylos und Patras gefunden, was zur Annahme geführt hat, es habe auch auf der Peloponnes eine lokale Produktion von Lagynoi gegeben.

Zur dritten Kategorie, die nur wenige Vertreter umfasst, gehören Exemplare mit horizontalen Streifen, die unterschiedlich breit sind. Meist liegen diese Streifen nahe beim Schulterknick oder knapp über dem Fuss – an Orten, wo das Profil die Richtung ändert – und

5
*Lagynos
mit Ringhenkel*

akzentuieren so jene Stellen des Gefässes. Diese monochromen Streifen malte man entweder direkt auf den Ton oder auf eine weisse Grundierung. Zum Hauptcharakteristikum dieses Typus gehört im Weiteren eine recht nachlässige Ausführung. Solche Lagynoi waren vermutlich die billigere Variante der weissgrundig verzierten. Alle sind recht hoch (28 – 30,5 cm) und der Form nach den vorangehenden ähnlich, mit der Ausnahme der Lagynos EAM 30701 > Abb. 4, die einen bikonischen, aber recht platt gedrückten Körper, eine stark geschwungene Schulter und einen geflochtenen Henkel aufweist.

Die meisten Vertreter dieses Typus von der Athener Agora sind in die Zeit zwischen 115–86 v. Chr. datiert, während sie in Delos bis zu dessen Zerstörung im Jahr 69 v. Chr. im Umlauf waren. Dieser Lagynostypus zeigt viele Ähnlichkeiten zu einer Gruppe von der Insel Zypern, die Hayes als lokales Erzeugnis einer Werkstatt der Insel betrachtet. Auch auf Rhodos sind solche Lagynoi belegt.

Die Lagynos EAM 30684 > Abb. 5 gehört einer Spezialkategorie an: Der bikonische Körper mit dem Ringhenkel gleicht einem Askos (vom Guttus-Typ), gleichzeitig unterscheidet er sich durch den zylindrischen Hals und vor allem auch, was die Mündung betrifft. Der Reliefdekor mit seinem gelben Überzug erinnert an die sogenannten Megarischen Becher. Es ist wahrscheinlich, dass dieser Überzug so etwas wie Vergoldung vortäuschen sollte, wie es Exemplare aus Delos nahelegen. Bei den Megarischen Bechern, die aus Modeln gefertigt wurden, konnte man aufzeigen, dass dieses tönerne Erzeugnis teurere Produkte aus edlem Metall nachahmen sollte. Gefässe ähnlicher Form und Herstellungstechnik, aber mit anderen Varianten von Reliefdekor, umfassen zum Beispiel die Lagynoi von Minoa auf der Insel Amorgos, von Nisyros und von Delos, die ab dem 2. Jh. v. Chr. vorkommen. Hier sehen wir, dass neben der Massenproduktion eine Werkstatt, die vermutlich irgendwo an der kleinasiatischen Küste zu lokalisieren ist, teurere und raffiniertere Lagynoi produzierte und exportierte, wofür auch die Stücke aus dem Schiffswrack ein Beleg sind.

Mit wenigen Ausnahmen bilden die 47 Lagynoi aus der Schiffsladung eine homogene Fundgruppe. Aufgrund von Vergleichen mit anderen Exemplaren lässt sich eine Datierung in die Zeit vom 2. bis in die Mitte des 1. Jhs. v. Chr. vorschlagen. Es ist letztlich jedoch nicht möglich, die Produktionszentren genau zu lokalisieren. Man kann lediglich festhalten, dass die Lagynoi im östlichen Mittelmeerraum gefertigt wurden. Aufgrund ihrer recht grossen Menge ist zu vermuten, dass sie Teil der Ladung waren. Gleichzeitig ist zu entgegnen, dass sie keine grosse Formenvielfalt aufweisen, sie sind nicht gestempelt und manchmal recht nachlässig hergestellt, auch der Dekor ist eher einfach. Bei ihnen handelte es sich offensichtlich um kein besonders wertvolles Handelsgut. ev

Ausgewählte Bibliografie:
Leroux 1913; Courby 1922; Hellström 1965; Edwards 1965; Schäfer 1968; Bruneau 1970; Kaltsas 1983; Giannikouri – Patsiada – Philimonos 1990; Rotroff 1997; Ageli 2000; Hübner 2000; Mandel 2000; Rotroff 2000; Kolia 2006; Rotroff 2006; Vivliodetis 2012a.

Die Lampen

Evangelos Vivliodetis

Dank den beiden Kampagnen zur Erforschung des Schiffswracks vor der Küste von Antikythera der Jahre 1900–1901 und 1976 sind, abgesehen von all den anderen wichtigen Funden, auch einige Terrakottalampen zutage gekommen, insgesamt 10 Exemplare. Das ist eine recht bescheidene Zahl, wenn man sich vor Augen führt, wie weit verbreitet und absolut üblich die Verwendung solcher Beleuchtungskörper in der Antike war. Diese Fundmenge muss nicht dem Totalbestand an Lampen auf dem Schiff entsprechen, da nicht die gesamte Ladung gehoben werden konnte. Es ist also sehr wohl möglich, dass weitere Exemplare noch im Wrack liegen. Trotzdem ist diese Zahl aussagekräftig und im Verhältnis auch mit dem vergleichbar, was wir von anderen – früheren und gleichzeitigen – Schiffswracks wissen: Die geringe Zahl an Lampenfunden spricht wohl dafür, dass die Beleuchtungskörper nicht zur transportierten Handelsware gehörten, sondern Gerät der Mannschaft waren.

2

3 ›

Drei Tonlampen, die zur Beleuchtung an Bord dienten.

Die Lampen EAM 30615-30618 sowie EAM 30622-30623 weisen gemeinsame Merkmale auf, wie zum Beispiel den grauen Ton, aus dem man sie fertigte, und den farblich ähnlichen Überzug mit metallischem Glanz, was die Vermutung stützt, dass man Vorbilder aus Metall nachahmen wollte. In morphologischer Hinsicht erwähnenswert sind die vertikalen Bandhenkel, der hohe – oder manchmal niedrige – Kragen oder Ring um das Füllloch, drei kleinere Öffnungen um das zentrale Füllloch und ein nur nachlässig geformter Fuss ohne Überzug. Ausgangspunkte dieser Entwicklung lassen sich in Schnauzen mit horizontaler Umrandung des Dochtloches (EAM 30615 › Abb. 3) oder in jenen mit rhombusförmiger Umrandung des Dochtloches (EAM 30616-30618; EAM 30622-30623 › Abb. 2) festmachen, aber auch in der Verwendung von Modeln zur Herstellung sowohl der unverzierten Lampe EAM 30615 wie auch jener mit Reliefdekor auf ihren Schultern (EAM 30616-30618; EAM 30623). Diese Merkmale sind typisch für Howlands Lampentyp 49A, den man häufig auch als «Ephesos-Typ» bezeichnet: Dieser streute über die gesamte griechische Welt während einer längeren Phase, die sich vom frühen 2. Jh. v. Chr. bis zum frühen 1. Jh. n. Chr. erstreckte. Als sein Herkunftsgebiet kann pauschal Kleinasien genannt werden. Abgesehen von Ephesos selbst kamen Vertreter dieses Lampentypus wie auch Model von ihm, mit Zungen-, Strahlen-, pflanzlichen und anderen Mustern, auf Zypern, Ägypten, Pergamon, Tarsos und noch an anderen Orten zutage. Gemäss Howland erfolgte seine Einführung in Athen

(vermutlich über die Zwischenstation Delos) nicht vor 125 v. Chr. In Korinth taucht er (dort als Broneer Typ XIX bekannt) ab der zweiten Hälfte des 1. Jhs. v. Chr. auf. Mehrere Varianten desselben, ziemlich weit verbreiteten Lampentypus hat man auch bei den Ausgrabungen auf der Agora und dem Kerameikos in Athen, in Korinth, auf der Peloponnes, in der nördlichen Ägäis und in Makedonien nachweisen können. Eine sehr grosse Zahl (1168 Stücke) kam in Delos zutage und lokale Imitationen hat man in Pheres in Thessalien gefunden. Sie stammen aus der Zeit zwischen dem späten 2. Jh. v. Chr. und dem dritten Viertel des 1. Jhs. v. Chr.

Drei der Lampen vom Wrack von Antikythera sind scheibengedreht und unverziert (EAM 30619-30621) > Abb. 4-6. EAM 30619 und 30620 lassen sich der Form nach als Vertreter von Howlands Lampentyp 35A erkennen (der in Broneers Publikation der Lampen von Korinth Typ XII entspricht): Diese Lampenform wird in die Zeit zwischen die Mitte des 2. Jhs. v. Chr. und das erste Viertel des 1. Jhs. v. Chr. oder kurz danach datiert. Der halbkugelige Lampenkörper mit dem geschwungenen Profil steht Howlands Typen 37B und C näher, die chronologisch unmittelbar nach Sullas Invasion (86 v. Chr.) anzutreffen sind. Exemplare von diesem Typus vom Kerameikos in Athen lassen sich in die Zeit zwischen 100 und 50 v. Chr. datieren.

Die Lampe EAM 30621 mit ihrem massiven und kugeligen Körper, mit dem scheibenförmigen Fuss, der Schnauze und dem Spiegel rund um das Füllloch gehört zum sogenannten «delischen» Typus, den man in die Zeit zwischen das späte 2. Jh. v. Chr. und das 1. Viertel des 1. Jhs. v. Chr. datieren kann (Howlands Typ 38). Abgesehen von Delos (1238 bekannte Fundexemplare) sind ähnliche Lampen auch auf der Athener Agora, auf den Inseln der Ägäis und in vielen anderen Gegenden des Mittelmeerraumes zutage gekommen.

Zum Abschluss ist noch die Lampe EAM 30957 > Abb. 7 zu erwähnen, die zu jenem Typus gehört, für den ein meist perforierter Trichter

im Zentrum typisch ist (Howlands Typ 27D). Solche Lampen waren weit verbreitet und es gab sie in mehreren Ausführungen (mit einer Schnauze, mit mehreren Schnauzen, mit anderen morphologischen Elementen wie zum Beispiel einem Rohr) sowohl in Festland-Griechenland wie auch im östlichen ägäischen Raum. Aufgrund seiner Form ist das Exemplar vom Schiffswrack wohl als ein sehr später Vertreter von diesem Typus zu betrachten und in die Zeit zwischen die zweite Hälfte des 2. Jhs. v. Chr. und das 1. Jh. v. Chr. zu datieren.

Die bescheidene Zahl der Lampen aus dem Schiffswrack von Antikythera lässt keine weiterführenden Diskussionen und neue Erkenntnisse zu. Die hier vertretenen Lampen gehören zu Typen, die über weite geographische Räume streuten. So stand der Versuch im Vordergrund herauszufinden, woher die Lampen stammten, wie sie verwendet wurden und wie wir sie und damit auch andere Objekte aus der übergeordneten Materialkategorie der Keramik datieren können. ev

‹ 4–6
Scheibengedrehte Tonlampen. Die mittlere weist Brandspuren auf, die von ihrer Verwendung herrühren.

7
(ganz rechts) Fragment einer Tonlampe mit Trichter

Ausgewählte Bibliografie:
Broneer 1930; Howland 1958; Bruneau 1965; Schäfer 1968; Bailey 1975; Scheibler 1976; Broneer 1977; Kaltsas 1983; Boli 1990–1995; Christodoulidou 1990–1995; Özyiğit 1990; Drougou 1992; Doulgeri-Intzesiloglou 1994; Rotroff 1994; Zafeiropoulou – Chatzidakis 1994b; Rotroff 1997; Nikolaou 2004; Papantoniou 2010; Vivliodetis 2012b.

«...IAM PRIDEM SYRUS

IN TIBERIM DEFLUXIT ORONTES»

«...SCHON LÄNGST IST DER SYRISCHE ORONTES

IN DEN TIBER GEMÜNDET»

JUVENAL, 3.62, 1. JH. N. CHR. (ÜBERSETZUNG: J. ADAMIETZ)

Feinkeramik mit rotem Glanztonüberzug

George Kavvadias

Den grössten Anteil innerhalb des Tafelgeschirrs, das man im Schiffswrack von Antikythera fand, nimmt jene Feinkeramik ein, für die sich in der Forschung die Bezeichnung *Eastern Sigillata A* (in der Fachwelt ESA respektive östliche Sigillata bezeichnet) durchgesetzt hat. Dieser Typus der Alltagskeramik erlangte im östlichen Mittelmeerraum ab der Mitte des 2. Jhs. v. Chr. bis ins späte 1. Jh. v. Chr. eine weite Verbreitung. Sie ist die allerspäteste Variante hellenistischer Keramik, bis diese durch importierte Terra Sigillata aus dem italischen Raum ersetzt wurde.

1
Teller

2
Fragmente von halbkugeligen Bechern

3 ›
Teller mit Glanztonüberzug

Bei der ESA handelt es sich um Feinkeramik mit rotem Glanztonüberzug. Im Hinblick auf das Formenspektrum umfasst die ESA Geschirr offener Form, vor allem Teller verschiedener Grössen und halbkugelige Becher. Geschlossene Formen wie Lagynoi sind eher selten. Die ESA kann als älteste Vertreterin der sogenannten Terra Sigillata betrachtet werden. Sie hatte einen grösseren kommerziellen Erfolg als andere östliche Sigillata-Varianten (wie zum Beispiel Eastern Sigillata B, zyprische und pontische Sigillata, Afrikanische Ware mit rotem Glanztonüberzug etc.), die erst im späten 1. Jh. v. Chr. oder im frühen 1. Jh. n. Chr. verbreitet waren.

Im Gegensatz zur Schwarzfirnisware ist der Ton der ESA hellbraun, feinkörnig, hartgebrannt, gesäubert und fein geschlämmt sowie ohne Mica- oder andere Einschlüsse. Der Überzug ist in der Frühphase der ESA-Ware (bis in die ersten Jahrzehnte des 1. Jhs. v. Chr.) dick und in farblicher Hinsicht tiefrot, so dass die Keramik eine starke Textur erhält und fast wie aus Metall wirkt. In einer späteren Phase (ab dem dritten Viertel des 1. Jhs. v. Chr.) wird dieser Überzug dünner aufgetragen,

weshalb er auch leichter abblättert. Charakteristisch für die ESA-Funde vom Schiffswrack von Antikythera ist, dass sie einen dickeren und dunkelroten Glanztonüberzug aufweisen. Dies hängt wohl damit zusammen, dass sie nicht nur einmal, sondern gleich zweimal in den Behälter mit dem flüssigen Glanzton eingetaucht wurden, weshalb man vom sogenannten doppelten «Farbstrich» spricht. Dieser «Strich» fällt besonders bei Tellern auf, während er bei halbkugeligen Bechern seltener ist. Auf der übrigen Oberfläche ist bloss der dünne, leicht orangefarbene Überzug vorhanden, der leicht abblättert.

Die Exemplare der ESA-Ware – dies gilt vor allem für Teller und weniger oft für halbkugelige Becher – weisen im Zentrum ihres Bodens eingeritzte Kreise oder eine gepunzte Rosette auf. Zum weiteren Dekor gehören fünf gestempelte Palmetten oder Blätter, die kreisförmig angeordnet sind, sowie viele konzentrische Kreise, ein Charakteristikum der früheren hellenistischen Keramik. Man nennt diesen Dekor auch Rädchenverzierung.

In der Forschung ist die Meinung geäussert worden, bei der ESA-Ware, und insbesondere bei den grossen Tellern bis zu 40 cm Durchmesser, handle es sich um ein Produkt von Manufakturen, das beim Herstellungsprozess ein hohes Mass an Standardisierung erkennen lässt. Zumindest teilweise soll das Geschirr aus Modeln gefertigt worden sein.

Unter Archäologen herrscht keine einheitliche Meinung darüber, wo man die früheste ESA produziert hat. Viele Küstenorte im östlichen Mittelmeerraum hat man vorgeschlagen, namentlich an der syro-palästinischen Küste, in der Kilikischen Ebene und auf der Insel Zypern. Mit grösster Wahrscheinlichkeit liegt ihre Produktionsstätte im nördlichen Syrien, am ehesten im Tal des Flusses Orontes, obschon man auch annehmen könnte, ESA-Ware sei gleichzeitig an mehreren Orten im östlichen Mittelmeerraum gefertigt worden, insbesondere im 1. Jh. v. Chr. Dabei erreichte diese Keramikgattung ihren Höhepunkt um 50 v. Chr. Die Ergebnisse neuerer Forschungsarbeiten stützen die These, dass die Gegend von Antiochia (im nordsyrischen Raum) ein Hauptzentrum der ESA-Produktion war. Gemäss einer anderen Meinung, die zwar nicht alle Forscher teilen, für die aber doch vieles spricht, entsprach die ESA-Ware dem, was als *rhosica vasa* bekannt war, wie sie Cicero benannte oder die ρωσικόν κέραμον in der Bezeichnung von Athenaios, womit Geschirr gemeint ist, das für Mitglieder der römischen Oberschicht produziert wurde. Der römische Redner und Politiker Cicero, im Jahr 50 v. Chr. zum Prokonsul von Kilikien ernannt, sandte von seinem Amtssitz in Laodikeia seinem Freund Titus Pomponius Atticus einen Brief, in dem er mitteilte, er habe Tafelgeschirr aus Rhosos (oder Rhossus, das heutige Arsuz in der Türkei) bestellt, einer Stadt an der Südküste des Golfes von Issos, der Hauptexporthafen des etwas im Landesinneren liegenden Antiochia.

ESA-Ware verbreitete sich schnell, zuerst in Kleinasien und auf den griechischen Inseln (im frühen 1. Jh. v. Chr.) und dann auch in Festland-Griechenland (ab der Mitte des 1. Jhs. v. Chr.).

Das zu dieser Keramikgattung gehörende Material vom Schiffswrack von Antikythera entspricht dieser zweiten «Generation», deren Hauptmerkmale es alle in sich vereinigt: der Überzug ist dick – er entstand durch doppeltes Eintauchen –, blättert aber einfach ab, die Präsenz von fünf gepunzten Palmetten oder Palmzweigen, die einen Kreis bilden und von konzentrischen Kreisen umgeben sind. Es ist wahrscheinlich, dass alle diese ESA-Vertreter in derselben Produktionsstätte gefertigt wurden, in ein und derselben Töpferwerkstatt. Insgesamt liegen 21 Teller verschiedener Grösse und 10 halbkugelige Becher vor. Der Teller EAM 30645, der nicht über den für diese Keramikform typischen niedrigen, ringförmigen Fuss verfügt, sondern

4
Drei ESA-Teller aus dem 1. Jh. v. Chr.

jenen, der sonst bei den halbkugeligen Bechern üblich ist, weckt unser Interesse, denn es handelt sich bei ihm um eine Mischform, halb Teller, halb Schale. Dies dürfen wir als Hinweis dafür verwenden, dass das gesamte Tafelgeschirr mit rotem Glanztonüberzug vom Schiffswrack von Antikythera in der gleichen Töpferwerkstatt produziert wurde.

Die drei grossen Teller, ihr Durchmesser beträgt zwischen 38 und 41 cm, mit dem kleinen ringförmigen Fuss entsprechen Typ 3, wie Hayes ihn definiert hat. Dieser war vom späten 2. Jh. v. Chr. bis in augusteische Zeit im gesamten östlichen Mittelmeerraum weit verbreitet. Ein anderer kleinerer Teller (sein Durchmesser beträgt 27,2 cm) mit einem grossen ringförmigen Fuss ist ein Vertreter von Hayes' Typ 4A, der über denselben geographischen Raum wie Typ 3 streut und mit dem er gleichzeitig ist. Häufig sind die beiden Tellerformen nebeneinander in Gebrauch.

Andere kleinere Teller mit weitem Fuss sind ebenfalls unter Hayes' Typ 4 zusammengefasst. Man kann sie vielleicht zwei Untertypen zuweisen: kleine Teller («kleine Teller mit weitem Fuss») und «Untertassen» («Untertasse mit weitem Fuss»).

Bei den kleinen Tellern beträgt der Durchmesser 20–22 cm und der Fuss 11–12 cm. Bei den «Untertassen» liegen die Werte des Durchmessers zwischen 15 und 16 cm und beim Fuss zwischen 7 und 10 cm. Zwei Teller mit einem Randdurchmesser, der jenem der «Untertassen» und einem Fuss, der jenem der kleinen Teller entspricht, nehmen eine Zwischenposition zwischen den beiden Varianten ein.

Bei allen Varianten ist der Rand der Teller gerade oder leicht nach innen geneigt. Dieses Detail gilt als Hinweis für eine Datierung ins 1. Jh. v. Chr., jedenfalls als Beleg für eine vorkaiserzeitliche Entstehung.

Was den gepunzten Dekor betrifft, lässt sich das Material vom Schiffswrack von Antikythera – mit der Ausnahme von drei grossen Tellern und der Mischform EAM 30645 – drei Geschirrsets zuordnen.

Zum ersten gehören die Teller mit einer sorgfältig ausgeführten Rosette in der Mitte des Bodens und fünf Palmetten, die man mit einer ovalen Punze anbrachte.

Das zweite umfasst Teller mit einer unregelmässigen vielblättrigen Rosette im Zentrum in Kombination mit Palmetten, die mit einer herzförmigen Punze in den Ton gedrückt wurden.

Beim dritten verwendete man einen ovalen Stempel, für den eine recht nachlässige Rosette und Palmetten charakteristisch sind.

Es ist bemerkenswert, dass die grossen Teller lediglich Dekor tragen, den man mit den typischen Rädchen angebracht hat (die charakteristischen konzentrischen Kreislinien); Stempeldekor fehlt bei ihnen vollständig.

Alle halbkugeligen Becher gehören zu Hayes' Typ 22A, der über ein sehr grosses Gebiet streute. Im Allgemeinen findet man diesen mit jenen des Typus Hayes 3–5 vergesellschaftet, was auch beim Material vom Schiffswrack von Antikythera zutrifft. Sie zeigen innen denselben Dekor, nämlich konzentrische Kreise, von denen zwei in der Mitte des Bodens recht nachlässig aufgetragen sind. Nur die grösseren Schalen weisen jene charakteristische Ritzlinie am Rand auf, direkt unter der Mündung. Auf den kleineren Exemplaren (EAM 30651; 30652 und 30653) ist diese Ritzlinie weniger sorgfältig ausgeführt oder fehlt ganz.

Nach der Prüfung der Feinkeramik (ESA), die aus dem Schiffswrack von Antikythera stammt, könnte man den Eindruck gewinnen, dass dieses Material Teil der persönlichen Habe der Schiffsmannschaft war oder allenfalls als Besitz der Passagiere zu betrachten ist, falls es solche gab. Es sind Benutzungsspuren auf

5
Diese ESA-Teller waren Bestandteil der kommerziellen Ladung des Schiffes.

manchen Tellern und auf den halbkugeligen Bechern (Kratzer im roten Überzug) festzustellen, vor allem auf Standflächen der Gefässe (z. B. am ringförmigen Fuss). Dies könnte damit zusammenhängen, dass das Material schon seit langer Zeit (auf dem Schiff?) in Gebrauch war. Im Schiffswrack liegen aber wohl noch grosse Mengen Feinkeramik, die noch nicht gehoben wurden. Deshalb ist es möglich, dass diese Keramikgattung genauso wie viele andere Waren auch Bestandteil der Schiffsladung war. Es ist aber auch möglich, dass manche dieser Stücke auf dem Schiff selbst Verwendung fanden.

Im Gegensatz zu den Tellern waren im 1. Jh. v. Chr. die halbkugeligen Becher in Festland-Griechenland selten. Nur ganz wenige sind an Küstenorten wie zum Beispiel bei Korinth (Kenchreai; Isthmia) zutage gekommen. Man hat die Vermutung geäussert, dies hänge damit zusammen, dass in dieser Phase die Megarischen Becher – ebenfalls

6
Beide Schüsseln wurden 1976 bei Cousteaus Ausgrabungen entdeckt.

tönerne Imitationen von wertvolleren Gefässen aus Edelmetall – in Festland-Griechenland immer noch die üblichste Gattung des Alltagsgeschirres darstellten. Andererseits findet man halbkugelige Becher und Teller in grosser Menge im syro-palästinischen Raum. Das Nebeneinander einer beträchtlichen Anzahl halbkugeliger Becher und ESA-Teller im Schiffswrack von Antikythera, die mit grösster Wahrscheinlichkeit Erzeugnisse einer einzigen Werkstatt sind, ist als sehr aussagekräftiges Argument in der Diskussion um die Herkunft des Schiffes und dessen Ladung zu werten: Dieses ist wohl kaum in Festland-Griechenland ausgelaufen und vermutlich auch nicht aus einem Hafen der kleinasiatischen Küste, sondern kam von weiter im Osten, von einem Hafen der syro-palästinischen Küste, wo man die Produktionsstätte der ESA-Feinkeramik vermutet. Diese These lässt sich vielleicht noch weiter durch ein anderes Schiff stützen, das ungefähr um 30 v. Chr. im Golf von Attaleia (das heutige Antalya) unweit vom antiken Phaselis gesunken ist: Auch aus diesem Schiffswrack hat man ESA-Feinkeramik gehoben und es ist naheliegend, dass es aus einem Hafen im nordsyrischen Raum ausgelaufen war.

Es lohnt sich an dieser Stelle einen Vergleich mit der Feinkeramik anzustellen, die man im Schiffswrack von Mahdia gefunden hat. Dieses ungefähr 30 Jahre ältere Material gehörte wohl teilweise zur Schiffsladung, aber auch zum Tafelgeschirr der Mannschaft und/oder der Passagiere. Weil solche Gegenstände über einen längeren Zeitraum in Gebrauch waren, ist diese Gefässgruppe älter als die Feinkeramik der Ladung. Dabei lassen sich Unterschiede zum Wrack von Antikythera skizzieren. Die Fülle an Feinkeramik ist hier als Produkt ein und derselben Werkstatt anzusprechen und vorzugsweise auch als Teil der Handelsware zu betrachten, die mit grösster Wahrscheinlichkeit lediglich erst sehr kurz vor dem Schiffbruch produziert worden war. Die Keramik vom Schiffswrack von Mahdia hingegen ist heterogener. Sie umfasst hauptsächlich

Schwarzfirnisware (Teller der sogenannten Campana B-Gattung von der italienischen Halbinsel und aus Pompeji, eine sogenannte Westabhang-Amphora aus dem östlichen Mittelmeerraum) und eine kleine Gruppe ESA-Ware mit rotem Glanztonüberzug. Im Gegensatz dazu fehlen Vertreter aus «westlicher» Manufaktur im Material von Antikythera, bei dem östliche Herstellungszentren überwiegen. Im östlichen Mittelmeerraum ist ESA-Keramik verhältnismässig weit verbreitet. Schwarzfirnisware aus Werkstätten Kleinasiens ist hingegen in weit geringerer Zahl vertreten.

In Italien, aufgrund aller verfügbaren Hinweise das Ziel des vor Antikythera gesunkenen Schiffes, ist ESA-Keramik zutage gekommen, allerdings in geringeren Mengen als im östlichen Mittelmeerraum. ESA-Ware liess sich an drei Orten nachweisen, die alle drei in Süditalien liegen: in Apulien (Otranto/Brindisi), an der Ostküste Siziliens (Syrakus/Morgantina) und in Kampanien (Pompeji/Puteoli). Dem Hafen von Puteoli (dem heutigen Pozzuoli bei Neapel) kam als Zwischenstation des Handels mit hellenistischer Keramik, und insbesondere mit ESA-Ware, bei ihrer Verbreitung über die italienische Halbinsel offensichtlich eine sehr wichtige Rolle zu. Dieser Exportstrom von ESA-Keramik aus dem östlichen Mittelmeerraum in Richtung Ägäis und weiter westwärts kam in der frühen römischen Kaiserzeit sehr bald zum Erliegen, als Produktionsstätten italischer Sigillata ihren Betrieb aufnahmen und so nicht nur im heimischen italischen Markt sozusagen zum bedeutendsten Anbieter wurden, sondern auch den östlichen Mittelmeerraum mit ihrer Ware zu überfluten begannen. Die Hauptumschlagplätze für den Handel zwischen dem östlichen und dem westlichen Mittelmeerraum waren Ephesos, die Hauptstadt der römischen Provinz Asia, und vor allem bis 69 v. Chr. Delos mit seinem zollfreien Hafen, wo italische Händler (*negotiatores* bzw. *mercatores*) Niederlassungen unterhielten.

Gemäss dem Vorschlag von Lund, Poblome und Malfitana sollte die ESA-Ware wohl hauptsächlich der römischen Aristokratie *(nobilitas)* zum Kauf angeboten werden, denn diese zelebrierte gerne Luxusprodukte östlicher Herkunft und verwendete fürs Bankett zum Beispiel auch Geräte aus wertvollem Metall oder, wenn solche dann doch zu teuer waren, zumindest Tonimitationen, wie die ESA-Ware sie als Ersatz anbieten konnte.

Dank Vergleichsmaterial aus Delos (aus dem Haus der Komödianten, das spätestens im Jahr 69 v. Chr. zerstört wurde) und aus Festland-Griechenland (Argos, nach der Mitte des 1. Jhs. v. Chr.) und aufgrund des Nebeneinanders von Tellern und halbkugeligen Bechern, die am ehesten im syro-palästinischen Raum gefertigt wurden, lässt sich die These formulieren, dass unser Schiff ungefähr um die Mitte des 1. Jhs. v. Chr. vor der Küste Antikytheras sank (60–50 v. Chr. oder kurz darauf), wie es H. S. Robinson im Jahr 1965 schon einmal vorgeschlagen hat. gk

Ausgewählte Bibliografie:
Robinson 1965; Mitsopoulos – Leon 1975; Hayes 1985; Hayes 1991; Rotroff 1994; Zafeiropoulou – Chatzidakis 1994a; Yntema 1995; Meyza 2000; Lund 2002; Lomas 2004; Lund 2005; Malamidou 2005; Malfitana – Poblome – Lund 2005; Bes – Poblome 2006; Cohen 2006; Lund – Malfitana – Poblome 2006; Lund – Malfitana – Poblome 2008; Abadie-Reynal 2007; Alcock 2007; Green 2008; Hayes 2008; Poblome 2008; Romeri 2008; Wilson 2009; Baldwin Bowsky 2011; Baldwin Bowsky – Gavrilaki 2011; Kavvadias 2012a.

Feinkeramik mit schwarzem Glanztonüberzug (Graue Ware)

George Kavvadias

Während des späten Hellenismus und zu Beginn der römischen Zeit setzte sich im zentralen und östlichen Teil des Mittelmeerraumes Feinkeramik mit schwarzem Glanztonüberzug für den Gebrauch im Alltag durch.

Eine Eigenschaft dieser Ware ist der braune bis graue Ton, der reich an Mica-Einschlüssen (Splitter aus Kieselerde) und Quarz-Körnern ist. Der Glanztonüberzug, dessen Farbe Nuancen von schwarz bis olivgrün einnehmen kann, ist nicht immer von gleich hoher Qualität, was manchmal dazu führt, dass er leicht abblättert. Den grauen oder dunkelbraunen Ton gewann man durch einen einzigen Redox-Brennprozess: Dies war eine Folge der Bestrebungen nach Vereinfachung und Optimierung der Keramikherstellung, um so die Grundlagen für eine Massenproduktion schaffen zu können. Die Verwendung des schwarzen Glanztones über dem grauen Ton scheint daher zu rühren, dass die Töpfer wertvolle Metallgefässe, namentlich solche aus Silber, imitieren wollten. Die Herstellungszentren dieser Ware können an vielen Orten im östlichen Mittelmeerraum lokalisiert werden, hauptsächlich aber auf den nordöstlichen ägäischen Inseln und an der kleinasiatischen Küste (Samos, Lesbos, Gegend von Troia, Pergamon, Knidos, Ephesos, Tarsos sowie weitere Orte). Man kann diese Zentren nach verschiedenen Kriterien unterscheiden, wie zum Beispiel die Beschaffenheit der Ware, die Farbe des Tons oder die Qualität des Überzugs. Diese Töpferwerkstätten bestanden ab der Mitte des 2. Jhs. v. Chr. bis zum zweiten Viertel des 1. Jhs. v. Chr. Von da an verdrängte allmählich die innovative Eastern Sigillata A mit rotem Glanztonüberzug die schwarzgefirnisste Feinkeramik.

Im Vergleich zu den anderen keramischen Erzeugnissen, die aus dem Schiffswrack von Antikythera stammen, ist die Menge an Ware mit schwarzem Überzug eher bescheiden. Die Scherben lassen sich 9–10 Gefässen zuweisen, wovon sich lediglich zwei fast vollständig erhalten haben.

Beim Teller EAM 30633 > Abb. 1 und 2 handelt es sich – nachdem bei den Untersuchungen aus dem Jahr 1976 ein grosses Fragment, das sich als Passscherbe erwies, hinzugekommen ist – um das besterhaltene Exemplar. Es gehört in die Kategorie der «ionischen Teller», von denen man annimmt, sie seien in der Gegend von Pergamon produziert worden. Die sehr charakteristischen gestempelten Palmetten des sogenannten Pergamon-Typus erinnern zusammen mit den Einkerbungen zwischen den eingeritzten konzentrischen Kreisen an einen ähnlichen Teller aus dem «Haus der Komödianten» auf der Insel Delos, das während des Piratenüberfalles von 69/68 v. Chr. zerstört wurde.

Die Tellerfragmente EAM 30658 und 30662, die ebenfalls mit den erwähnten Palmetten verziert sind und Ritzlinien aufweisen, können auch dieser Kategorie zugewiesen werden.

« 1
2 ›
Teller mit Glanztonüberzug aus einer kleinasiatischen Werkstatt

3 ›
(unten) Fragmente von zwei Tellern aus den Ausgrabungen von 1976

Die Tellerfragmente EAM 30663, 30716 und 30717, die ebenfalls mit Schraffuren zwischen eingeritzten konzentrischen Kreisen verziert sind, lassen sich mit ähnlichen Exemplaren von der Athener Agora vergleichen.

Der Teller EAM 30657 weist als Dekor nur Ritzlinien auf. Er steht der Kategorie der «Teller mit vertikalem Rand» nahe, die auf der Athener Agora in Zerstörungshorizonten aus der Zeit vor Sulla (87–86 v. Chr.) zutage gekommen sind.

Beim Gefässfragment EAM 30659, von dem sich ein kleiner Teil des Bodens und des Körpers erhalten hat und das lediglich mit Ritzlinien verziert ist, handelt es sich wohl um die schwarzgefirnisste Variante einer halbkugeligen Schüssel. Frühe Exemplare von diesem Typ, die man für Vorläufer der halbkugeligen

Schüsseln der ESA-Keramik hält, lassen sich in die zweite Hälfte des 2. Jhs. v. Chr. datieren. Unter den spätesten Exemplaren des 1. Jhs. v. Chr., zu denen dieses Fragment gehört, ist die Qualität der Ware geringer als bei Schalen aus dem 2. Jh. v. Chr.

4 ›
Schale vom Typus «Knidos» mit eingeritzten griechischen Buchstaben (AYC)

Von einem kleinen Gefäss (EAM 30679) haben sich nur vier Fragmente erhalten. Dabei handelt es sich vermutlich um eine Phiale bzw. eine Echinus-Schüssel, eine besondere Gefässform.

Die Schale EAM 30826 › Abb. 4 gehört zu den sogenannten «Schalen mit zwei Henkeln vom Typus Knidos». Dabei handelt es sich um eine Trinkschale mit einem charakteristischen eckigen Profil, die im östlichen Mittelmeerraum in der Zeit zwischen dem 2. Jh. und der Mitte des 1. Jhs. v. Chr. weit verbreitet war. Man geht davon aus, dass dieser Schalentypus vermutlich in der Gegend von Knidos im südwestlichen Kleinasien oder in Kos gefertigt wurde. Die eingeritzten Buchstaben AYC sind wohl der Beginn des Besitzernamens, wie wir es von den Megarischen Bechern auch kennen.

Aufgrund der Anzahl an keramischen Erzeugnissen, die man aus dem Schiffswrack geborgen hat, können wir festhalten, dass die Menge an Schwarzfirnisware prozentual bedeutend geringer ist als jene von Feinkeramik mit rotem Überzug.

Es handelt sich nicht um die Ware einer einzigen Töpferwerkstatt, wie wir das bei der Keramik mit rotem Überzug nachweisen konnten. Hier ist mit mehr als einem Produktionszentrum zu rechnen, dabei sind die Regionen von Pergamon, Ephesos und Knidos hervorzuheben, wenn wir auch andere Fundgattungen heranziehen, namentlich die Megarischen Becher und die Lampen. Vor diesem Hintergrund ist also Kleinasien im weiteren Sinn als Herkunftsort anzunehmen.

Die eingeritzten Inschriften von Namen auf manchen Gefässen sind mit grösster Wahrscheinlichkeit mit ihren Besitzern – entweder Teil der Mannschaft oder Passagiere – in Verbindung zu bringen. gk

Ausgewählte Bibliografie:
Robinson 1965; Schäfer 1968; Bruneau 1970; Rotroff 1997; Vogeikoff-Brogan 2000; Młynarczyk 2002; Veleni – Georgaki – Zographou 2004; Abadie-Reynal 2007; Dikbaş 2008; Hayes 2008; Kavvadias 2012b.

WEITERE FEINKERAMIK

Drei Schalen mit rotem Überzug, die nicht der Eastern Sigillata A-Ware zugewiesen werden können, befanden sich ebenfalls im Fundgut des Schiffswracks von Antikythera. Diese stammen am ehesten aus einer Töpferwerkstatt, die im nordwestlichen Kleinasien zu lokalisieren ist, in der Gegend von Pergamon oder Ephesos. Zwei der drei Stücke kamen in der Forschungskampagne von 1976 zutage, während das dritte bereits im Jahr 1900 gefunden wurde.

Die bikonische Form der drei Schalen von Antikythera – eine eckige Profillinie ist jedoch unübersehbar – erinnert an frühere Beispiele von rotgefirnissten Skyphoi aus Pergamon oder an Schalen mit zwei Henkeln aus dem 3. und 2. Jh. v. Chr., deren Wände und Henkel applizierten Reliefdekor aufweisen (pergamenische Ware mit Appliken). Das Fehlen von Mica im hellen grauen Ton der Schale ohne Überzug EAM 30825 lässt darauf schliessen, dass sie wohl nicht in Pergamon gefertigt wurde, sondern wahrscheinlich weiter im Osten (im syro-palästinischen Raum?), was bekanntlich auch für die Eastern Sigillata A zutrifft.

Zusammen mit den drei erwähnten Schalen fand man auch noch einen Reliefskyphos, Scherben von sechs anderen keramischen Erzeugnissen sowie mehrere Kochtöpfe. gk

5
Trinkgefäss (Skyphos) mit Reliefdekor

Weitere Tongefässe aus dem Wrack:
‹ 6 (oben)
Trinkgefässe
‹ 7
Kochtöpfe

8, 9
Fragmente von Trinkgefässen (Skyphoi). Das obere wurde in Ephesos, in der Werkstatt des Menemachos hergestellt.
10 (unten)
Fragment eines Skyphos mit eingeritzten griechischen Buchstaben (OPΛ)

Ausgewählte Bibliografie:
Edwards 1965; Meyer-Schlichtmann 1988; Rotroff 1997; Özyiğit 2000; Rogl 2003; Hayes 2008; Kavvadias 2012c.

Krüge, einhenklige Schalen, Siebflaschen, Olpen und Unguentarien

Maria Chidiroglou

Eine gewisse Anzahl an Tonbehältern für Wein und Öl kam im Schiffswrack von Antikythera bei den früheren Forschungskampagnen (1900–1901 und 1976) ebenfalls zutage. Darunter sind Krüge, einhenklige Schalen, Flaschen mit Sieb, Unguentarien (Salbflaschen) und Olpen (kleine Krüge) zu nennen.

Die grösseren und kleineren Krüge mit kugelförmigem Bauch > Abb. 5 und einem langen Hals sind einer Kategorie von Keramik mit rotem Glanztonüberzug des östlichen Mittelmeerraumes zuzuweisen, die die luxuriösere Arretina bzw. italische Terra Sigillata nachahmte und ab dem 1. Jh. v. Chr. bis ins 3. Jh. n. Chr. in Gebrauch war.

Der Überzug der Mündung, des Halses und der Schulter solcher Krüge ergab sich durch einfaches Eintauchen des Gefässes. Oberflächliche, recht nachlässig gefertigte, parallele Ritzlinien verlaufen an der weitesten Stelle des Durchmessers auf dem Bauch einiger Exemplare. Zwei ähnliche Krüge aus den Ausgrabungen auf der Athener Agora lassen sich in die Zeit zwischen 100 und 50 v. Chr. bzw. zwischen 115 und 86 v. Chr. datieren. Die Krüge von Antikythera können auch mit ähnlichen Gefässen aus dem späten 1. Jh. v. Chr. von der Athener Agora verglichen werden. Spuren einer harzartigen Substanz im Innern von zwei Krügen (EAM 30735 und 30736) lassen die Vermutung zu, dass diese Gefässe jene Zutaten enthielten, die den mit Harz durchsetzten Wein auszeichnen.

Eine schwarzgefirnisste Kleeblattkanne mit gedrungenem Körper kann auch ins frühe 1. Jh. v. Chr. datiert werden, Parallelen dafür findet man in Athen und Delos. Dieser Gefässtyp blieb auch in der frühen Kaiserzeit in Gebrauch. Eine Tafelamphora sowie ein Mischgefäss (Krater) > Abb. 9 gehören ebenfalls zu den Gefässen, die mit dem Weinkonsum in Verbindung zu bringen sind. Ab dem späten 2. Jh. bis ins 1. Jh. v. Chr. importierte man ähnliche Amphoren und Mischkrüge nach Athen, wie es die Funde aus der Agora belegen. Chemische Analysen zeigen, dass es sich bei den pflanzlichen Spuren im Inneren des Mischgefässes ebenfalls um harzähnliche Substanzen handelt.

Die Olpen > Abb. 10 und 11 aus dem Schiffswrack von Antikythera gehören zu einem nicht-attischen Typus, der auch im Material des Wracks von Mahdia vertreten ist. Über dem Fuss sind einfache, parallele Ritzlinien angebracht. Bei einem Exemplar sehen wir unter der Mündung eine geschwungene Relieflinie.

*‹ 1
und 2
Bei den Ausgrabungen hat man sehr viele Salbflaschen entdeckt. Offen ist, ob sie Ware an Bord waren oder der Besatzung bzw. den Passagieren gehörten.*

Die spindelförmigen Unguentarien (Salbflaschen) stellen einen weitverbreiteten Gefässtypus dar › Abb. 2. In der hellenistischen Zeit produzierten viele Töpferwerkstätten in unterschiedlichen Städten sowohl spindelförmige wie auch zwiebelförmige Salbflaschen. Diese konnten mit einem schwarzen Glanztonüberzug versehen sein, nur schwarze Ringe aufweisen oder mit weisser Farbe bemalt sein. Gemäss dem archäologischen Befund waren beide Varianten im 2. als auch noch im 1. Jh. v. Chr. nebeneinander in Gebrauch. Tonalabastra wie auch die spindelförmigen › Abb. 2 und zwiebelförmigen Salbflaschen › Abb. 1 , die vermutlich als Imitationen von Glas- und Alabastergefässen zu betrachten sind, waren übliche Grabbeigaben. Man benutzte sie jedoch auch, um Harz und Weihrauch zu transportieren. Mündung, Hals und Schulter von einigen spindelförmigen und zwiebelförmigen Salbflaschen weisen einen braunen oder bräunlich-schwarzen Überzug auf. Andere hingegen sind ohne Überzug hergestellt worden. Ein Typus der spindelförmigen Salbflaschen kann auf seinem grossen scheibenförmigen Boden stehen › Abb. 7. Diese Eigenschaft könnte mit der praktischen Funktion zusammenhängen: Ähnlich grosse scheibenförmige Böden bilden zusammen mit hohen Schäften die hellenistischen Weihrauchständer.

3

4

5

6

7

8

9

3–11
Die Keramik aus dem Wrack weist eine grosse Formenvielfalt auf.

10

11

Parallelen für die Siebflasche > Abb. 8 in der Art einer «Saugflasche» lassen sich im Material des 1. Jhs. v. Chr. von der Athener Agora finden. Obwohl sie den Saugflaschen vom 4. Jh. v. Chr. ähnlich sind, benutzte man diese Siebflaschen, um Speiseöl oder Brennöl für die Lampen zu lagern oder um Wein zu sieben. Gefässe mit ähnlichen Ausgusstüllen aus Delos betrachtet man als Tonimitationen eines Bronzegefässes, das in Schriftquellen als ἐλαιηρά ἐπίχυσις oder μακρὸν χαλκίον bezeichnet wird.

Die Analyse der Krüge, der einhenkligen Schalen, der Siebflaschen, der Olpen und der Salbflaschen aus dem Schiffswrack von Antikythera spricht für eine Datierung dieses Teils der Schiffsladung ins 1. Jh. v. Chr. und für die nicht-attische Herkunft der Keramik. Für manche Gefässformen (so z. B. für die Olpen) findet man Parallelen im westlichen und für andere (die Ware mit rotem Überzug) im östlichen Mittelmeerraum. Aufgrund des recht bescheidenen Niveaus der Ausführung und der Verzierung einiger Gefässtypen (Überzug durch Eintauchen, einfacher linearer Dekor, kaum polierte Oberflächen) können wir davon ausgehen, dass diese reine Gebrauchsgegenstände waren. Billige Trinkgefässe, Parfum- oder Harzbehälter konnte man in einem Handelshafen wie zum Beispiel Delos einfach kaufen. Dort hatte unser Schiff geankert, bevor es später vor Antikytheras Küste Schiffbruch erlitt. mc

12 ›
Krug aus Ton,
am 20. November 1976
entdeckt

Ausgewählte Bibliografie:
Edwards 1965; Bruneau 1970b; Anderson-Stojanović 1987; Rotroff 1994; Rotroff 1997; Adam *et al.* 2000; Chatzidakis 2000; Rotroff 2006; Abadie-Reynal 2007; Hayes 2008; Mastrocinque 2009; Chidiroglou 2012.

Die Transportamphoren

Dimitris Kourkoumelis

Transportamphoren sind ohne Zweifel jenes Fundstück, das mehr als jedes andere direkt mit dem Seehandel und dem Warenfluss über weite Strecken in Verbindung gebracht wird. Während mehr als 2500 Jahren handelte es sich dabei um den Behälter schlechthin, der für den Transport von sowohl flüssigen als auch festen Waren diente.

Die spezielle Form der Amphore, die unten spitz zuläuft und deren Körper doch recht beachtliche Dimensionen erreichen kann, lässt sie an Land als ein eher unhandliches und unpraktisches Ding erscheinen. Diese Form erweist sich jedoch, wenn die Amphoren an Bord geladen sind, geradezu als Vorteil. Transportamphoren konnte man so nämlich massenweise stapeln und den Schiffsrumpf sehr effizient ausfüllen: Wenn man sie nah genug nebeneinander stellte, bildeten sie zusammen ein einziges, sich gegenseitig stützendes, stabiles Ganzes. Dies erwies sich als grosser Vorteil während der Fahrt, denn die Ladung geriet so kaum in Bewegung: Verschobene Ladung war der Hauptgrund für Unfälle auf der See und im schlimmsten Fall für das Sinken des Schiffes.

Obschon sowohl in archaischer wie auch besonders in klassischer Zeit viele unterschiedliche Amphorentypen hergestellt wurden, blieb die Grundstruktur aufgrund der Funktion eigentlich immer dieselbe, wo und wann auch immer man Amphoren benötigte. Die Herkunft vieler Amphoren lässt sich daher eher an der Form, dem Stempel und dem verwendeten Ton ablesen. Dank der Tatsache, dass man zahlreiche Amphorentypen hauptsächlich durch neuere Untersuchungen mit bestimmten Regionen in Verbindung bringen kann, ist es relativ einfach, sie typologisch zu ordnen, obwohl damit nicht alle offenen Fragen sogleich beantwortet sind. Die Herkunft vieler Transportamphoren ist jedoch recht schnell festzustellen, gleichzeitig ist auch eine ziemlich genaue Datierung möglich.

Die Entdeckung eines Schiffes, das eine grosse Menge Transportamphoren geladen hatte, führt sogleich zu zwei ganz grundsätzlichen Fragestellungen:

Ist erstens die Herkunft der Amphoren identisch mit dem Hafen oder der Gegend, wo das Schiff beladen wurde? Ist die unterschiedliche Herkunft von auf dem Schiff vergesellschafteten Amphoren als Beleg dafür zu werten, dass das Schiff an all diesen Orten angelegt hatte?

So allgemein formulierte Fragen kann die Forschung natürlich nicht generell beantworten. Wir können und wollen nur spezifische Antworten formulieren. Von Fall zu Fall sind die gesamten Umstände abzuklären und dann auszuwerten.

Wir können also vermuten, dass Transportamphoren vielleicht an ihrem Herstellungsort aufs Schiff geladen wurden. Daneben ist aber auch denkbar, dass man sie zunächst in einen zentralen Hafen gebracht hat, wo Produkte aus einer grösseren Region zuerst gesammelt und erst dann weiter verschifft wurden. Eine solche Praxis lässt sich bereits in klassischer Zeit (5. und 4. Jh. v. Chr.) nachweisen: Man hat Produkte aus allen Windrichtungen in grosse Häfen, wie z.B. Piräus, gebracht, um sie dort sowohl zu verkaufen als auch per Schiff in andere Gegenden exportieren zu können.

Die Ansicht, dass ein Schiff überall dort angelegt hat, woher die geladenen Waren stammten, ist schon oft angezweifelt, wenn nicht sogar in bestimmten Fällen widerlegt worden. Dies gilt ganz besonders für die hellenistische und römische Zeit, als es viele bedeutende Handelshäfen im Mittelmeerraum gab (Delos, Alexandria, Rhodos, Ostia, Marseille, Emporeion [Ampurias] und viele andere), wo viele Waren aus grossen Einzugsgebieten und unterschiedlichen Orten lagerten.

In den Warendepots dieser grossen Handelshäfen waren Güter eingelagert, die aus der Nähe, aber auch aus entfernten Gebieten stammten. Hier lud man Waren von kleinen Schiffen auf grössere, die sie zu anderen Verteilzentralen weitertransportierten. Dort vollzog sich dann derselbe Prozess in umgekehrter Richtung, die Waren wurden auf kleinere Schiffe verladen und diese brachten sie in die kleineren, regionalen Zentren.

Die zweite äusserst wichtige Frage ist die folgende: Ist die gefundene Schiffsladung komplett bzw. entspricht das geborgene Fundmaterial jenem, das man im Hafen aufs Schiff geladen hat und das man am Ankunftshafen in dieser Zusammenstellung erwartete? Bei vielen Schiffswracks hat menschliche Einwirkung (Bergung oder Plünderung) das Bild des ursprünglichen Inhalts verfälscht, im Übrigen ist darüber meist auch nichts Näheres in Erfahrung zu bringen. Aktionen zur Bergung von gesunkenem Material lassen sich bereits in antiker Zeit nachweisen. In dokumentierten Fällen verschafften sich «Taucher» Zugang zu gekenterten Schiffen, um deren Ladung zu

Zwecken des Profits zu erbeuten. Die berühmte Vereinigung der *urinatores*, wie wir sie aus Ostia, dem antiken Hafen Roms, kennen, heuerte Leute nicht nur an, damit sie im Hafen arbeiteten, sondern auch, um sie bei Bedarf für die Bergung von gesunkenen Schiffsladungen einzusetzen. Diese Situation liess sich beim Schiffswrack von Madrague de Giens in Südfrankreich nachweisen, denn da war klar, dass Taucher einen Teil der Ladung bereits in der Antike gehoben hatten, vermutlich unmittelbar nach dem Schiffbruch selbst.

Eine solche Vorgehensweise kennt man nicht nur aus der Antike, auch heute noch werden Schiffswracks auf taugliches Material geradezu durchkämmt. Ein grosser Prozentsatz jenes Materials, das aus dem Meer geborgen wurde, ist als Zufallsfundgut zu bezeichnen, das meist bei ganz planlosen Aktionen zufällig zutage gekommen ist. Aus den genannten Gründen ist es sehr schwierig abzuschätzen, ob die Ladung eines gekenterten Schiffes noch vollständig ist oder nicht. Daher kann man die Menge und die Herkunft einer Ladung nicht so präzise festlegen. Damit aber noch nicht genug, es müssen auch noch andere Faktoren berücksichtigt werden, so zum Beispiel könnte sich im Schiffsrumpf auch verderbliche Ware wie Getreide oder Holz befunden haben. Von solchem Material verlieren sich die Spuren sehr schnell, obwohl es Bestandteil der Schiffsladung sein konnte.

Im Fall des vor Antikythera gesunkenen Schiffes erwies sich der schlecht zugängliche Ort des Unglücks als abschreckend und so blieb er während Jahrhunderten unentdeckt. Gleichzeitig ist diese Situation aber gerade auch dafür verantwortlich, dass die Untersuchungen am Schiffswrack noch nicht zu Ende geführt werden konnten. Damit ist klar, dass das hier von der Ladung gezeichnete Bild nur eine Teilabbildung der Realität sein kann. Aufgrund der Menge an Transportamphoren, die man am Ort des Wracks geborgen hat und die vielleicht nicht die Gesamtzahl darstellen, lassen sich mit der nötigen Vorsicht dennoch diverse Schlussfolgerungen ziehen.

In der Erstpublikation sind 20 Amphoren erwähnt, die am Ort gestapelt gewesen seien. Später jedoch, so in einem Artikel in der griechischen Zeitschrift *Naftiki Ellada* (1950), behauptet ein Taucher, der bei den Untersuchungen von 1901 Mitglied der Equipe war, dass man am Ort mindestens 27 Amphoren gefunden habe und dass ungefähr weitere 50 an tieferen Stellen lägen.

Bei den im Jahr 1976 vom Team des Kapitäns Jacques-Yves Cousteau ausgeführten Arbeiten hat der griechische Archäologe vom staatlichen archäologischen Dienst L. Kolonas in seinem Grabungstagebuch minutiös festgehalten, dass mindestens weitere neun Transportamphoren gefunden wurden. Während den Bergungsarbeiten und vor allem aufgrund der Dokumentation in Form von Filmaufnahmen, die man vor Ort anfertigte, lässt sich nachweisen, dass eine grosse Menge Keramik und darunter vermutlich auch Transportamphoren den Ort des Schiffbruches markierten. Die genaue Zahl indes ist heute aufgrund der verfügbaren Dokumente äusserst schwierig zu ermitteln.

Es macht den Anschein, als seien mindestens vier verschiedene Amphorentypen unter der Ladung des Schiffes von Antikythera gewesen: Amphoren aus Rhodos, Kos, Ephesos (die Nikandros-Gruppe) und Amphoren vom Typus Lamboglia 2. Von den 21 sicher aus dem Schiffswrack von Antikythera stammenden Amphoren sind fünf aus Rhodos, neun aus Kos, fünf aus Ephesos und zwei entsprechen Lamboglias Typ 2. Aufgrund der Menge, die die Amphoren proportional zum anderen Fundmaterial bilden, lässt sich ableiten, dass sie gewiss nicht das Haupthandelsgut waren, sondern eine eher nebensächliche Warengruppe. Dabei handelte es sich mit grosser Wahrscheinlichkeit um Ware, die bei den Römern besonders beliebt war, wie zum Beispiel der mit Salzwasser gemischte Wein der Insel Kos oder Wein aus Rhodos. Was die Amphoren vom Typus Lamboglia 2 betrifft, liegt die Vermutung nahe, dass sie nicht Teil der Ladung waren, sondern der Schiffscrew gehörten, die darin ihre Vorräte lagerte.

Die rhodischen Amphoren, die alle bei der Kampagne von 1901 zutage kamen, hat V. Grace analysiert und publiziert. Diesen Typus, der einfach an den charakteristischen rechtwinkligen Henkeln und den typischen Stempeln auf den Henkeln identifizierbar ist, kennt man auch aus anderen Regionen; er ist für viele antike Schiffswracks kennzeichnend, die irgendwo im Mittelmeer lagen. Von den fünf Amphoren weisen mindestens drei rechteckige Stempel auf den Henkeln auf, leider sind diese aber zu ausgewaschen und können daher nicht für weiterführende Analysen herbeigezogen werden. Wenn wir davon ausgehen, dass die klassische Art des rhodischen Amphorenstempels (auf den Stücken von Antikythera fassen wir genau diese Variante) so ungefähr zu Beginn der zweiten Hälfte des 1. Jhs. v. Chr. (um 46 v. Chr.) nicht mehr weitergeführt wird, wie G. Finkielsztejn dies vorschlägt, sind die rhodischen Amphoren aus dem Schiffswrack von Antikythera definitiv in die Zeit vor 46 v. Chr. zu datieren. Die Form des Körpers kann auch hilfreich sein, insbesondere das Profil der Schultergegend: Sie setzt sich nicht mehr durch einen rechten Winkel vom Bauch ab. Dieses Detail sollte mit aller Wahrscheinlichkeit dahingehend gedeutet werden, dass diese Amphoren erst nach der Zerstörung von Athen durch Sulla im Jahr 86 v. Chr. entstanden sind. Auch V. Grace ist der Meinung, dass am ehesten eine Entstehungszeit so ungefähr 10 bis 15 Jahre nach 82 v. Chr. in Erwägung zu ziehen ist.

Von den neun Amphoren aus Kos, die aus dem Schiffswrack stammen, sind eine intakte und eine zur Hälfte erhaltene bei den Untersuchungen von 1901 geborgen worden, die anderen sieben bei den Nachforschungen des Jahres 1976 > Abb. 2. Kein Exemplar trägt einen Stempelabdruck. Nur bei einem Stück sind auf der Schulter verschiedene Einritzungen zu sehen, die indes schwierig zu deuten sind. Die Amphoren aus Kos, die man an ihren Doppelhenkeln erkennen kann, wurden über eine lange Zeitspanne hergestellt. Dies hängt damit zusammen, dass der Wein aufgrund seiner Qualität hohe Wertschätzung genoss. Im Hinblick auf ihre Form gehören unsere Exemplare zu Typen, die chronologisch gegen das Ende der ersten Hälfte des 1. Jhs. v. Chr. anzusetzen sind. Während des 1. Jhs. v. Chr. wird der Gefässkörper immer stärker gelängt, so dass der prononcierte Wandknick zwischen Schulter und Bauch, typisch für die früheren Typen, allmählich verschwindet. Aufgrund dieser Tendenz kam es auch zu einer Verlängerung der Henkel. Diese formalen Veränderungen am Gefäss, die bis zum Ende des 1. Jhs. v. Chr. weiter zu beobachten sind, führten zu einer Verringerung des Fassungsvermögens der Amphoren.

Zur dritten Gruppe von Amphoren aus dem Schiffswrack von Antikythera gehören fünf Exemplare der sogenannten Nikandros-Gruppe > Abb. 1 und 3, deren Herkunftsgebiet in der Gegend von Ephesos lokalisiert wurde. Alle fünf – ein Exemplar intakt, vier hingegen nur durch Schulterfragmente erhalten – hat man bei der Kampagne von 1976 geborgen. Bei drei Stücken sind Stempelabdrücke auf den Henkeln vorhanden, in denen Namen zu lesen sind. Die Amphoren der Nikandros-Gruppe tragen

‹ 1
Amphore aus Ephesos mit Stempel des Herstellers Menod(oros)

2
Amphore von der Insel Kos

3
Fragment einer Amphore aus Ephesos

diese Bezeichnung, weil in einigen Stempelabdrücken der Name Nikandros erscheint. Obwohl ihre Herkunft lange Zeit unklar blieb, ist aufgrund der neuen Forschungen von M. Lawall und G. Cankardeş-Şenol wahrscheinlich, dass sie in der Gegend von Ephesos gefertigt wurden. Dabei handelte es sich um Exportware: Man hat sie an unterschiedlichen Orten im archäologischen Fundgut nachweisen können, so auf der Athener Agora, in Alexandria, in Palästina und in Korinth. Ihre Produktion erstreckte sich mindestens vom späten 4. bis zur Mitte des 1. Jhs. v. Chr. Typische formale Eigenschaften dieser Amphoren sind die stark nach aussen und unten kragenden Mündungsränder, kegelförmige und eingekerbte Verschlüsse sowie rechteckige Stempelabdrücke, in denen üblicherweise ein Name zu lesen ist (oder eine abgekürzte Form davon) oder sehr selten ein Symbol. Alle fünf Exemplare der Nikandros-Gruppe aus dem Antikythera-Schiffswrack sind typologisch untereinander identisch, zwei der drei Stempelabdrücke sind ähnlich. Typologisch gehören sie zur letzten Produktionsphase, die in die Zeit um die Mitte des 1. Jhs. v. Chr. fällt.

Von den beiden Amphoren des Typus Lamboglia 2 ist die eine bei den Arbeiten des Jahres 1901, die andere bei den Nachuntersuchungen von 1976 zutage gekommen. Dabei handelt es sich um einen sehr weit verbreiteten Typus der Zeit zwischen der Mitte des 1. Jhs. v. Chr. und dem Ende des 1. Jhs. n. Chr. sowohl im westlichen wie auch im östlichen Mittelmeerraum. Unsere Amphoren gehören zu einer Vorstufe, die zwischen dem zweiten Viertel und dem Ende des 1. Jhs. v. Chr. vermutlich an der adriatischen Küste produziert wurde. Diesen Amphorentypus verwendete man wohl eher für den Weintransport, wie einige chemische Analysen belegen, die an Amphoren aus dem Schiffswrack von Madrague de Giens (Südfrankreich) vorgenommen wurden. Dieses Schiff sank etliche Jahre vor jenem von Antikythera. Wenn wir davon ausgehen, dass das hier erforschte Schiff von Osten nach Westen unterwegs war, befanden sich in den geladenen Amphoren wohl Vorräte, die der Schiffscrew vorbehalten waren. Man kann sich aber auch vorstellen, dass diese Amphoren nicht zwangsläufig mit dem Originalinhalt (Wein), für dessen Transport man sie eigentlich hergestellt hatte, gefüllt waren, sondern als Vorratsgefässe für irgendwelche Güter zum Einsatz gelangten.

In einem allgemeineren Rahmen liefern uns die Transportamphoren, die drei verschiedenen Typen zugewiesen werden können (aus Rhodos, Kos und Ephesos), wie auch die römische Variante Lamboglia 2 einen Datierungshorizont, der in die Mitte des 1. Jhs. v. Chr. weist. Die drei erstgenannten Typen waren wohl Teil der Handelsware. Die Tatsache, dass sie nebeneinander Verwendung fanden, liefert uns weitere interessante Einblicke in die Produktion und die Verbreitung dieser spezifischen Amphorentypen im erwähnten Zeitraum. Der Beitrag, den Transportamphoren zur Analyse von Schiffswracks liefern, ist von grosser Bedeutung, denn ihre Entstehungszeit liegt sehr nahe beim Unglücksdatum. Die Waren, welche in ihnen transportiert wurden, waren nicht lange haltbar und mussten somit ziemlich schnell dem Konsumkreislauf zugeführt werden, auch wenn es Hinweise in antiken Texten gibt, wonach speziell lange gelagerte Weine nicht unbekannt waren.

Zum Abschluss gilt es noch einen ganz praktischen Aspekt zu klären. Alle Amphoren aus Rhodos sowie zwei aus Kos sind bei der Kampagne von 1901 zutage gekommen; im Jahr 1976 hat man keine weiteren rhodischen mehr gefunden, dafür aber sieben aus Kos und fünf der Nikandros-Gruppe (Ephesos). Bei den beiden Amphoren des Typus Lamboglia 2 ist die eine 1901 und die andere 1976 entdeckt worden. Wenn man bedenkt, dass bei beiden Forschungskampagnen an so unterschiedlichen Orten hergestellte Amphorentypen zutage kamen, liegt vielleicht der Schluss nahe, dass die Taucher an unterschiedlichen Stellen im Schiffsrumpf gearbeitet haben. Daraus ist vermutlich zu folgern, dass die Amphoren nicht alle zusammen am gleichen Ort gestapelt waren. Ein Schiff mit einer so grossen Menge an unterschiedlichen Waren (ungleichen Gewichts, verschiedener Grössen und Formate) zu laden, war sicher eine besonders heikle und entscheidende Aufgabe, denn es ging darum, die Gefahr zu vermeiden, dass das geladene Material in Bewegung geraten könnte. Wir hätten natürlich ein kompletteres Bild der Situation, wenn wir mehr über die Gesamtzahl der mitgeführten Amphoren innerhalb der Ladung wüssten. Wir können beim jetzigen Forschungsstand nicht ausschliessen, dass sich möglicherweise noch andere Amphorentypen unter der Ladung befanden. So könnte es theoretisch auch sein, dass die skizzierten Proportionen der unterschiedlichen Typen nicht der Realität entsprechen, sondern aufgrund der Fundumstände ein zufälliges Bild vermitteln. dk

Ausgewählte Bibliografie:
Grace 1965; Formenti *et al.* 1978; Tchernia – Pomey – Hesnard 1978; Grace 1979; Empereur 1987; Pomey 1997; Finkielsztejn 2000; Lawall 2004; Cankardeş-Şenol 2010; Kourkoumelis 2012.

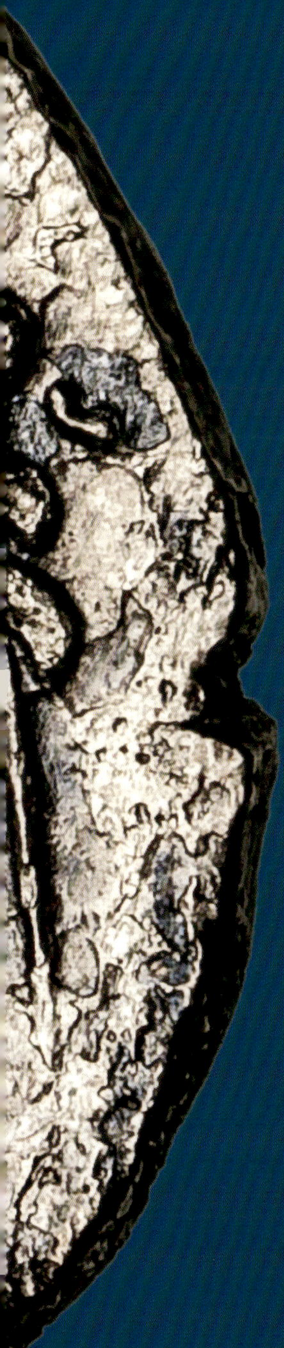

Die Münzen

Panagiotis Tselekas

Die Münzen sind bei den Forschungsarbeiten im Jahr 1976 zutage gekommen und lagen verklumpt alle beieinander. Das Salzwasser hat sie einerseits korrodiert, andererseits haben sich auf ihnen auch Verkrustungen gebildet. Nachdem man die einzelnen Münzen im Archäologischen Nationalmuseum in Athen voneinander getrennt und gereinigt hat, ergab sich folgendes Bild: Es liegen 36 Silber- und mehr als 40 Bronzemünzen vor.

Alle Silbermünzen sind sogenannte *Cistophori*-Tetradrachmen. Sie gehören derselben Gruppe an und bilden somit einen Hortfund. Einige sind ziemlich gut erhalten; dies kann jedoch nicht darüber hinwegtäuschen, dass die meisten in hohem Mass korrodiert sind, zum Teil so stark, dass die Oberfläche sehr verwaschen ist und/oder am Rand sich Materialteilchen abgelöst haben. Manche sind gar zerbrochen. Die Korrosion wie auch die chemische Reinigung haben dazu geführt, dass die Münzen nicht mehr ihr ursprüngliches Gewicht aufweisen. 32 Tetradrachmen, die zwischen 104 und 67 v. Chr. geschlagen wurden, stammen aus der Münzprägestätte von Pergamon > Abb. 1. Die anderen vier sind in Ephesos produziert worden und können in die Zeit zwischen 94/93 (oder 89/88) und 82/81 (oder 77/76) v. Chr. datiert werden > Abb. 2.

Die ersten Cistophoren hat man im Pergamenischen Reich während der Herrschaft von Eumenes II. (197–159 v. Chr.) geprägt. Die Bezeichnung Cistophorus hängt mit der Darstellung auf dem Avers der Münze zusammen, wo ein «mystischer Korb» zu sehen ist. Dabei handelt es sich um einen geflochtenen zylindrischen Korb, den man aus den Dionysosmysterien kennt; dieser Korb wird innerhalb eines Efeukranzes dargestellt. Auf dem Revers sind zwei Schlangen zu sehen, die ineinander verschlungen einen Goryt (kombinierter Köcher zur Aufbewahrung von Pfeil und Bogen) rahmen. Hierbei handelt es sich um eine der Waffen des Herakles. Die Wahl dieser besonderen Ikonographie hängt mit dem hohen Stellenwert, den der Dionysoskult in Pergamon genoss, zusammen. Die Herrscher von Pergamon betrachteten sich im Hinblick auf ihre Abstammung als Nachfolger von Herakles.

1
Silbermünze aus Pergamon, zwischen 85 und 76 v. Chr. geprägt

2 ›
Silbermünze aus Ephesos, 82/81 oder 77/76 v. Chr. geprägt

Cistophori wurden im Auftrag verschiedener kleinasiatischer Städte, darunter Pergamon, Ephesos, Tralles und Apameia, geprägt. Dabei gab es vermutlich so etwas wie eine zentrale Münzautorität, welche die Attaliden (die Herrscherdynastie von Pergamon) ausübten. Das Territorium des Pergamenischen Reiches war, zumindest was die Münzprägung betrifft, durch den Umlauf unterschiedlicher Cistophoren in verschiedene Zonen gegliedert. Gemäss dem System, das die Dynastie der Ptolemäer in Ägypten ein Jahrhundert früher eingeführt hatte, prägte man Cistophori-Tetradrachmen (Gewicht ca. 12.60 g), die ungefähr 25% leichter waren als jene, die dem attischen Normgewicht (ca. 17,20 g) entsprechen. Die Einrichtung eines eng begrenzten Territorialsystems für den Geltungsbereich der Münzen hat wohl dazu geführt, dass beträchtliche Mengen Silber eingespart werden konnten, denn im Reich der Attaliden von Pergamon waren die Cistophori den attischen Münzen gegenüber, die ein höheres Gewicht aufwiesen, wertmässig gleichgeschaltet. Da diese Konvention nur innerhalb des Pergamenischen Reiches ihre Gültigkeit hatte, waren Cistophori in anderen Gebieten nicht im Umlauf, denn dort hätten sie nicht dem Nominalwert entsprochen, sondern lediglich als Gegenwert ihres (geringeren) Gewichts gegolten. Dies kommt insbesondere bei Hortfunden zum Ausdruck, zu denen auch Cistophori gehören. Die meisten mit solchen Münzen stammen aus Kleinasien. Im Weiteren ist interessant festzuhalten, dass auf Cistophori, die dem attischen Gewichtsstandard entsprechen, Markierungen auftauchen, so zum Beispiel auf Tetradrachmen im Typus von Alexander III. und bei solchen aus Side.

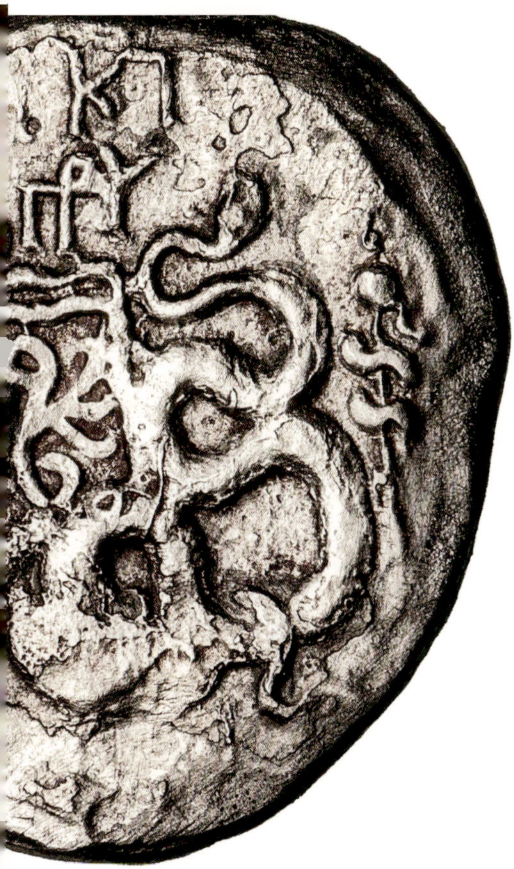

Diese geldpolitische Grundvoraussetzung blieb bestehen, auch nachdem Attalos III. (138–133 v. Chr.) das Pergamenische Reich im Jahr 133 v. Chr. dem römischen Volk vermacht hatte und auch als im Jahr 129 v. Chr. auf dem ehemaligen Staatsgebiet die römische Provinz Asia eingerichtet wurde. Cistophori schlug man auch weiterhin und sie waren bis 67 v. Chr. auf legaler Basis im Umlauf. Dabei gab es allerdings einige Veränderungen bei der Herstellungskontrolle und bei der Produktionsmenge mancher Prägestätten, ebenso fuhr man den Silbergehalt der Münzen während des Krieges gegen Mithridates herunter. Die Einstellung der Produktion der Cistophori während der Jahre 67–58 v. Chr. hängt vermutlich mit der Präsenz von Pompeius im Osten zusammen und mit seiner Einflussnahme, von der er sich Einkünfte aus jenen Gebieten erhoffte. Ab 58 v. Chr. manifestierte sich Roms Einfluss auf Cistophori-Münzen immer stärker, indem das Hauptmerkmal der Prägungen bis ins Jahr 49 v. Chr. nunmehr die Nennung der unterschiedlichen römischen Prokonsuln ist. Die römischen Behörden haben offensichtlich nicht interveniert, um geldpolitische Gepflogenheiten, wie sie in der Provinz Asia in Kraft waren, zu modifizieren. Es ist verblüffend, dass für die Cistophorus-Münze, nunmehr ein römisches Zahlungsmittel, das ab 129 v. Chr. in einer römischen Provinz im Umlauf war, sogar römische Verwalter – wie es der Fall von Cicero belegt – gezwungen waren, eine Kommission zu begleichen, wenn sie Cistophori gegen Denare wechseln wollten.

Der Münzhort aus dem Schiffswrack von Antikythera liefert den einmaligen Sachverhalt, dass es sich dabei bis zum heutigen Tag um den einzigen Hortfund handelt, der ausschliesslich aus Cistophori besteht, sowohl attalische als auch römische Münzen umfasst und ausserhalb Kleinasiens zutage gekommen ist. Damit noch nicht genug, es handelt sich beim Antikythera-Hort um einen der ganz wenigen, der lediglich Münzprägungen aus Pergamon und Ephesos umfasst.

Die Menge der Bronzemünzen kann nicht näher bestimmt werden, da einige Bronzeklumpen nicht weiter zerteilt werden konnten. Darüber hinaus sind

3 (oben)
Bronzemünze aus Katane (Catania), auf der Vorderseite Kopf des Dionysos

4
Bronzemünze aus Panormos (Palermo; 1. Jh. v. Chr.)

5
Bronzemünze aus Knidos, 250–210 v. Chr.

die meisten Bronzemünzen in sehr hohem Mass korrodiert oder fast zerrieben. Somit ist klar, dass nur ein paar wenige identifiziert werden können. Von den sechs identifizierbaren Bronzemünzen stammen drei aus Sizilien und drei aus Kleinasien. Unter den sizilischen kommen zwei aus Katane (Catania), aus einer Serie mit dem Kopf des Dionysos/Bruderpaar aus Katane, die von 187–170 v. Chr. geprägt wurde > Abb. 3. Die dritte sizilische Münze hingegen stammt aus Panormos (Palermo) aus jener Serie mit dem Kopf des Kronos/Krieger, die im 1. Jh. v. Chr. in Umlauf war > Abb. 4. Bei den Münzen aus Kleinasien entstand eine in Knidos und gehört zu jener Serie mit dem Haupt der Aphrodite/Schiffsbug, die von 250 bis 210 v. Chr. geprägt wurde > Abb. 5. Die beiden anderen gehören zur Serie mit der Büste der Artemis/Vorderteil eines Hirsches, die entweder in der Zeit um 70–60 oder 48–27 v. Chr. in Ephesos geschlagen wurden > Abb. 6.

Die Präsenz im Wrack von Bronzemünzen, die verschiedenen Prägestätten des Mittelmeerraumes entstammen, zeigt, dass ein solches Schiff viele Häfen anlaufen konnte. Wenn wir davon ausgehen, dass man Bronzemünzen hauptsächlich dazu verwendete, um kleinere finanzielle Transaktionen zu erledigen, und dass sie im Allgemeinen nur in einem Gebiet zirkulierten, das nicht über den Ort ihrer Ausgabe und die Nachbargebiete hinausging, sind diese Münzen aus dem Schiffswrack ein Beleg für die Herkunft der Menschen, die an Bord waren. Sie liefern wohl Informationen über Transaktionen, die in Herbergen, Verpflegungsstätten und Hafengeschäften in Sizilien und Kleinasien getätigt wurden. Die geographische und chronologische Spannweite der Münzen eines Schiffes, das Waren und Passagiere von und an unterschiedliche Destinationen brachte, schlägt sich in der Münzauswahl nieder, wie sie zum Beispiel in einem grossen Hafen und wichtigen Handelsort wie Delos im Umlauf war.

Generell geht man davon aus, dass Münzen sich als ziemlich zuverlässiges Instrument zur Datierung von archäologischen Kontexten anerbieten, wenn alle Informationen, die sie zur Diskussion beitragen, gebührend berücksichtigt werden. Eine Grundregel dabei ist, dass das Prägedatum der jüngsten vorhandenen Münze einen *terminus post quem* bildet. Es gilt jedoch nicht zu vergessen, dass diese jüngste Münze nach ihrer Prägung vielleicht auch noch eine gewisse Zeit im Umlauf war, bevor sie dann aus diesem oder jenem Grund unter den Boden kam. Diese Zeitspanne ist also auch noch einzukalkulieren. Im Fall des Antikythera-Schiffswracks ist das Potenzial für eine solche Ermittlung der Datierung eingeschränkt, denn die fortgeschrittene Korrosion

6
Bronzemünze aus Ephesos (70/60 oder 48–27 v. Chr.)

auf der Münzoberfläche erlaubt es nicht festzustellen, wie stark die einzelnen Münzen durch den Gebrauch im Alltag abgenutzt waren. Die Feststellung dieses Zustandes wäre aber genau die Basis, um aussagen zu können, ob eine Münze kürzer oder länger im Umlauf war.

Der Hort mit den Cistophori-Münzen liefert uns innerhalb der Kategorie der Münzfunde aus dem Schiffswrack den aussagekräftigsten Hinweis für die Datierung. Die Tatsache, dass einerseits die spätesten Münzprägungen aus den Jahren 76–67 v. Chr. stammen und andererseits keine Münzen mit Prägedatum 59–49 v. Chr. vorhanden sind, lässt darauf schliessen, dass sämtliche Münzen aus der Zeit vor 60 v. Chr. stammen. Derselbe zeitliche Horizont lässt sich auch aus den beiden Bronzemünzen von Ephesos ermitteln, die auf die Dekade von 70–60 v. Chr. weisen. Die Tatsache, dass unter den Münzen des Hortfundes keine Ausgaben mit der Nennung des römischen Prokonsuls erscheinen, ist vielleicht reiner Zufall. In diesem Fall sollte man auch in Erwägung ziehen, dass der Hort möglicherweise sogar erst nach 60 v. Chr. zusammengestellt wurde und dabei frühere Cistophori umfasste, die parallel zu den Ausgaben mit der Nennung des Prokonsuls im Umlauf geblieben waren.
Obwohl die Cistophori ursprünglich lediglich für den lokalen Gebrauch auf dem Gebiet des Pergamenischen Reiches und später für die römische Provinz Asia geprägt wurden, zeigt nun der Fund gerade solcher Münzen im Schiffswrack von Antikythera, dass sie eben auch ausserhalb ihres natürlichen Umlaufgebietes zirkulieren konnten. Das Nebeneinander von Cistophori und Münzen aus anderen Prägestätten, die ausserhalb von Kleinasien in Horten angehäuft wurden, hat man mit dem Hinweis auf die Bewegungen der römischen Armee während des Krieges gegen Mithridates oder des römischen Bürgerkrieges zu erklären versucht. Die Entdeckung eines Hortes ausserhalb von Kleinasien, der ausschliesslich aus Cistophori-Münzen besteht, könnte aber auch andere Gründe haben, die vielleicht im Bereich der Handelsgepflogenheiten zu suchen sind. So liegt es auf der Hand anzunehmen, dass manche Händler, die zwischen der römischen Provinz Asia und anderen Orten hin und her pendelten, Cistophori-Münzen mit der Absicht auf sich trugen, sie bei späteren Aufenthalten vor Ort wieder benutzen zu können. In diesem Fall konnten sie die Bankleute umgehen, die ihre Dienste da und dort nur gegen eine Gebühr anboten. Diese hätten Münzen aus anderen Gebieten (sogar römische Denare) gewiss gegen Cistophori-Münzen gewechselt.

Man kann sogar noch einen Schritt weiter gehen: Die Zusammensetzung des Horts lässt erahnen, dass das Schiff, bevor es später Schiffbruch erleiden sollte, einen Hafen irgendwo an der kleinasiatischen Küste angelaufen hatte. Dass die Mehrzahl der Tetradrachmen des Horts in Pergamon geprägt worden war, muss nicht automatisch zur Annahme führen, dass der wichtigste Hafen auf der letzten Reise des Schiffes gerade dort zu suchen ist, wie man bis anhin behauptet hat. Pergamon (zusammen mit Ephesos) war die Hauptprägestätte für Cistophori-Münzen, darum ist es nur logisch, dass in Horten mit solchen Münzen Vertreter aus Pergamon (und Ephesos) zu einem beachtlichen Prozentsatz dabei sein müssen. Aussagekräftiger in diesem Fall ist die Präsenz von zwei Bronzemünzen, die in Ephesos geprägt wurden und die vermutlich aus der gleichen Zeit wie die jüngsten Tetradrachmen des Horts stammen. Ihre stärker eingeschränkte Zirkulation im Vergleich zu den Cistophori-Münzen lässt den Schluss zu, dass das Schiff vor seinem Untergang mit grosser Wahrscheinlichkeit in Ephesos geankert hatte. pt

7
Silbermünze aus Pergamon, zwischen 95 und 92 v. Chr. geprägt

Ausgewählte Bibliografie:
Head 1880; Kleiner 1972; Kleiner 1974; Caramessini – Oeconomides – Kleiner 1975; Cutroni Tusa 1976–77; Kleiner-Noe 1977; Kleiner 1978; Crawford 1985; Burnett 1987; Kinns 1987; Mørkholm 1991; Callataÿ 1997; Müller 1998; Andreau 1999; Casabona 1999; Oikonomidou 2001; Tselekas 2012.

Der Mechanismus von Antikythera

Yanis Bitsakis

Jenes Gerät, das man im Allgemeinen als Mechanismus von Antikythera bezeichnet, ist ein herausragender Fund, den das Archäologische Nationalmuseum in Athen beherbergt (X 15087). Seit seiner Entdeckung hat man diesen Gegenstand der Kategorie der astronomischen Instrumente zugewiesen. Einige Funktionen, die man ihm zuschrieb, entsprechen denen eines Astrolabiums, eines Planetariums sowie eines nautischen Geräts. Man geht heute davon aus, dass der Mechanismus in der zweiten Hälfte des 2. Jhs. v. Chr. entstand. Nach mehr als einem Jahrhundert Forschungsarbeit kann man nun sagen, dass es sich bei diesem Gerät um den ältesten bekannten Rechner handelt, dank dem sein Benutzer über einen Sonnen-, Mond- und Finsterniskalender verfügte. Das Gerät setzte überdies die einzelnen Daten zueinander in Beziehung und ist eigentlich so etwas wie der erste analoge Computer der Menschheitsgeschichte.

1
Die drei Hauptfragmente
des Mechanismus

Ein ausserordentliches Gerät

Ein Gerät, das so viel in sich vereinigt, muss damals wohl ein sehr seltenes und begehrtes Objekt gewesen sein. Gewiss hätten viele es besitzen wollen, aber es war nur für wenige bestimmt, wie wir aus Schriftquellen wissen, die von anderen astronomischen Geräten handeln. Antike Abrechnungen, die aufzeigen, wie solche Gegenstände den Besitzer wechselten, stützen die These, dass der Mechanismus Beutegut war. Sein Hersteller, Besitzer und seine Geschichte, bevor das Gerät in der Ladung dieses dem Untergang geweihten Schiffes verschwand, bleiben völlig unbekannt. Der Adressat der Sendung in Rom wird den Verlust seiner Bestellung wohl bitter beklagt haben.

Die Merkmale des Mechanismus

Der Mechanismus besteht aus unterschiedlichen mechanischen Teilen: aus mindestens 30 Zahnrädern wie auch aus Zifferblättern, Achsen und Zeigern. Die exakte Position der insgesamt 82 erhaltenen Fragmente des Originalinstruments (A–G und 1–75) > Abb. 1 sowie die Zusammensetzung aller Teile bleiben bis heute Gegenstand umfassender Forschung. Die Bestandteile des feinmechanischen Werks waren von einem Holzgehäuse geschützt, dessen Vorder- und Rückseite mit Metallplatten verstärkt war. Die Ähnlichkeiten mit weniger alten, aber auch mit modernen Geräten, die ähnliche Aufgaben erfüllen, sind augenfällig.

Chemische Analysen an kleineren Fragmenten ergaben, dass mindestens drei verschiedene Legierungen verwendet wurden. Dabei variierten die Anteile von Kupfer, Zinn und Blei. Es ist ohnehin davon auszugehen, dass die einzelnen Materialteile von Fall zu Fall unterschiedliche Legierungen aufwiesen. Ein höherer Zinnanteil in der Legierung sorgte für eine längere Lebensdauer und vereinfachte den Gussprozess. Die Härte der Legierung erhöhte man durch Kaltarbeiten nach dem Guss wie auch durch ein abschliessendes bzw. mehrfaches Stählen. Dünne Bronzeplättchen verwendete man als Ausgangspunkt von in Kaltarbeit gehämmerten Gegenständen, während im 4. Jh. v. Chr. beispielsweise die Scheiben von Klappspiegeln gegossen wurden. Die Zahnräder des Mechanismus sind gewiss aus solchen Bronzeplättchen hergestellt worden, indem man sie zersägte, überschüssiges Material wegfeilte und mit dem Hammer zurechtbog bzw. einebnete. Im Fall eines Direktgusses in Tonmodeln ist es denkbar, dass die Aussenkanten mit Hilfe einer Metalldrehbank gefeilt wurden, denn dieses Werkzeug ist seit dem 4. Jh. v. Chr. bekannt. Die genaue Konstruktion der einzelnen Zahnräder erfolgte vielleicht mit Hilfe einer Schablone oder sie war das Ergebnis eines empirischen Prozesses, bei dem man Schritt für Schritt ausprobierte und anpasste. Das Schneiden der Räder aus einem Bronzeplättchen erforderte einen Zirkel, einen spitzen Meissel sowie einen Hammer. Die Zahnrädchen des Antikythera-Mechanismus sind, was ihre Form und Schnittpräzision betrifft, nicht besonders sorgfältig ausgeführt: Diese Tatsache hatte offensichtlich keine negativen Auswirkungen auf das Funktionieren des Geräts.

Ein ganzes Jahrhundert Forschungsarbeiten

Seit seiner ersten Publikation ist der Mechanismus als astronomisches Instrument eingeschätzt worden. Die ersten Experten, die das Gerät untersuchten (1902–1934), waren zwei griechische Archäologen (I. Svoronos und V. Staïs), ein Historiker (K. Rados) und Offiziere der Königlichen Griechischen Marine (P. Rediades und I. Theophanides). Sowohl Svoronos als auch Staïs vermuteten, es handle sich um ein Astrolabium. Der deutsche Philologe A. Rehm, der die einzelnen Bestandteile des Mechanismus und die Beschriftungen auf ihnen untersuchte, nannte das Gerät ein «Planetarium». Theofanides war der Erste, der so etwas wie eine Nachbildung des Mechanismus anfertigte. Er schrieb mehrere Artikel über seine Ergebnisse und hielt das Objekt für ein nautisches Instrument.

In der Zeit zwischen 1953 und 1974 untersuchte der Wissenschaftshistoriker Derek J. de Solla Price die innere Beschaffenheit der Fragmente des Mechanismus mit Hilfe von Röntgenaufnahmen, die dem Physiker Ch. Karakalos zu verdanken sind, und fertigte sodann eine zweite Kopie vom Mechanismus an. De Solla Price kam zum Schluss, dass das Gerät dazu diente, unterschiedliche kalendarische Berechnungen zu bewerkstelligen. Seine Ergebnisse, die er 1959 und 1974 in zwei sehr umfangreichen Publikationen vorstellte, waren für die Folgestudien von grundlegender Bedeutung. Von diesem Moment an kamen die Forscher in der Frage nach der Funktion des Geräts zu einer übereinstimmenden Meinung: Es führte Berechnungen aus und lieferte auf diese Weise einerseits kalendarische Informationen und andererseits solche zu astronomischen Phänomenen. Ab 1990 hat man die Stücke mit linearer Röntgenstrahl-Tomographie untersucht (A. G. Bromley, Professor für Computertechnologie und M. T. Wright, Historiker für Mechanik) und später analysierte man sie mit Simulations-Programmen, die die Oberflächen dreidimensional abbilden, und mit Computertomographie (*Antikythera Mechanism Research Project*). Dank dieser Studien konnten weitere Inschriften entziffert und neue Modelle zur Rekonstruktion vorgestellt werden.

VON DIESEM MOMENT AN KAMEN DIE FORSCHER IN DER FRAGE NACH DER FUNKTION DES GERÄTS ZU EINER ÜBEREINSTIMMENDEN MEINUNG: ES DIENTE DER MASCHINELLEN BERECHNUNG UND LIEFERTE AUF DIESE WEISE EINERSEITS KALENDARISCHE INFORMATIONEN UND ANDERERSEITS SOLCHE ZU ASTRONOMISCHEN PHÄNOMENEN.

Der «Schlüssel» zu den Inschriften

Teile von griechischen Inschriften auf Bronzefragmenten aus dem Schiffswrack von Antikythera, die jetzt im Archäologischen Nationalmuseum von Athen aufbewahrt werden, führten im Mai des Jahres 1902 zur Identifikation dieses ausserordentlichen Geräts. Astronomische Bezeichnungen wie «VON DER SONNE», «STRAHL» und «APHRODITE» konnte man auf einigen Stücken lesen. Diese Wörter bzw. Bezeichnungen sind auf vielen Oberflächen von Fragmenten eingeritzt wie auch auf zwei Bronzeplatten, die vermutlich als eine Art Schutzdeckel des inneren Werks dienten. Diese Beschriftungen waren wahrscheinlich so etwas wie eine «Bedienungsanleitung». Diese Idee hatten bereits die ersten Erforscher des Geräts im frühen 20. Jahrhundert geäussert. Wenn man diese Inschriften vor dem Hintergrund des astronomischen Wissens der Antike betrachtet und den Blick auch prüfend auf die erhaltenen Einzelteile des Werks richtet (Zahnräder, Drehachsen, Teilchen, die für die Bewegung der Zeiger verantwortlich waren, etc.), sind wir heutige Forscher in der Lage, mit genügend Nachdruck belegen zu können, dass die kalendarischen und astronomischen Funktionen tatsächlich zutreffen. Da ein beachtlicher Teil des Mechanismus nicht erhalten ist, muss sich die Analyse gewisser weiterer Funktionen hauptsächlich auf die Deutung der Inschriften stützen.

Bereits seit den ersten Jahrzehnten des 20. Jhs., als man bei der Reinigung der Fragmente Fortschritte erzielt hatte und noch mehr Inschriften zutage kamen – so zum Beispiel Zahlen, die in astronomischer Hinsicht bekannte Zahlenwerte bezeichnen und Wörter mit einer spezifisch astronomischen Bedeutung –, war eigentlich klar geworden, dass man es mit einem extrem anspruchsvollen astronomischen Instrument zu tun hatte. Insgesamt vier Zahlen, die den «Schlüssel» zur Lösung des Rätsels lieferten, waren auf zwei kleinen Fragmenten des Mechanismus zu lesen. Diese Zahlen weisen auf astronomische Perioden hin, die bereits in der Antike bekannt waren: Auf Fragment 19 liest man die griechische Zahl *Iota Theta* (Zahlen wurden im Altgriechischen mit Buchstaben geschrieben), dies bedeutet 19 Jahre bzw. meint den Meton-Zyklus aus 19 Sonnenjahren, die Zahl *Omikron Sigma* (dies bedeutet 76 Jahre bzw. den Kallippischen Zyklus) und die Zahl *Sigma Kappa Gamma* (dies bedeutet 223 Mondmonate, was dem Saros-Zyklus entspricht). Auf Fragment E liest man die griechische Zahl *Sigma Lambda Epsilon* (dies bedeutet 235 Monate, was dem Meton-Zyklus entspricht, wenn man ihn in Mondmonaten berechnet). Diese letztgenannte Zahl entspricht der Anzeige mit ihren 235 Einheiten. Damit man die Bedeutung dieser Zahlen überhaupt verstehen kann, ist es nötig etwas über die damit bezeichneten astronomischen Zyklen der Antike zu erfahren.

Der Meton-Zyklus dauerte 19 Jahre, wie seine antike Bezeichnung *enneadekateris* erahnen lässt. Die Phase zwischen einem Neumond und dem darauf folgenden bezeichnet man als Mondmonat oder synodische Periode (auch Lunation genannt). Das Problem mit den verschiedenen Kalendern besteht darin, dass ein ganzes Jahr (zum Beispiel jene Zeitspanne zwischen dem Äquinoktium des Frühlings und dem folgenden, ca. 365 Tage später) nicht einer ganzen Zahl von Mondmonaten entspricht und dass demzufolge die Zeitrechnung mit fortlaufender Zeit Abweichungen aufsummiert. Meton, ein Astronom aus Athen, schlug als Lösung dieses Problems vor, man solle ausgehend vom Frühlings-Äquinoktium des Jahres 432 v. Chr. einen Kalender annehmen, der eine Zeitspanne von 19 Jahren umfasste. Diese Periode entspricht genau 235 Mondmonaten. Noch heute wird das Datum von Ostern, einem in unserem Sonnenjahr beweglichen Fest, aufgrund der Mondphase berechnet. Diese Praxis hat ihren Ursprung im Meton-Zyklus.

Der Kallippische Zyklus geht auf den ionischen Astronomen Kallippos zurück, der ungefähr 100 Jahre nach Meton das Nebeneinander von Sonnen- und Mondphasen insofern besser koordinierte, als er zum Schluss kam, dass vier Meton-Zyklen ($4 \times 19 = 76$ Jahre minus einen Tag) zu einem befriedigenderen Ergebnis in der Annäherung an eine volle Anzahl von Mondmonaten führen.

Wer auch schon einmal mit Sonnen- bzw. Mondphasen zu tun hatte, wird gewiss früher oder später bemerkt haben, dass das wichtige Phänomen der Finsternisse in periodischen Zyklen wiederkehrt. Antike Astronomen hatten bereits die Saros- und Exeligmos-Perioden beschrieben, indem sie nämlich bemerkten, dass sich alle 223 Mondmonate (6585 und 1/3 Tag bzw. alle 18 Jahre) Sonnen- und Mondfinsternisse wiederholen, aber nicht genau an denselben Koordinaten sichtbar sind. Diese Zeitspanne umfasst nicht eine volle Anzahl von Tagen, was damit zusammenhängt, dass die wiederkehrenden Finsternisse sich jeweils noch um 8 Stunden verschieben bzw. um 120° Längengrade weiterwandern. Antike Astronomen waren ebenfalls zur Einsicht gelangt, dass die Verdreifachung dieser Einheit – diese entspricht 669 Mondmonaten – zu einer ganzen

Tageszahl führt: dieser Phase gab man den Namen «Exeligmos-Periode». Die Saros-Periode wurde von Ptolemäus im 2. Jh. n. Chr. der «periodische Zyklus» genannt. E. Halley taufte ihn im Jahr 1691 in den «Saros-Zyklus» um; dies aufgrund eines gräzisierten babylonischen Wortes, welches vermutlich fälschlicherweise dazu benutzt wurde, um eine gewisse Zeitspanne zu bezeichnen. Trotzdem ist diese falsche Benennung auch modernen Astronomen, Profis und Amateuren, immer noch geläufig.

Die Zahlen 235 und 223 waren jedoch nicht die einzigen Beschriftungen, wie die neusten Tomographien belegen: Auf der Rückseite des Mechanismus sind zwei Spiralen zu sehen. Die obere Spirale ist in 235, die untere in 223 Untereinheiten eingeteilt, wovon jede je einem Mondmonat entspricht. An einer der zwei Anzeigen im inneren Bereich der oberen Spirale sind die einzigen Angaben des Mechanismus abzulesen, die nichts mit Astronomie zu tun haben, denn dabei geht es um die vier Jahre, die Olympiaden voneinander trennen. Die Zahl 76, die ebenfalls vorkommt, ist wohl ein Hinweis dafür, dass es auch eine Anzeige für die Kallippische Periode gab, die vermutlich auch auf einer kleinen Skala im Inneren der Spirale abzulesen ist. Die 223 Monate in der unteren Anzeige bilden eine ganze Saros-Periode ab. Eine kleinere Skala im Inneren der Spirale besteht aus einem Kreis, der in drei Segmente eingeteilt ist. Hierbei dürfte es sich um den Exeligmos-Zyklus handeln, der drei Saros-Perioden umfasst.

Abgesehen von den erwähnten Zahlen haben einige Wörter eine spezifische Bedeutung: So zum Beispiel der Name des Planeten Aphrodite (Venus), der sowohl auf dem vorderen wie auch dem hinteren Deckel des Mechanismus erscheint. Die diesbezügliche Funktion der Darstellung der Planetenlaufbahnen ist mehr oder weniger naheliegend, da die Bezeichnung «stationärer Punkt» in der längsten erhaltenen Beschriftung mehrfach vorkommt. Dabei handelt es sich um jene Inschrift auf Fragment G, das vermutlich Teil des vorderen Schutzdeckels des Mechanismus war. A. Rehm gelang die Entzifferung dieses Wortes im Jahr 1905 dank eines kleinen Fragments, das man später an Stück G anfügen konnte. Bei den unlängst angefertigten Tomographien konnte A. Tselikas, der Philologe des *Antikythera Mechanism Research Project*, dieses Wort an mehreren Stellen lesen. Dieser Begriff («stationärer Punkt») nimmt direkt Bezug auf die Umlaufbahn der Planeten, wie sie von der Erde aus zu beobachten sind.

Die Prinzipien der Funktionsweise des Mechanismus

Das Berechnen der Positionen von Himmelskörpern nahm für die Organisation des menschlichen Lebens schon immer eine spezielle Bedeutung ein. Heute benutzen wir elektronische Computer und spezielle Software, um – für ein bestimmtes Datum und einen ausgewählten Beobachtungspunkt – den Mond zu lokalisieren und die Mondphasen wie auch andere sichtbare Konstellationen zu bestimmen. Dasselbe gilt für die Voraussage von Finsternissen wie auch für die gegenseitige Abstimmung unterschiedlicher Kalendersysteme. Dank solcher Kalender hat die Menschheit bereits seit Jahrhunderten astronomische Phänomene festgehalten. Manche dieser Aufgaben liessen sich mit der Verwendung von Geräten erzielen, die aus sich bewegenden feinmechanischen Teilen wie Zahnrädern und Zeigern zusammengesetzt sind. Dabei ist jedoch klar, dass sie nicht die gleiche Exaktheit und Geschwindigkeit bei der Berechnung wie moderne digitale Computer erreichen konnten.

Wie ist es möglich, mit Zahnrädchen mathematische Verhältnisse, die aus der Welt der Astronomie stammen, zum Ausdruck zu bringen? Greifen wir zu einem einfachen Gedankenexperiment: Wenn ein Zahnrad mit 100 Zacken in ein anderes mit 50 Zacken greift, wird sich letzteres nach 50 Bewegungen (zur Hälfte der gesamten Periode von 100) einmal gedreht haben oder – anders gesagt – mit doppelter Geschwindigkeit im Vergleich zum grösseren Zahnrad. Wenn das grössere Zahnrad eine gesamte Drehung vollbracht hat, drehte das kleinere bereits zweimal in entgegengesetzter Richtung. Mit der richtigen Kombination der Zahnräder können Rotationen multipliziert und unterteilt werden und so in Übereinstimmung mit astronomischen Perioden gebracht werden. Die Festlegung der Anzahl der Zacken an den Zahnrädern des Mechanismus erfolgte durch dessen ursprünglichen Hersteller, der den Meton-Zyklus und den Saros-Zyklus wie auch die sichtbare variable Bewegung des Mondes aufeinander abstimmen wollte.

Geräte, die in der Astronomie Verwendung finden, sind die Astrolabien (die der Berechnung der Zeit dienen sowie den Auf- und Untergang von Sternen berechnen). Dabei handelt es sich um extrem komplexe astronomische Uhren, die abgesehen von der Uhrzeit, astronomische Phänomene, die Laufbahn von Planeten usw. anzeigen.

Der Mechanismus von Antikythera ist das berühmteste und das älteste Gerät, bei dem eine von Hand angetriebene Kurbel die Drehung des Räderwerks auslöst und gleichzeitig alle Zeiger in Bewegung setzt; das innere Getriebe besteht aus Zahnrädern und Achsen, die alle miteinander in Verbindung stehen. Wenn man nun also ein bestimmtes Datum auf dem vorne angebrachten Jahressonnenkalender auswählt (dabei ist auch eine weitere Einheit für einen Schalttag alle vier Jahre vorgesehen), werden alle anderen vorhandenen Zeiger alle verfügbaren astronomischen Daten für dieses bestimmte Datum automatisch anzeigen. Der Benutzer kann aber auch anders vorgehen und so zum Beispiel den Zeiger auf ein bestimmtes astronomisches Phänomen rücken und dann auf dem Kalender ablesen, wann es eintreten wird (oder sich ereignet hat). Der Benutzer kann zum Beispiel auch direkt die Konkordanz zwischen dem Sonnen- und Mondkalender überprüfen, die Position und Phase des Mondes ablesen und die Finsternisse, die sich an einem bestimmten Tag des ausgewählten Mondmonats ereignen werden, nachvollziehen.

Die Funktionen des Mechanismus

Der Mechanismus weist auf seiner Vorderseite zwei ringförmige Anzeigen auf, in deren Innerem sich eine grosse Scheibe befindet. Die Monate des ägyptischen Kalenders waren auf der äusseren Ringskala auf Griechisch angegeben. Darin kommt die Vorliebe der Astronomen der hellenistischen Zeit zum Ausdruck. Jedes Sonnenjahr umfasste 12 Monate zu je 30 Tagen, zu denen noch 5 *epagomenai*-Tage hinzukamen, so dass ein Standardjahr 365 Tage umfasste. Es war alle vier Jahre auch noch eine weitere Einheit vorgesehen für einen Extraschalttag. Die innere Ringskala gibt die 360° des Kreises mit den 12 Tierkreiszeichen (Zodiakus) wieder mit den griechischen Namen der Zeichen sowie den Anfangsbuchstaben in alphabetischer Reihenfolge, die Bezug auf die Kenntnisse aus den Beobachtungen des *Parapegma* nehmen. Das Parapegma war ein Sternkalender, in dem man die Auf- und Untergänge der Sterne, der Sternbilder und der astronomischen Konstellationen im Jahreszyklus ablesen konnte. Aufgrund von Indexbuchstaben war diese Anzeige auf jene des Tierkreises abgestimmt.

Zeiger bewegten sich rund um die Kreisanzeige der Vorderseite. Der Sonnenzeiger zeigte dabei das Fortschreiten der Sonne durch die 12 Tierkreise an, ein drehender kleiner Ball, der halb schwarz bzw. halb weiss war, zeigte vermutlich die Mondphasen an. Der Mondzeiger drehte mit variabler Geschwindigkeit um die Bahn des Tierkreises, so dass die Mondlaufbahn sichtbar wurde. Hierbei handelt es sich um die erstaunlichste Funktion des Antikythera-Mechanismus. Denn diese Anzeige liess sich nur dadurch erzielen, dass im Getriebe ein ausgeklügeltes epizyklisches System von Zahnrädchen vorhanden war (auch Planetengetriebe genannt). Werfen wir einen Blick auf die Details dieses Systems: Price, wie auch schon Rehm fast 70 Jahre früher, schlugen vor, dass im Mechanismus auch epizyklische Zahnräder montiert waren. Dies bedeutet, dass solche Räder auf Achsen drehten, die ihrerseits auf anderen Rädern draufmontiert waren. Ein so konstruiertes System stellte in technologischer Hinsicht einen wesentlichen Fortschritt dar. Dank des epizyklischen Getriebes war es nun möglich, abgesehen von der Multiplikation und Division auch mathematische Werte zu addieren bzw. subtrahieren. In der abendländischen Geschichte der Mechanik tauchen epizyklisch montierte Zahnräder erst 16 Jahrhunderte später zum ersten Mal wieder auf. Das epizyklische Rädchen verfügt über einen Stift, der in einer Rille im unteren Rad verankert ist. Die zwei Räder rotieren um leicht verschobene Achsen. Der Abstand zwischen den zwei so montierten Rädern beträgt meist nur 1 mm. Das Resultat einer solchen Konstruktionsweise besteht darin, dass, wenn das eine Rad bei einer konstanten Geschwindigkeit dreht, die Drehgeschwindigkeit des anderen zwischen schneller und langsamer variiert (und umgekehrt). Ein solcher technischer Geniestreich ist genau das, was es braucht, um die feststellbare Variation in der Geschwindigkeit der Mondrotation abzubilden, wie sie auch in der am weitesten entwickelten Theorie der damaligen Zeit, die man Hipparchos von Rhodos zuschreibt, erklärt wird.

Neben den Bewegungen von Sonne und Mond war auf der Vorderseite vermutlich auch noch der damals bekannte griechische «Kosmos» bzw. das Sonnensystem dargestellt, wozu Zeiger für alle fünf Planeten, die man in der Antike kannte, gehörten (Merkur, Venus, Mars, Jupiter und Saturn). Dazu waren möglicherweise noch weitere epizyklisch montierte Mechanikteilchen nötig.

Die zwei Spiralen mit den 235 bzw. 223 Untereinheiten nehmen fast die ganze Rückseite des Mechanismus ein. Bei der oberen Spiralskala handelt es sich um einen ganzen Meton-Zyklus, der aus insgesamt 235 Mondmonaten zu 29 und 30 Tagen bzw. einer Zeitspanne von 19 Jahren besteht. Die Art der Namen der Monate weist auf die Stadt Korinth oder eine ihrer Kolonien hin. Dies lässt sich deshalb vermuten, weil die Bezeichnungen und die Abfolge der zwölf Monate in den antiken griechischen Städten variierten; es gab verschiedene Kalender nebeneinander. Unterschiede bzw. Ähnlichkeiten von Stadt zu Stadt widerspiegeln oft die Art der Beziehung zwischen den Städten wie beispielsweise die Nähe oder Distanz zwischen der Mutter- und einer Koloniestadt. Der Meton-Zyklus in «korinthischem Schlüssel», wie wir ihn auf dem Antikythera-Mechanismus ablesen können, ist jenem vieler korinthischer Kolonien in der westlichen griechischen Welt (Unteritalien und Sizilien) ähnlich.

Die Kallippische Periode, in der die 76 Jahre des Kallippischen Zyklus (4 × 19 = 4 Meton-Zyklen) abzulesen sind, ist ebenfalls auf dem oberen Zifferblatt eingeschrieben. Ein

2 (links)
Modernes Modell des Mechanismus von Antikythera, Vorderseite (Sonnenlaufbahn und 12 Tierkreiszeichen)

3
Rückseite (Spiralen mit Mondmonaten und weiteren Skalen)

Zeiger zur Angabe der Olympiaden, vier Quadranten entsprechen dem Vierjahresrhythmus, befindet sich auf der gegenüberliegenden Seite. Die Namen der wichtigsten gesamtgriechischen Spiele, wie die von Nemea, Isthmia, Delphi, Dodona und Olympia, verlaufen um die gesamte Anzeige. Manche fanden jedes zweite, die anderen alle vier Jahre statt.

Der Saros-Zeiger dreht auf der unteren Spiralanzeige der Rückseite und weist dort auf die 223 Monde dieses Zyklus hin. Eingeritzte Symbole auf einigen der 223 Positionen beziehen sich möglicherweise auf Finsternisse. Die Ligaturen (Symbolgruppen) entsprechen der Art der Finsternis («H» steht für Sonne = Helios, «Σ» für Mond = Selene), zeigen die Stunde an, zu der sie eintreten wird, und ob diese am Tag («HM» = Hemera = Tag) oder in der Nacht («NY» = Nyx = Nacht) zu erwarten ist. Auf dem Saros-Zifferblatt ist noch eine weitere Funktion platziert, die in drei Segmente unterteilt ist: der Exeligmos-Zyklus. Dabei handelt es sich um den dreifachen Saros-Zyklus bzw. um 669 Mondmonate. Dieser ruft in Erinnerung, wie viele Stunden (8 oder 16) man zu jenen hinzuzählen sollte, die die Ligaturen angeben, so dass man die genaue Stunde der Finsternis innerhalb des Saros-Zyklus voraussagen kann: Im ersten Drittel benötigt es keine Addition, 8 Stunden («H») wenn der Zeiger aufs zweite Drittel zeigt, 16 Stunden («IC») beim dritten Abschnitt. Nach der dritten Periode kehren wir wieder zur ersten zurück.

Moderne Kopien des Mechanismus

Dank der detaillierten Beschreibung der Funktionen des Mechanismus sind in letzter Zeit viele Modelle angefertigt worden. Weitere befinden sich gerade jetzt in der Konstruktionsphase. Einige dieser Kopien sind gar funktionstüchtig. Mit demselben Geist, der dem genialen Bauplan des Originals zugrunde liegt, konstruierte M. Wright eine Kopie, die auf den Ergebnissen seiner eigenen Untersuchungen der Fragmente des Mechanismus wie auch teilweise auf dem publizierten Material beruhte. Bei der Fertigstellung unterstützte ihn der verstorbene A. Bromley. Wright verwendete Schrauben anstelle von Stiften, dies um an manchen Stellen den Unterhalt des Geräts einfacher zu gestalten.

Zur gleichen Zeit entwarf und konstruierte K. Efstathiou eine weitere Kopie an der Aristoteles-Universität in Thessaloniki, in der die Bewegungen der Planeten jedoch nicht berücksichtig wurden, denn Efstathious Rekonstruktion stützte sich ausschliesslich auf jene Resultate und Daten, die das *Antikythera Mechanism Research Project* herausgefunden und publiziert hatte. Für die Beschriftung hat man sogar eine eigens dazu kreierte Schriftart verwendet.

Die Resultate des *Antikythera Mechanism Research Project* haben auch andere Forscher im Bereich der antiken Technologie wie auch geschickte Feinmechaniker verwendet, um physische oder virtuelle Kopien herzustellen. M. Buttet, der Direktor der Abteilung Forschung und Entwicklung beim Schweizer Uhrenhersteller Hublot, entwarf eine Uhr, die *en miniature* die Funktionen des Antikythera-Mechanismus wiedergibt. Zusätzliche moderne Applikationen werden von einem Tourbillon unterstützt, das innerhalb von 60 Sekunden eine Rotation vollzieht. Diese Uhr, die Hublot dem Archäologischen Nationalmuseum in Athen geschenkt hat, ist eine ultramoderne Hommage an den Vorgänger aller modernen mechanischen Werke mit Zahnrädern. yb

This research has been co-financed by the European Union (European Social Fund – ESF) and Greek national funds through the Operational Program «Education and Lifelong Learning» of the National Strategic Reference Framework (NSRF) – Research Funding Program: Heracleitus II. Investing in knowledge society through the European Social Fund.

Ευρωπαϊκή Ένωση
Ευρωπαϊκό Κοινωνικό Ταμείο
ΕΠΙΧΕΙΡΗΣΙΑΚΟ ΠΡΟΓΡΑΜΜΑ
ΕΚΠΑΙΔΕΥΣΗ ΚΑΙ ΔΙΑ ΒΙΟΥ ΜΑΘΗΣΗ
επένδυση στην κοινωνία της γνώσης
ΥΠΟΥΡΓΕΙΟ ΠΑΙΔΕΙΑΣ ΚΑΙ ΘΡΗΣΚΕΥΜΑΤΩΝ
ΕΙΔΙΚΗ ΥΠΗΡΕΣΙΑ ΔΙΑΧΕΙΡΙΣΗΣ
Με τη συγχρηματοδότηση της Ελλάδας και της Ευρωπαϊκής Ένωσης
ΕΣΠΑ 2007-2013
ΕΥΡΩΠΑΪΚΟ ΚΟΙΝΩΝΙΚΟ ΤΑΜΕΙΟ

Ausgewählte Bibliografie:
Antikythera Research Project 2012; Bitsakis 2012; Magou 2012; Proskynitopoulou 2012; Tassios 2012; Zapheiropoulou 2012.

HUBLOT

Rückkehr nach Antikythera

Brendan Foley
Theotokis Theodoulou

Die Entdeckung des Schiffswracks von Antikythera durch griechische Schwammtaucher im Jahr 1900 war sowohl für die Fachwelt als auch für Laien die Geburtsstunde der Unterwasser-Archäologie. Mehr als ein Jahrhundert nach diesem Fund – Archäologen haben seither ungefähr 1000 antike Schiffswracks untersucht – behält das erste und immer noch das bedeutendste Wrack aus antiker Zeit einen ganz wichtigen Platz im kollektiven Bewusstsein. Der Ort des Unglücks hat sicher noch nicht alle Geheimnisse preisgegeben. Grosse Mengen an Daten und Informationen sind immer noch unter dem Wasserspiegel verborgen. Bei jeder neuen Forschungskampagne darf man mit weiteren spektakulären Funden rechnen.

Impressionen aus der Grabungskampagne 2014

Im Jahr 1976 hat die griechische Regierung Jacques-Yves Cousteau und seine Equipe eingeladen, den Ort des Schiffbruches erneut zu untersuchen. Cousteau und seine Mitarbeiter brachten ungefähr 200 Objekte an Land, die alle auf einer Fläche von einigen wenigen Quadratmetern verstreut lagen. Dies ist ein deutlicher Hinweis dafür, dass der Ort noch weitgehend unbekannt ist. Seit 2012 führt die staatliche Behörde für Unterwasser-Archäologie zusammen mit der *Woods Hole Oceanographic Institution* und weiteren Partnern systematische Untersuchungen am Schiffswrack sowie an der gesamten Küstenlinie der Insel Antikythera durch. Unser Ziel ist es, ein Höchstmass an archäologischem Wissen über diesen Ort zusammenzutragen. Dabei können wir uns auf die neusten Methoden und Technologien stützen.

Unser Team in Antikythera kann folgende Ausrüstung benutzen: geschlossene Kreislaufatemgeräte mit gemischten Atemgasen, Tauchervehikel zur Fortbewegung, integrierte Seitensicht- und Multibeam-Echolote (Sonar), ein Tauchroboter (unbemanntes Roboter vehikel), der mit vielen Sensoren ausgestattet ist, ein ferngesteuertes Vehikel sowie ein experimentelles atmosphärisches Tauchsystem, das unter dem Namen Exosuit (ein armierter High-tech-Taucheranzug) bekannt ist. Diese Technologien erlauben eine längere Präsenz des Menschen unter Wasser und ermöglichen zudem eine optimale Datenerhebung. Ebenso garantieren solche Methoden mehr Sicherheit und das Sammeln von Daten und Informationen ist beinahe unbegrenzt. Während unsere Ziele bei der Nutzung dieser neuen Technologien primär wissenschaftlicher Natur sind, können wir nebenbei noch auf zukünftige Möglichkeiten der Unterwasserforschung

HUBLOT

hinweisen: Äusserst interessant sind natürlich die Perspektiven, die sich für die Unterwasser-Archäologie und ganz besonders für das Wrack von Antikythera eröffnen.

Wir haben zur Kenntnis genommen, dass das Wrack nicht als einzelner und isolierter Fundplatz zu betrachten ist, sondern zu einer weiteren und komplexeren archäologischen Unterwasserlandschaft gehört. Wir haben Amphoren und Scherben ungefähr 350 m ausserhalb des eigentlichen Wracks gefunden. Ungefähr 300 m südlich vom Schiffswrack lagen viele Tonscherben – eine Gruppe von 20 oder sogar mehr Amphoren mit starken Überkrustungen war schichtweise gestapelt –, Fragmente von Bleiankern sowie Überreste eines Bleirohres, das ungefähr 1,5 m lang ist und wohl vom Abwassersystem eines Schiffes stammt. Dieses Material ist dahingehend zu deuten, dass entweder ein zweites (und vielleicht drittes Schiff) zusammen mit dem bereits bekannten kenterte oder dass das Trümmerfeld eines einzigen Schiffes sich viel weiter ausdehnt, als man bisher annahm.

Im Jahr 2014 kartierten wir einen Abschnitt des Schiffswracks mit der grösstmöglichen Detailtreue. Dabei benutzten wir einen Tauchroboter (ein sog. autonomes Tauchvehikel), der mit kalibrierten Stereokameras ausgestattet war. Wir konzentrierten unsere Bemühungen beim Kartieren auf eine Fläche von 70 × 30 m. Diese Begrenzung ergab sich durch den Fuss des nach Westen verlaufenden Unterwasserhügels und den vertikalen Riffbruch im Osten, nach Norden und Süden hin lagen eine Ankerstange bzw. ein Dachziegel an den äusseren Rändern der definierten Zone. Der so entstandene Plan weist eine Auflösung von 4 mm pro Pixel auf und der topographische Plan des Meeresbodens, der dem photographischen Mosaik zugrunde liegt, ist ein sehr nützliches Instrument, in dem alle Daten zukünftiger Forschungsarbeiten eingetragen werden können.

Nachdem das Team diesen Plan analysiert und einige der Gegenstände, die im Jahr 1976 zutage kamen, kartiert hatte, nahm es die Vorbereitungen für die Tauchergänge der Forschungskampagne 2014 auf. Dabei sollten Metalldetektoren zum Einsatz kommen. Wegen Sturmwinden und hohem Wellengang mussten diese Arbeiten jedoch um mehrere Tage verschoben werden. Damit war eigentlich zu rechnen, denn schlechtes Wetter war seit der ersten Forschungskampagne im Jahr 1900 immer wieder im Spiel. Als sich das Wetter besserte, schwammen unsere Taucher zum Wrack hinunter und fixierten mehrere Metallplatten, die der Orientierung dienen. Nachdem wir diese Punkte auf dem Plan kartiert hatten, gelang es uns, sieben Metallobjekte zu bergen, die teilweise die vorangegangenen Arbeiten am Wrack dokumentieren. Dabei handelte es sich um das Aluminiumgewinde einer Glühbirne (BE 2014/11-3), später konnte man diesen Gegenstand als Birne einer Stroboskoplampe aus der Kampagne von 1976 identifizieren. Auch ein Stück eines galvanisierten Stahlkabels (BE 2014/11-8), vermutlich auch aus dem Jahr 1976, kam zutage.

Unter den antiken Gegenständen, die man bei der Kampagne von 2014 sicherstellen konnte, sind folgende zu nennen: zwei Zierelemente von Bronzebetten (BE 2014/11-1 und BE 2014/11-2), die denen des Jahres 1901 sehr ähnlich sind, ein Bronzering mit angefügter Nadel und Holzresten (BE 2014/11-5), vermutlich Teil des Tauwerks des Schiffs, ein kleines Stück Bleifolie (BE 2014/11-6), möglicherweise ein Überrest der Armierung des Schiffsrumpfes, sowie ein massiver Bronzespeer (2,02 m lang), der 10,28 kg wiegt (BE 2014/11-4), gewiss ein Element, das zu einer Statue gehörte. Am nördlichen Ende der untersuchten Fläche stiessen wir auch auf den Bleistock eines Ankers (BE 2014/11-7).

In der Nähe vom südlichen Ende der untersuchten und kartierten Fläche haben wir eine einzelne Lagynos entdeckt (BE 2014/11-9), die in ihrer Form genau solchen aus den Jahren 1901 und 1976 entspricht. Damit ist die Gesamtzahl der Lagynoi nunmehr auf 50 angestiegen. Der Krug lag um 180° gedreht und war ganz mit Ablagerungen gefüllt, die man in den Laboratorien der Behörde für Unterwasser-Archäologie entfernte. Ebenso präparierte man das Material für die Analysen der Pflanzenreste in den Sedimenten (Phytolith) wie auch der Getreidestärke. Unsere Taucher sammelten an vier weiteren Stellen Materialproben der Ablagerungen ein. Auch diese Proben werden wir denselben Analysen unterziehen (Phytolith und Getreidestärke). Unser Ziel ist es herauszufinden, ob auch organisches Material als Bestandteil der Ladung des Schiffes mitreiste. Es ist denkbar, dass mit Getreide gefüllte Säcke als Polstermaterial die zerbrechlichen Statuen im Schiffsrumpf ummantelten.

Die Präsenz von so vielen Gegenständen am südlichen Rand des von der Stereokamera abgebildeten Plans liefert neue Hinweise zur Ausdehnung des Trümmerfeldes vom Schiffswrack. Die Zierelemente, die von Bronzebetten stammen, waren vielleicht Teil des Mobiliars in einer hochrangigen Kabine unweit des Hecks. Zu den Gegenständen, die das Team von Cousteau 1976 in der Nähe derselben Zone entdeckt hatte, gehörten Goldschmuck, Parfumfläschchen sowie Skelettreste einer jungen Frau. Das Forscherteam von 1976 fand auch Gebrauchsgegenstände der Mannschaft in denselben Planquadraten. All diese Objekte lagerten am ehesten im Schiffsheck. Es ist möglich, dass das Heck des Wracks im nördlichen Bereich bei der erwähnten Fundvergesellschaftung liegt, während der Bug in Richtung Süden zeigt. Falls sich diese Annahme bewahrheitet, würde das Wrack sich über eine viel grössere Fläche als bisher angenommen ausbreiten. Die Trümmer verlaufen somit vielleicht kontinuierlich über 300m in Richtung Süden bis zu den dort liegenden Objekten.

Wissenschaftliche Analysen der Gegenstände, die aus dem Wrack und von den Flächen im Norden und Süden stammen, könnten uns dabei helfen zu verstehen, ob wir es hier mit einem einzigen grossen Schiffswrack zu tun haben oder ob es sich um zwei (oder gar drei) Wracks handelt, die zwar nahe beieinander liegen, aber die Trümmer von unterschiedlichen Schiffen wären. Die Analyse der Blei-Isotopen des Abflusswasserrohrs, der Ankerteile und der Fragmente der Schutzschicht, die über die Fläche verstreut lagen, könnte als Ausgangspunkt dienen, um die Herkunft des Bleis festzulegen. Auch die DNA-Analyse jenes in den Keramikbehältern gelagerten organischen Materials könnte zu weiteren Erkenntnissen führen. Abgesehen davon, dass man wüsste, welche Produkte transportiert und auf dem Schiff konsumiert wurden, wäre eine identische DNA-Struktur der in den Transportgefässen gelagerten Speisen, die von beiden Fundkonzentrationen stammen, ein Hinweis dafür, dass sie zu derselben Ladung gehörten. Die Bewilligungen, die für solche Untersuchungen benötigt werden, haben wir bei der entsprechenden Behörde eingereicht, während wir diesen Artikel schreiben. Sobald sie erteilt werden, können wir die Untersuchungen innerhalb weniger Wochen durchführen. Diese Resultate werden ihrerseits wiederum Ausgangspunkt für neue Publikationen in diesem Bereich sein.

Wir werden auch in Zukunft den Meeresgrund rund ums Schiffswrack von Antikythera kartieren, bevor wir systematische archäologische Ausgrabungen in Angriff

nehmen. Tatsächlich erarbeiten wir diesen Katalogbeitrag, während wir uns gerade auf dem Begleitschiff befinden, das uns nach Antikythera an den Ort des Schiffbruches bringt. Im Juni 2015 werden wir die gesamte Umgebung mit Stereokameras, die an einem unbemannten Tauchroboter befestigt sind, und auch mit Metalldetektoren, die auf einem ferngesteuerten Vehikel montiert sind, kartieren. Die so zusammengetragenen Daten werden uns bei der Klärung der Frage helfen, ob sich das Trümmerfeld zwischen den beiden Fundkonzentrationen fortsetzt oder nicht. Dank des Systems zur Erkennung von Metallgegenständen werden wir die Ausgrabungsstrategie festlegen und alle Konzentrationen in diesem Bereich als «Hot Spots» im Plan kartieren. Die Chancen stehen sehr gut, dass inspirierende und weiterführende Neufunde aus dem bedeutendsten Schiffswrack der Antike zu neuen Erkenntnissen führen werden. Denn die Kombination der allerneusten Technologien und Methoden, die dank eines gut vorbereiteten, interdisziplinären Teams zu unserem Nutzen eingesetzt werden können, erweist sich als einmalige neue Ausgangslage. bf, thth

HUBLOT
HUBLOT

Abadie-Reynal 2007
C. Abadie-Reynal, *La céramique romaine d'Argos. Fin du IIe siècle avant J.-C.-fin du IVe siècle après J.-C.*, Athen – Paris 2007.

Adam *et al.* 2000
P. Adam-Veleni – P. Georgaki – V. Kalavria – K. Boli, *Κλειστά Σύνολα Ελληνιστικών χρόνων από την Αγορά της Θεσσαλονίκης, in: E' Επιστημονική Συνάντηση για την Ελληνιστική Κεραμική : Χρονολογικά Προβλήματα. Κλειστά Σύνολα – Εργαστήρια (Χανιά, Απίλιος* 1997), Athen 2000, 275-297.

AE 1902
Τὰ εὑρήματα τοῦ ναυαγίου τῶν Ἀντικυθήρων, AE 1902, 145-172.

Ageli 2000
A. Ageli, *Λάγυνοι από το ελληνιστικό νεκροταφείο της Αμβρακίας, in: E' Επιστημονική Συνάντηση για την Ελληνιστική Κεραμική: Χρονολογικά Προβλήματα. Κλειστά Σύνολα – Εργαστήρια (Χανιά, Απίλιος* 1997), Athen 2000, 311-320.

Alcock 2007
S. Alcock, The Eastern Mediterranean, in: R. Saller – I. Morris – W. Scheidel (Hrsg.), *The Cambridge Economic History of the Greco-Roman World*, Cambridge 2007, 671-697.

Anderson-Stojanović 1987
V. Anderson-Stojanović, The Chronology and Function of Ceramic Unguentaria, AJA 91 (1987) 105-122.

Andreau 1999
J. Andreau, *Banking and Business in the Roman World*, Cambridge 1999.

Andrianou 2009
D. Andrianou, *The Furniture and Furnishings of Ancient Greek Houses and Tombs*, Cambridge 2009.

Antikythera Research Project 2012
Antikythera Research Project, Functions and models of the Antikythera Mechanism. Recent research, in: N. Kaltsas – E. Vlachogianni – P. Bouyia (Hrsg.), *The Antikythera Shipwreck. The ship, the treasures, the mechanism*, National Archaeological Museum, April 2012 – April 2013, Athen 2012, 256-272.

Archibald *et al.* 2001
Z. H. Archibald – J. Davies – V. Gabrielsen – G.J. Oliver (Hrsg.), *Hellenistic Economies*, London – New York 2001.

D' Arms 1970
J. H. D' Arms, *Romans on the Bay of Naples. A Social and Cultural Study of the Villas and their Owners from 150 B.C. to A.D. 400*, Cambridge Mass. Havard University Press 1970.

D' Arms 1980
J.H. D' Arms, Senators' Involvement in Commerce in the Late Republic: Some Ciceronian Evidence, *MemAmAc 36* (1980) 77-89.

Arnold 1969
D. Arnold, *Die Polykletnachfolge. Untersuchungen zur Kunst von Argos und Sikyon zwischen Polyklet und Lysipp*, Berlin 1969.

Arvanitopoulos 1903
A.S. Arvanitopoulos, *Ὁ Ἔφηβος τῶν Ἀντικυθήρων: συμβολὴ εἰς τὴν ἱστορίαν τῆς ἑλληνικῆς πλαστικῆς*, Athen 1903.

Arveiller-Dulong – Nenna 2000
V. Arveiller-Dulong – M.-D. Nenna, *Musée du Louvre, Département des Antiquités grecques, étrusques et romaines. Les verres antiques, I. Contenants à parfum en verre moulé sur noyau et vaisselle moulée. VIIe siècle avant J.-C. – Ier siècle après J.-C.*, Paris 2000.

Aurenhammer 1990
M. Aurenhammer, *Die Skulpturen von Ephesos. Bildwerke aus Stein: Idealplastik I, FiE X/1*, Wien 1990.

Avronidaki 2012
Chr. Avronidaki, The glassware, in: N. Kaltsas – E. Vlachogianni – P. Bouyia (Hrsg.), *The Antikythera Shipwreck. The ship, the treasures, the mechanism*, National Archaeological Museum, April 2012 – April 2013, Athen 2012, 132-134.

Bailey 1975
D. M. Bailey, *A Catalogue of the Lamps in the British Museum I: Greek, Hellenistic and Early Roman Pottery Lamps*, Oxford 1975.

Baldwin Bowsky 2011
M. Baldwin Bowsky, Colonia Iulia Nobilis Cnosus, the First 100 Years: The Evidence of Italian Sigillata Stamps, in: R. J. Sweetman (Hrsg.), *Roman Colonies in the First Century of their Foundation*, Oxford 2011, 117-134.

Baldwin Bowsky – Gavrilaki 2011
M. Baldwin Bowsky – E. Gavrilaki, Kleo's Clay: Inscribed Instrumenta Domestica from Lappa (Crete), *CretAnt* 11 (2010) 173-253.

Barr-Sharrar 1994
B. Barr-Sharrar, The Bronze Lamps, in: Hellenkemper Salies *et al.* 1994, 639-655.

Barr-Sharrar 1998
B. Barr-Sharrar, Some Observations Concerning Late Hellenistic Bronze Production on Delos, in: O. Palagia – W. Coulson (Hrsg.), *Regional Schools in Hellenistic Sculpture, Proceedings of an International Conference Held at the American School of Classical Studies at Athens, 15-17.3.1996*, Oxford 1998, 185-198.

Basch 1972
L. Basch, Ancient Wrecks and the Archaeology of Ships, *IntJNautA* 1 (1972) 1-58.

Baudoin – Liou – Long 1994
C. Baudoin – B. Liou – L. Long, *Une cargaison de bronzes hellénistiques. L'épave Fourmigue C à Golfe-Juan, Paris 1994.*

Beck *et al.* 1990
H. Beck – P.C. Bol – M. Bückling (Hrsg.), *Polyklet. Der Bildhauer der griechischen Klassik*, Ausstellungskatalog Frankfurt, Liebighaus. Museum alter Plastik, Mainz am Rhein 1990.

Berthold 1984
R. M. Berthold, *Rhodes in the Hellenistic Age*, Ithaca – London 1984.

Bes – Poblome 2006
Ph. Bes – J. Poblome, A New Look at Old Data: the ICRATES Platform, in: D. Malfitana – J. Poblome – J. Lund (Hrsg.), *Old Pottery in a New Context. Innovating Perspectives on Roman Pottery Studies, Atti del Convegno Internazionale di Studi.* Catania, 22-24 aprile 2004, Catania 2006, 141-165.

Bieber 1910
M. Bieber, Der Paris des Euphranor und Jünglingsköpfe aus dem IV. Jahrhundert v. Chr., *JdI* 25 (1910) 159-173.

Bitsakis 2012
Y. Bitsakis, The Antikythera Mechanism, in: A. Christopoulou – A. Gadolou – P. Bouyia (Hrsg.), *The Antikythera Shipwreck. The technology of the ship, the cargo, the mechanism*, Athen 2012, 94-103.

Bol 1972
P. C. Bol, *Die Skulpturen des Schiffsfundes von Antikythera*, Berlin 1972.

Bol 2004
P. C. Bol (Hrsg.), *Die Geschichte der antiken Bildhauerkunst II: Klassische Plastik*, Mainz am Rhein 2004.

Bol 2007
P. C. Bol (Hrsg.), *Die Geschichte der antiken Bildhauerkunst III: Hellenistische Plastik*, Mainz am Rhein 2007.

Boli 1990–1995
K. Boli, *Ελληνιστικοί τροχήλατοι λύχνοι στην αρχαία Αγορά της Θεσσαλονίκης*, *AAA* 23-28 (1990-1995) 235-253.

Bouyia 2012a
P. Bouyia, The era, in: N. Kaltsas – E. Vlachogianni – P. Bouyia (Hrsg.), *The Antikythera Shipwreck. The ship, the treasures, the mechanism*, National Archaeological Museum, April 2012 – April 2013, Athen 2012, 274-285.

Bouyia 2012b
P. Bouyia, Maritime commerce and luxury in the age of Cicero, in: N. Kaltsas – E. Vlachogianni – P. Bouyia (Hrsg.), *The Antikythera Shipwreck. The ship, the treasures, the mechanism*, National Archaeological Museum, April 2012 – April 2013, Athen 2012, 287-292.

Bouyia 2012c
P. Bouyia, The Ship, in: N. Kaltsas – E. Vlachogianni – P. Bouyia (Hrsg.), *The Antikythera Shipwreck. The ship, the treasures, the mechanism*, National Archaeological Museum, April 2012 – April 2013, Athen 2012, 36-39.

Broneer 1930
O. Broneer, *Terracotta Lamps*, Corinth IV (Part III), Cambridge Massachusetts 1930.

Broneer 1977
O. Broneer, *Terracotta Lamps*, Isthmia III, Princeton 1977.

Brothwell 1981
D. R. Brothwell, *Digging Up Bones*, New York 1981.

Bruneau 1965
Ph. Bruneau, *Les lampes*, Délos XXVI, Paris 1965.

Bruneau 1970b
Ph. Bruneau, La vaisselle, in: *L'îlot de la Maison des Comédiens, Délos* XXVII, Paris 1970, 239-265.

Bruneau 2006
Ph. Bruneau, Le problème de l'aes deliacum, *BCH* Suppl. 47 (2006) 364-373.

Bruneau – Ducat 2010
Ph. Bruneau – J. Ducat, *Οδηγός της Δήλου* (griechische Übersetzung von E. Dimitrakopoulou – P. Karvonis), Athen 2010.

Buikstra – Ubelaker 1994
J. E. Buikstra – D. H. Ubelaker, Standards for Data Collection from Human Skeletal Remains, *Arkansas Archaeological Survey Report* 44, Arkansas 1994.

Burnett 1987
A. M. Burnett, *Coinage in the Roman World*, London 1987.

Caley 1970
E. R. Caley, Chemical Composition of Greek and Roman Statuary Bronzes, in: S. Doeringer – D. G. Mitten – A. Steinberg (Hrsg.), *Arts and Technology: A Symposium on Classical Bronzes*, Cambridge Massachusetts – London 1970, 37-49.

de Callataÿ 1997
Fr. de Callataÿ, *L'histoire des guerres mithridatiques vue par les monnaies*, Louvain 1997.

Cankardeş-Şenol 2010
G. Cankardeş-Şenol, Nikandros Group: Matrix Studies on the Amphora Stamps of the Group, *Olba* 18 (2010) 125-139.

Caramessini-Oeconomides – Kleiner 1975
M. Caramessini-Oeconomides – F.S. Kleiner, The Hierapytna Hoard. A Supplement, *RBelgNum* 121 (1975) 5-19.

Carre 1993
M.-B. Carre, L'épave à dolia de Ladispoli (Étrurie Méridionale). Étude des vestiges de la coque, *Archaeonautica* 11 (1993) 9-29.

Carroll-Spiellecke 1994
M. Carroll-Spielecke, Römische Gärten, in: Hellenkemper Salies *et al.* 1994, 901-909.

Casabona 1999
M. Casabona, Le monete di Catania ellenistica fra Roma e le influenze orientali, *RItNum* 100 (1999) 13-46.

Casson 1971
L. Casson, *Ships and Seamanship in the Ancient World*, Princeton 1971.

Casson 1994
L. Casson, *Travel in the Ancient World*, London 1994.

Chatzidakis 2000
P. I. Chatzidakis, *Οψοποιητικά σκεύη από τη Δήλο, in: Ε' Συνάνηση για την Ελληνιστική Κεραμική: Χρονολογικά Προβλήματα, Κλειστά Σύνολα – Εργαστήρια* (Χανιά, Απρίλιος 1997), Athen 2000, 115-130.

Chatzidakis 2003
P. I. Chatzidakis, Δήλος, Athen 2003.

Chatzidakis 2004
P. I. Chatzidakis, *Τα μαγειρικά σκεύη στους αρχαίους Έλληνες Κωμωδιογράφους και στη Δήλο, in: ΣΤ' Συνάντηση για την Ελληνιστική Κεραμική: Προβλήματα Χρονολόγησης, Κλειστά Σύνολα - Εργαστήρια* (Βόλος, 17-23 Απριλίου 2000), Athen 2004, 641-654.

Chidiroglou 2012
M. Chidiroglou, Jugs, one-handled cups, filter jugs, olpai, and unguentaria, in: N. Kaltsas – E. Vlachogianni – P. Bouyia (Hrsg.), *The Antikythera Shipwreck. The ship, the treasures, the mechanism*, National Archaeological Museum, April 2012 – April 2013, Athen 2012, 196-197.

Coarelli 1983a
F. Coarelli, L' 'Agora des Italiens' a Delo: Il mercato degli schiavi?, in: F. Coarelli – D. Musti – E. Solin (Hrsg.), *Delo e l'Italia, Opusc AcadFinl* II, Rom 1983, 119-146.

Coarelli 1983b
F. Coarelli, Il commercio delle opera d'arte in età tardorepubblicana, *DialA* 3.1 (1983) 45-53.

Coarelli 2005
F. Coarelli, L'Agora des Italiens: lo staterion di Delo?, *JRA* 18, 1 (2005) 196 212.

Coates 2001
J. Coates, Planking Tenons in Ancient Mediterranean Ships Built Shell First, *Τρόπις* 6 (2001) 153-170.

Cocco 1970
M. Cocco, Sulla funzione dell' «Agora degli Italiani» di Delo, *PP* 25 (1970) 446-449.

Cohen 2006
G. Cohen, *The Hellenistic Settlements in Syria, the Red Sea Basin, and North Africa*, Berkeley – Los Angeles – London 2006.

Corso 2004
A. Corso, *The Art of Praxiteles. The Development of Praxiteles' Workshop and its Sculptural Tradition under the Sculptor's Acme (364-1 BC)*, Rom 2004.

Corso 2007
A. Corso, *The Art of Praxiteles II. The Mature Years*, Rom 2007.

Courby 1922
F. Courby, *Les vases grecs à reliefs*, Paris 1922.

Crawford 1985
M. H. Crawford, *Coinage and Money under the Roman Republic. Italy and the Mediterranean Economy*, London 1985.

Cutroni Tusa 1976-1977
A. Cutroni Tusa, Soprintendenza Archeologica della Sicilia occidentale, *AnnIstItNum* 23-24 (1976-1977) 304-315

Davis 2009
D. L. Davis, *Commercial Navigation in the Greek and Roman World*, Ph. D., University of Texas, Austin 2009.

Deonna 1938
W. Deonna, *Le mobilier Délien*, Délos XVIII, Paris 1938.

Deppert-Lippitz 1985a
B. Deppert-Lippitz, *Griechischer Goldschmuck*, Mainz 1985.

Despinis 1996
G. Despinis, Studien zur hellenistischen Plastik II: Statuengruppen, *AM* 111 (1996) 299-336.

Dierks-Kiehl 1973
Chr. Dierks-Kiehl, *Zu späthellenistischen bewegten Figuren der 2. Hälfte des 2. Jahrhunderts*, Diss., Köln 1973.

Dikbaş 2008
G. Dikbaş, *Die Graue Keramik von Aizanoi. Von der späten Eisenzeit bis zur spätantiken Zeit*, Diss., Köln 2008.

Doulgeri-Intzesiloglou 1994
A. Doulgeri-Intzesiloglou, *Τα ελληνιστικά λυχνάρια των Φερών*, in: *Γ′ Επιστημονική Συνάντηση για την Ελληνιστική Κεραμική: Χρονολογημένα Σύνολα - Εργαστήρια (Θεσσαλονίκη*, 24-27 *Σεπτεμβρίου* 1991), Athen 1994, 363-388.

Drougou 1992
S. Drougou, *Ανασκαφή Πέλλας* 1957-1964. *Οι Πήλινοι Λύχνοι*, Athen 1992.

Edwards 1965
G. R. Edwards, The Hellenistic Pottery from the Shipwreck of Antikythera, in: Weinberg *et al.* 1965, 18-27.

Edwards 1996
Ch. M. Edwards, Lysippos, in: O. Palagia – J. J. Pollitt (Hrsg.), *Personal Styles in Greek Sculpture*, Cambridge 1996, 130-153.

Empereur 1987
J.-Y. Empereur – A. Hesnard, Les amphores hellénistiques, in: P. Lévêque – J.-P. Morel (Hrsg.), *Céramiques hellénistiques et romaines* II, Paris 1987, 9-71.

Errington 2008
R. M. Errington, *A History of the Hellenistic World 323-30 BC*, Malden – Oxford – Victoria 2008.

Erskine 2003
A. Erskine (Hrsg.), *A Companion to the Hellenistic World*, Malden – Oxford 2003.

Faust 1989
S. Faust, *Fulcra, Figürlicher und ornamentaler Schmuck an antiken Betten*, Mainz am Rhein 1989.

Faust 1994
S. Faust, Die Klinen, in: Hellenkemper Salies *et al.* 1994, 573-606.

Finkielsztejn 2000
G. Finkielsztejn, Chronologie et diffusion des dernères amphores timbrées rhodiennes: étude préliminaire, *ReiCretActa* 36 (2000) 407-415.

Foerster Laures 1983
F. Foerster Laures, Roman Naval Construction, as Shown by the Palamós wreck, *IntJNautA* 12 (1983) 219-228.

Foerster Laures 1984a
F. Foerster Laures, The Evolution of Antique Ship Construction in the Mediterranean: A Hypothesis, *IntJNautA* 13 (1984) 323-325.

Foerster Laures 1984b
F. Foerster Laures, Considerations on the Capacity of the Roman Bilge Pump, *IntJNautA* 13 (1984) 327-328.

Foy – Nenna 2001
D. Foy – M.-D. Nenna, *Tout feu, tout sable. Mille ans de verre antique dans le Midi de la France*, Ausstellungskatalog, Musée d'Histoire de Marseille, Aix-en-Provence 2001.

Formenti *et al.* 1978
F. Formenti – A. Hesnard – A. Tchernia, Note sur le contenu d'une amphore Lamboglia 2 de l'épave de la Madrague de Giens, *Archaeonautica* 2 (1978) 95-100.

Fraser 1928
A. D. Fraser, The Antikythera Bronze Youth and a Herm-Replica, *AJA* 32 (1928) 298-308.

Frost 1903
K. T. Frost, The Statues from Cerigotto, *JHS* 23 (1903) 217-236.

Gabrielsen 1997
V. Gabrielsen, *The Naval Aristocracy of Hellenistic Rhodes*, Aarhus 1997.

Gabrielsen 2001
V. Gabrielsen, The Rhodian Associations and Economic Activity, in: Archibald *et al.* 2001, 215-244.

Gabrielsen 2003
V. Gabrielsen, Piracy and the Slave Trade, in: Erskine 2003, 389-404.

Gadolou 2012
A. Gadolou, Life on Board, in: N. Kaltsas – E. Vlachogianni – P. Bouyia (Hrsg.), *The Antikythera Shipwreck. The ship, the treasures, the mechanism*, National Archaeological Museum, April 2012 – April 2013, Athen 2012, 50-56.

Galsterer 1994
H. Galsterer, Kunstraub und Kunsthandel im republikanischen Rom, in: Hellenkemper Salies *et al.* 1994, 857-866.

Gassner 1997
V. Gassner, *Das Südtor der Tetragonos-Agora: Keramik und Kleinfunde*, Wien 1997, 105-113.

Gelsdorf 1994
Fr. Gelsdorf, Antike Schiffahrtsrouten im Mittelmeer, in: Hellenkemper Salies *et al.* 1994, 751-758.

Geominy 1994
W. Geominy, Der Schiffsfund von Mahdia und seine Bedeutung für die antike Kunstgeschichte, in: Hellenkemper Salies *et al.* 1994, 927-942.

Geominy 2004
W. Geominy, Die Zeit von 390 bis 360 v. Chr., in: Bol 2004, 259-302.

Gianfrotta – Pomey 1980
P.A. Gianfrotta – P. Pomey, *Archeologia subacquea. Storia, tecniche, scoperte e relitti*, Mailand 1980.

Giannikouri – Patsiada – Philimonos 1990
A. Giannikouri – V. Patsiada – M. Philimonos, *Χρονολογικά προβλήματα γραπτής κεραμικής από τη Ρόδο, in: Β' Επιστημονική Συνάντηση για την Ελληνιστική Κεραμεική. Χρονολογικά Προβλήματα της Ελληνιστικής Κεραμεικής* (*Ρόδος*, 22-25 *Μαρτίου* 1989), Athen 1990, 172-184.

Gibbins 2001
D. Gibbins, Shipwrecks and Hellenistic Trade, in: Archibald *et al.* 2001, 205-232.

Grace 1965
V. R. Grace, The Commercial Amphoras from the Antikythera Shipwreck, in: Weinberg *et al.* 1965, 5-17.

Grace 1979
V. R. Grace, *Amphoras and the Ancient Wine Trade, Agora*, Picture Book no 6, Princeton 1979.

Gratziou 2010
V. Gratziou, *Αγαλματικοί τύποι του Ερμή στην πλαστική της Κλασικής Εποχής*, Unpublished Doctoral Thesis, Ioannina 2010.

Green 2008
K. Green, «Rhosica Vasa» as Metalwork Rather than Earthenware: an Interpretation Reinforced by Philological Analysis, *Facta* 2 (2008) 231-233.

Grose 1979
D. F. Grose, The Syro-Palestinian Glass Industry in the Later Hellenistic Period, *Muse* 13 (1979) 54-67.

Häuber 1994
Chr. Häuber, ...endlich lebe ich wie ein Mensch. Zu *domus, horti und villae* in Rom, in: Hellenkemper Salies et al. 1994, 911-926.

Hayes 1985
J. Hayes, *Atlante delle forme ceramiche II. Ceramica fine romana del bacino mediterraneo (tardo ellenismo e primo impero), EAA* Suppl. 2, Rom 1985.

Hayes 1991
J. Hayes, *The Hellenistic and Roman Pottery, Paphos* III, Nicosia 1991.

Hayes 2008
J. W. Hayes, *Roman Pottery. Fine-Ware Imports, Agora* XXXII, Princeton 2008.

Head 1880
B. V. Head, On the Chronological Sequence of the Coinage of Ephesus, *NumChron* 20 (1880) 85-173.

Heilmeyer 1994
W.-D. Heilmeyer, Zur Oberfläche antiker Großbronzen, in: Hellenkemper Salis *et al.* 1994, 801-807.

Hellenkemper 1994
H. Hellenkemper, Der Weg in die Katastrophe: Mutmaßungen über die letzte Fahrt des Mahdia-Schiffes, in: Hellenkemper Salies *et al.* 1994, 153-164.

Hellenkemper Salies *et al.* 1994
G. Hellenkemper Salies – H.-H. von Prittwitz und Gaffron – G. Bauchhenß (Hrsg.), *Das Wrack: Der antike Schiffsfund von Mahdia*, Ausstellungskatalog, Rheinisches Landesmuseum, Bonn, Köln 1994.

Hellström 1965
P. Hellström, *Pottery of Classical and Later Date, Terracotta Lamps and Glass, Labraunda: Swedish Excavations and researches* II, Lund 1965.

Herz 2010
N. Herz, The Classical Marble Quarries of Paros: Paros-1, Paros-2 and Paros-3, in: D.U. Schilardi – D. Katsonopoulou (Hrsg.), *Paria Lithos. Parian Quarries, Marble and Workshops of Sculpture, Proceedings of the First International Conference on the Archaeology of Paros and the Cyclades, Paros*, 2 - 5.10.1997, Athen 2010, 27-34.

Himmelmann 1994
N. Himmelmann, Mahdia und Antikythera, in: Hellenkemper Salies *et al.*, 1994, 849-855.

Himmelmann 1995
N. Himmelmann, *Sperlonga: Die homerischen Gruppen und ihre Bildquellen*, Opladen 1995.

Hocker 1995
F. Hocker, Lead Hull Sheathing in Antiquity, *Tropis* 3 (1995) 197-206.

Höckmann 1994
O. Höckmann, Das Schiff, in: Hellenkemper Salies e*t al.* 1994, 53-81.

Hoff 1994
R. von den Hoff, *Philosophenporträts des Früh- und Hochhellenismus*, München 1994.

Hollinshead 2002
M. B. Hollinshead, Extending the Reach of Marble: Struts in Greek and Roman Sculpture, in: El. K. Gazda (Hrsg.), *The Ancient Art of Emulation. Studies in Artistic Originality and Tradition from the Present to Classical Antiquity*, Michigan University Press 2002, 117-152.

Hölscher 1994
T. Hölscher, Hellenistische Kunst und römische Aristokratie, in: Hellenkemper Salies *et al.* 1994, 875-888.

Hopkins 1983
K. Hopkins, Models, Ships, and Staples, in: P. Garnsey – C. R. Whittaker (Hrsg.), *Trade and Famine in Classical Antiquity*, Cambridge 1983, 84-109.

Houser 1987
C. Houser, *Greek Monumental Bronze Sculpture of the Fifth and Fourth Centuries B.C.*, New York – London 1987.

Howland 1958
R. H. Howland, *Greek Lamps and their Survivals, Agora* IV, Princeton 1958.

Hübner 2000
G. Hübner, Zur Lagynos: Aspekte und Retrospektiven, in: *Ε' Επιστημονική Συνάντηση για την Ελληνιστική Κεραμική: Χρονολογικά Προβλήματα. Κλειστά Σύνολα - Εργαστήρια* (*Χανιά, Απρίλιος* 1997), Athen 2000, 161-178.

Ignatiadou 2009
D. Ignatiadou, Almonds, Lobes and Ribs, in: K. Janssens *et al.* (Hrsg.), *Annales du 17e Congrès de l'Association Internationale pour l'Histoire du Verre*, Anvers 2006, Antwerp 2009, 15-20.

Isager 1993
J. Isager, The Hellenization of Rome. Luxuria or Liberalitas?, in: P. Guldager Bilde –I. Nielsen – M. Nielsen (Hrsg.), *Aspects of Hellenism in Italy: Towards a Cultural Unity?*, Kopenhagen 1993, 257-275.

Jackson 2006
M. Jackson, *Hellenistic Gold Eros Jewellery. Technique, Style and Chronology*, Oxford 2006.

Jackson 2010
M. Jackson, New Jewellery Evidence from the Antikythera Shipwreck: A Stylistic and Chronological Analysis, *BCH* 134 (2010) 177-194.

Jockey 1998
Ph. Jockey, Neither School nor Koine: The Local Workshops of Delos and their Unfinished Sculpture, in: O. Palagia – W. Coulson (Hrsg.), *Regional Schools in Hellenistic Sculpture, Proceedings of an International Conference Held at the American School of Classical Studies at Athens*, 15 –17.3.1996, Oxford 1998, 177-184.

Kabbadias 1900
P. Kabbadias, *Ἀνακοίνωσις περὶ τῶν ἐκ τῆς παρὰ τὰ Ἀντικύθηρα θαλάσσης ἀγαλμάτων*, *ΠΑΕ* 1900, 95-102.

Kabbadias 1901
P. Kabbadias, The Recent Finds Off Cythera, *JHS* 21 (1901) 205-208.

Kallet-Marx 1995
R. Kallet-Marx, *Hegemony to Empire. The Development of the Roman Imperium in the East from 148 to 62 B.C.*, Berkeley – Los Angeles – Oxford 1995.

Kaltsas 1983
N. Kaltsas, *Από τα ελληνιστικά νεκροταφεία της Πύλου*, *ΑΔ* 38 (1983) *Α'-Μελέτες*, 1-77.

Kaltsas 2002
N. Kaltsas, *Εθνικό Αρχαιολογικό Μουσείο. Τα Γλυπτά. Κατάλογος*, Athen 2002.

Kaltsas – Despinis 2007
N. Kaltsas – G. Despinis (Hrsg.), *Πραξιτέλης*. Ausstellungskatalog, National Archaeological Museum, 25. 7 – 31. 10. 2007, Athen 2007.

Karouzos 1969
C. Karouzos, *Χρονικὸν τῆς ἀνασυστάσεως τοῦ χαλκίνου Νέου τῶν Ἀντικυθήρων*, *ΑΕ* 1969, 59-79.

Karousou 1967
S. Karousou, *Ἐθνικόν Ἀρχαιολογικόν Μουσεῖον. Συλλογή Γλυπτῶν. Περιγραφικός Κατάλογος*, Athen 1967.

Karousou 1985
S. Karousou, Der Bronzekopf aus Antikythera – ein kynischer Philosoph, in: *Pro arte antiqua.* Festschrift für Hedwig Kenner II, Wien 1985, 207-213.

Kavvadias 2012a
G. Kavvadias, The red-slipped tableware, in: N. Kaltsas – E. Vlachogianni – P. Bouyia (Hrsg.), *The Antikythera Shipwreck. The ship, the treasures, the mechanism*, National Archaeological Museum, April 2012 – April 2013, Athen 2012, 169-173.

Kavvadias 2012b
G. Kavvadias, the black-glazed tableware («Grey Ware»), in: N. Kaltsas – E. Vlachogianni – P. Bouyia (Hrsg.), *The Antikythera Shipwreck. The ship, the treasures, the mechanism*, National Archaeological Museum, April 2012 – April 2013, Athen 2012, 182-183.

Kavvadias 2012c
G. Kavvadias, Other table ware, in: N. Kaltsas – E. Vlachogianni – P. Bouyia (Hrsg.), *The Antikythera Shipwreck. The ship, the treasures, the mechanism*, National Archaeological Museum, April 2012 – April 2013, Athen 2012, 186.

Keramopoulos 1903
A. D. Keramopoulos, *Αἱ ἐπωνυμίαι τῶν ἀγαλμάτων καὶ «ὁ Ἔφηβος τῶν Ἀντικυθήρων»*, Athen 1903.

Kinns 1987
Ph. Kinns, Asia Minor, in: A.M. Burnett – M.H. Crawford (Hrsg.), *The Coinage of the Roman World in the Late Republic, Proceedings of a Colloquium Held at the British Museum in September 1985*, Oxford 1987, 105-119.

Kleiner 1972
F.S. Kleiner, The Dated Cistophori of Ephesus, *AnsMusNotes* 18 (1972) 17-32.

Kleiner 1974
F.S. Kleiner, The Giresun Hoard, *AnsMusNotes* 19 (1974) 3-25.

Kleiner 1978
F.S. Kleiner, Hoard Evidence and the Late Cistophori of Pergamum, *AnsMusNotes* 23 (1978) 77-105.

Kleiner – Noe 1977
F.S. Kleiner – S.P. Noe, *The Early Cistophoric Coinage*, New York 1977.

Kolia 2006
E.-I. Kolia, *Ελληνιστική Κεραμική από τη Νάξο*, Athen 2006.

Kolonas 2012
L. Kolonas, The 1976 investigations. Memories of working with Jacques-Yves Cousteau in Greece, in: N. Kaltsas – E. Vlachogianni – P. Bouyia (Hrsg.), *The Antikythera Shipwreck. The ship, the treasures, the mechanism*, National Archaeological Museum, April 2012 – April 2013, Athen 2012, 32-34.

Korres 2010
M. Korres, *Υπόγεια Λατομεία της Πάρου*, in: D.U. Schilardi – D. Katsonopoulou (Hrsg.), *Paria Lithos. Parian Quarries, Marble and Workshops of Sculpture*[2], *Proceedings of the First International Conference on the Archaeology of Paros and the Cyclades, Paros*, 2 – 5.10.1997, Athen 2010, 61-82.

Kourakou-Dragona 2006
S. Kourakou-Dragona, *Προσαρμογή της αρχαίας οινικής τεχνολογίας στη μόδα της αγοράς: Οι «τεθαλασσωμένοι οίνοι»*, in: G. Kazazi (Hrsg.), *Πρακτικά του 2ου Διεθνούς Συνεδρίου Αρχαίας Ελληνικής Τεχνολογίας*, Athen 2006, 388-393.

Kourkoumelis 2012
D. Kourkoumelis, Transport Amphorae, in: N. Kaltsas – E. Vlachogianni – P. Bouyia (Hrsg.), *The Antikythera Shipwreck. The ship, the treasures, the mechanism*, National Archaeological Museum, April 2012 – April 2013, Athen 2012, 208-212.

Kreeb 1988
M. Kreeb, *Untersuchungen zur figürlichen Ausstattung delischer Privathäuser*, Chicago 1988.

Kreissig 1978
H. Kreissig, *Wirtschaft und Gesellschaft im Seleukidenreich. Die Eigentums- und Abhängigkeitsverhältnisse*, Berlin 1978.

Krogman – İşcan 1986
W. M. Krogman – M. Y. İşcan, *The Human Skeleton in Forensic Medicine*, Springfield, Illinois 1986.

Kyrieleis 1969
H. Kyrieleis, *Throne und Klinen. Studien zur Formgeschichte altorientalischer und griechischer Sitz-und Liegemöbel vorhellenistischer Zeit*, Berlin 1969.

Lawall 2004
M. L. Lawall, Archaeological Context and Aegean Amphora Chronologies. A Case Study of Hellenistic Ephesos, in: J. Eiring (Hrsg.), *Transport Amphorae and Trade in the Eastern Mediterranean, Acts of the International Colloquium at the Danish Institute at Athens*, 26-29.9.2002, Aarhus University Press 2004, 171-188.

Leroux 1913
G. Leroux, *Lagynos. Recherches sur la céramique et l'art ornamental hellénistique*, Paris 1913.

Levy – Hackens 1965
E. Levy – T. Hackens, Trésor hellénistique trouvé à Délos en 1964. Seconde partie: les bijoux, *BCH 89* (1965) 503-566.

Lewis 2000
M. Lewis, The Hellenistic Period, in: Ö. Wikander (Hrsg.), *Handbook of Ancient Water Technology*, Leiden 2000, 631-648.

Ley *et al.* 1994
C. A. Ley – L.C. Aiello – T. Molleson, Cranial Suture Closure and its Implications for Age Estimation, *International Journal of Osteoarchaeology* 4 (1994) 193-207.

Lierke 2009
R. Lierke, *Die nicht-geblasenen antiken Glasgefässe – ihre Herstellung von den Anfängen bis zu den Luxusgläsern der Römer*, Offenbach 2009.

Lilimbaki-Akamati 1979
M. Lilimbaki-Akamati, *Χάλκινο* fulcrum *από την Πέλλα*, Adelt 34 (1979) *Α'- Μελέτες*, 138-149.

Linfert 1990
A. Linfert, Die Schule des Polyklet, in: Beck *et al.* 1990, 240-297.

Lippold 1923
G. Lippold, *Kopien und Umbildungen griechischer Statuen*, München 1923.

Lippold 1950
G. Lippold, *Die Griechische Plastik*, München 1950.

Lomas 2004
K. Lomas, Italy during the Roman Republic, 338-31 B.C., in: H. I. Flower (Hrsg.), *The Cambridge Companion to the Roman Republic*, Cambridge 2004, 233-259.

Lullies – Hirmer 1979
R. Lullies – M. Hirmer, *Griechische Plastik: Von den Anfängen bis zum Beginn der römischen Kaiserzeit*, München 1979.

Lund 1999
J. Lund, Rhodian Amphorae in Rhodes and Alexandria as Indicators of Trade, in: V. Gabrielsen *et al.* (Hrsg.), *Hellenistic Rhodes: Politics, Culture, and Society*, Aarhus 1999, 187-204.

Lund 2002
J. Lund, The Ontogenesis of Cypriot Sigillata, in: A. Rathje – M. Nielsen – B. Bundgaard Rasmussen (Hrsg.), *Pots for the Living. Pots for the Dead*, Acta Hyperborea 9, Copenhagen: Museum Tusculanum Press 2002, 185-223.

Lund 2005
J. Lund, An Economy of Consumption: The Eastern Sigillata A Industry in the Late Hellenistic Period, in: Z. H. Archibald – J. K. Davies – V. Gabrielsen (Hrsg.), *Making, Moving and Managing. The New World of Ancient Economies, 323-31 B.C.*, Oxford 2005, 233-252.

Lund – Malfitana – Poblome 2006
J. Lund – D. Malfitana – J. Poblome, «Rhosica vasa mandavi» (Cic. Att. 6.1.13). Towards the Identification of a Major Ceramic Tableware Industry of the Eastern Mediterranean: Eastern Sigillata A, *ArchCl* 57 (2006) 491-507.

Lund – Malfitana – Poblome 2008
J. Lund – D. Malfitana – J. Poblome, «Rhosica Vasa»: The Quest Continues, *Facta 2* (2008) 217-219.

MacKendrick 1995
P. MacKendrick, *The Speeches of Cicero. Context, Law, Rhetoric*, London 1995.

Maderna 1988
C. Maderna, *Iuppiter, Diomedes und Merkur als Vorbilder für römische Bildnisstatuen. Untersuchungen zum römischen statuarischen Idealporträt*, Heidelberg 1988.

Maderna 2004
C. Maderna, Die letzten Jahrzehnte der spätklassischen Plastik, in: Bol 2004, 303-382.

Maderna-Lauter 1990
C. Maderna-Lauter, Polyklet in hellenistischer und römischer Zeit, in: Beck *et al.* 1990, 298-327.

Magou 2012
E. Magou, Archaemetric research of the Antikythera Mechanism during the century following its recovery, in: N. Kaltsas – E. Vlachogianni – P. Bouyia (Hrsg.), *The Antikythera Shipwreck. The ship, the treasures, the mechanism*, National Archaeological Museum, April 2012 – April 2013, Athen 2012, 232-240.

Malamidou 2005
V. Malamidou, *Roman Pottery in Context. Fine and Coarse Wares from Five Sites in North-eastern Greece*, London 2005.

Malfitana – Poblome – Lund 2005
D. Malfitana – J. Poblome – J. Lund, Eastern Sigillata A in Italy. A Social-Economic Evaluation, *BABesch* 80 (2005) 199-212.

Mandel 2000
V. Mandel, Weißgrundige Lagynoi aus Knidos, in: *Ε' Επιστημονική Συνάντηση για την Ελληνιστική Κεραμική: Χρονολογικά Προβλήματα. Κλειστά Σύνολα - Εργαστήρια* (*Χανιά, Απρίλιος* 1997), Athen 2000, 179-188.

Mandel 2007
U. Mandel, Räumlichkeit und Bewegungserleben - Körperschicksale im Hochhellenismus (240-190 v. Chr.), in: Bol 2007, 103-187.

Marcadé 1969
J. Marcadé, *Au Musée de Délos. Étude sur la sculpture hellénistique en ronde bosse découverte dans l'île*, Paris 1969.

Maróti 1961
E. Maróti, Die Rolle der Seeräuberei zur Zeit der römischen Bürgerkriege, *Das Altertum* 7 (1961) 32-41.

Maróti 1969-1970
E. Maróti, Der Sklavenmarkt auf Delos und die Piraterie, *Helikon* 9-10 (1969-1970) 24-42.

Martinez 2007
J.-L. Martinez, Les styles praxitélisants aux époques hellénistique et romaine, in: A. Pasquier – J.-L. Martinez (Hrsg.), *Praxitèle*, Ausstellungskatalog, Louvre, 23.3 – 18.6.2007, Paris 2007, 294-359.

Mastrocinque 2009
A. Mastrocinque, The Antikythera Shipwreck and Sinope's Culture during the Mithridatic Wars, in: J.M. Højte (Hrsg.), *Mithridates VI and the Pontic Kingdom*, Aarhus 2009, 313-319.

Mattusch 1996
C. C. Mattusch, *Classical Bronzes. The Art and Craft of Greek and Roman Statuary*, Ithaca 1996.

Mattusch – Lie 2005
C. C. Mattusch – H. Lie, *The Villa dei Papiri at Herculaneum: Life and Afterlife of a Sculpture Collection*, Los Angeles 2005.

McGrail 2008
S. McGrail, Sea Transport. Part 1: Ships and Navigation, in: Oleson 2008, 606-637.

Medas 2009
S. Medas, Andature e manovre con la vela quadra, in: X. Nieto – M.A. Cau (Hrsg.), *Arqueologia nàutica mediterrània*, Barcelona 2009, 419-426.

Meyer-Schlichtmann 1988
C. Meyer-Schlichtmann, *Die Pergamenische Sigillata aus der Stadtgrabung von Pergamon. Mitte 2. Jh. v. Chr.– Mitte 2. Jh. n. Chr.*, Berlin 1988.

Meyza 2000
H. Meyza, Early Eastern Sigillata A from Paphos, in: *Ε' Επιστημονική Συνάντηση για την Ελληνιστική Κεραμική: Χρονολογικά Προβλήματα. Κλειστά Σύνολα-Εργαστήρια* (*Χανιά, Απρίλιος* 1997), Athens 2000, 237-246.

Michalowski 1932
C. Michalowski, *Les portraits hellénistiques et romains*, Délos XIII, Paris 1932.

Mitsopoulos-Leon 1975
V. Mitsopoulos-Leon, Gefässe der Ostsigillata A von einem gesunkenen Schiff aus dem Golf von Antalya, *Germania* 53 (1975) 101-112.

Młynarczyk 2002
J. Młynarczyk, Hellenistic Fine Wares at Tell Keisan. A Pattern of Importations, in: F. Blonde – P. Ballet – J.-P. Salles (Hrsg.), *Céramiques hellénistiques et romaines. Productions et diffusion en Méditerranée orientale (Chypre, Égypte et côte syro-palestinienne)*, Lyon 2002, 117-132.

Mols 1999
S. T. A. Mols, *Wooden Furniture in Herculaneum: Form, Technique and Function*, Amsterdam 1999.

Moreno 1994
P. Moreno, *Scultura ellenistica* I-II, Rom 1994.

Moreno 1995
P. Moreno, *Lisippo. L'arte e la fortuna*, Ausstellungskatalog, Roma, Palazzo delle Esposizioni, Rom 1995.

Mørkholm 1991
O. Mørkholm, *Early Hellenistic Coinage: from the Accession of Alexander to the Peace of Apamea (336-188 BC)*, Cambridge University Press 1991.

Morrow 1985
K. D. Morrow, *Greek Footwear and the Dating of Sculpture*, Madison, Wisconsin 1985.

Muckelroy 1978
K. Muckelroy, *Maritime Archaeology*, Cambridge 1978.

Müller 1998
J. W. Müller, The Chronology of Ephesos Revisited, *SchwNumRu* 77 (1998) 73-80.

Mutz 1972
A. Mutz, *Die Kunst des Metalldrehens bei den Römern. Interpretationen antiker Arbeitsverfahren auf Grund von Werkspuren*, Basel 1972.

Mygind 1999
B. Mygind, Intellectuals in Rhodes, in: V. Gabrielsen et al. (Hrsg.), *Hellenistic Rhodes: Politics, Culture, and Society*, Aarhus 1999, 247-293.

Nafplioti 2012
A. Nafplioti, The Human Skeletal Remains, in: N. Kaltsas – E. Vlachogianni – P. Bouyia (Hrsg.), *The Antikythera Shipwreck. The ship, the treasures, The mechanism*, National Archaeological Museum, April 2012 – April 2013, Athen 2012, 57-60.

Nenna 1999
M.-D. Nenna, *Les Verres*, Délos XXXVII, Paris 1999.

Neudecker 1988
R. Neudecker, *Die Skulpturenausstattung römischer Villen in Italien*, Mainz am Rhein 1988.

Nicolet 1980
C. Nicolet (Hrsg.), *Insula sacra. La loi Gabinia-Calpurnia de Délos (58 a. J.-C.)*, Rom 1980.

Niemeier 1985
J.-P. Niemeier, *Kopien und Nachahmungen im Hellenismus: ein Beitrag zum Klassizismus des 2. und frühen 1. Jhs. v. Chr.*, Bonn 1985.

Nikolaidis 1903
G. Nikolaidis, Ἄγαλμα λίθινον ἐξ Ἀντικυθήρων, *AE* 1903, 201-206.

Nikolaou 2004
E. Nikolaou, *Οι πήλινοι λύχνοι από το βόρειο νεκροταφείο της αρχαίας Δημητριάδας*, in: *ΣΤ' Επιστημονική Συνάντηση για την Ελληνιστική Κεραμική: Προβλήματα Χρονολόγησης. Κλειστά Σύνολα - Εργαστήρια* (*Βόλος*, 17-23 *Απριλίου* 2000), Athens 2004, 47-60.

Oikonomidou 2001
M.Oikonomidou, *Νομισματικός «θησαυρός» Αντικυθήρων*, in: A. Alexandri – I. Leventi (Hrsg.), *Καλλίστευμα. Μελέτες προς τιμήν της Ο. Τζάχου-Αλεξανδρή*, Athen 2001, 541-544.

Oleson 2006
J. P. Oleson «Herodotus, Aristotle, and Sounding Weights: The Deep Sea as a Frontier in the Classical World» in T. P. Tassios – C. Palyvou (Hrsg.), *Ancient Greek Technology: Proceedings of the 2nd International Congress.* Athen, 2006, 32-48.

Oleson 2008
J. P. Oleson (Hrsg.), *The Oxford Handbook of Engineering and Technology in the Classical World*, Oxford 2008.

Ortner 2003
D. J. Ortner, *Identification of Pathological Conditions in Human Skeletal Remains*, San Diego 2003.

Özyiğit 1990
O. Özyiğit, Céramiques hellénistiques d'après les fouilles de Pergame, in: *Β' Επιστημονική Συνάντηση για την Ελληνιστική Κεραμική. Χρονολογικά Προβλήματα της Ελληνιστικής Κεραμικής* (*Ρόδος*, 22-25 *Μαρτίου* 1989), Athen 1990, 94-98.

Palaiokrassa 2012
N. Palaiokrassa, Small metal objects and utensils, in: N. Kaltsas – E. Vlachogianni – P. Bouyia (Hrsg.), *The Antikythera Shipwreck. The ship, the treasures, the mechanism*, National Archaeological Museum, April 2012 – April 2013, Athen 2012, 116-121.

Palagia 1980
O. Palagia, *Euphranor*, Leiden 1980.

Papantoniou 2010
C. Papantoniou, *Ελληνική κεραμική από ναυάγια ελληνιστικών χρόνων στη Μεσόγειο και τη Μαύρη Θάλασσα*, Unpublished Master, Thessaloniki 2010.

Pape 1975
M. Pape, *Griechische Kunstwerke aus Kriegsbeute und ihre öffentliche Aufstellung in Rom: Von der Eroberung von Syrakus bis in augusteische Zeit*, Diss., Hamburg 1975.

Parker 1992
A. J. Parker, *Ancient Shipwrecks of the Mediterranean and the Roman Provinces*, Oxford 1992.

Paterson 2001
J. Paterson, Hellenistic Economies. The Case of Rome, in: Archibald *et al.* 2001, 367- 378.

Petrovszky 1994
R. Petrovszky, Die Bronzegefässe, in: Hellenkemper Salies *et al.* 1994, 663-700.

Pfeiler-Lippitz 1972
B. Pfeiler-Lippitz, Späthellenistische Goldschmiedearbeiten, *AntK* 15 (1972) 107-119.

Poblome 2008
J. Poblome, Ex Oriente Lux. A Panorama of Craft Studies in the Roman East, *ZSchwA* 65 (2008) 79-83.

Pomey – Tchernia 1978
P. Pomey – A. Tchernia, Le tonnage maximum des navires de commerce romains, *Archaeonautica* 2 (1978) 233-251.

Pomey 1997
P. Pomey (Hrsg.), *La navigation dans l'antiquité*, Aix-en-Provence 1997

von Prittwitz 2007
H.-H. von Prittwitz und Gaffron, Die hellenistische Plastik von 160 bis 120 v. Chr., in: Bol 2007, 241-271..

Proskynitopoulou 2012
R. Proskynitopoulou, The history of the study of the Antikythera Mechanism. The archaeological approach, in: N. Kaltsas – E. Vlachogianni – P. Bouyia (Hrsg.), *The Antikythera Shipwreck. The ship, the treasures, the mechanism*, National Archaeological Museum, April 2012 – April 2013, Athen 2012, 228-231.

Rackl 1978
H.-W. Rackl, *Βουτιά στα περασμένα. Υποβρύχια αρχαιολογία* (erweiterte griechische Übersetzung von H. Mavriyia), Athen 1978.

Ralph 1965
E. K. Ralph, Carbon-14 Date for the Antikythera Shipwreck, in: Weinberg *et al.* 1965, 45.

Ransom 1905
C. L. Ransom, *Couches and Beds of the Greeks, Etruscans and Romans, Studies in Ancient Furniture*, Chicago 1905.

Rauh 1993
N. K. Rauh, *The Sacred Bonds of Commerce. Religion, Economy, and Trade Society at Hellenistic Roman Delos*, 166-87 B.C., Amsterdam 1993.

Rauh 2003
N. K. Rauh, *Merchants, Sailors and Pirates in the Roman World*, Wiltshire 2003.

Richter 1966
G. M. A. Richter, *The Furniture of the Greeks, Etruscans and Romans*, London 1966.

Ridgway 1990
B. S. Ridgway, *Hellenistic Sculpture I: The Styles of ca. 331-200 B.C.*, Wisconsin 1990.

Ridgway 1997
B. S. Ridgway, *Fourth-Century Styles in Greek Sculpture*, London 1997.

Ridgway 2002
B. S. Ridgway, *Hellenistic Sculpture* III: The Styles of ca. 100-31 B.C., Wisconsin 2002.

Ridgway 2004
B. S. Ridgway, *Second Change. Greek Sculptural Studies Revisited*, London 2004.

Rival 1991
M. Rival, *La charpenterie navale romaine. Matériaux, Méthodes, Moyens*, Paris 1991.

Rivas 2008
A. Álvarez-Ossorio Rivas, *Los piratas contra Roma. Estudio socioeconómico y cultural de la piratería cilicia (143-36 a.C.)*, Ecija 2008.

Robinson 1965
H. S. Robinson, The Early Roman Pottery from the Antikythera Wreck, in: Weinberg *et al.* 1965, 28-29.

Rogl 2003
Chr. Rogl, Späthellenistische Applikenkeramik und Verwandtes aus Ephesos. Lokale Produktion – Einflüsse – Importe, *ÖJh* 72 (2003) 187-206.

Rolley 1999
Cl. Rolley, *La sculpture grecque 2: La période classique*, Paris 1999.

Romeri 2008
L. Romeri, Ateneo e il vasellame di Cleopatra (Ateneo, Deipn. VI 229 c1-d1), *Facta 2* (2008) 225-230.

Rotroff 1994
S. Rotroff, The Pottery, in: Hellenkemper Salies *et al.* 1994, 133-152.

Rotroff 1997
S. Rotroff, *Hellenistic Pottery. Athenian and Imported Wheelmade Table Ware and Related Material,* Agora XXIX, Princeton 1997.

Rotroff 2000
S. Rotroff, A Sullan Deposit at the Athenian Agora, in: *Ε' Επιστημονική Συνάντηση για την Ελληνιστική Κεραμική: Χρονολογικά Προβλήματα. Κλειστά Σύνολα - Εργαστήρια (Χανιά, Απρίλιος* 1997), Athen 2000, 375-380.

Rotroff 2006
S. I. Rotroff, *Hellenistic Pottery. The Plain Wares*, Agora XXXII, Princeton 2006.

Rougé 1984
J. Rougé, Le confort des passagers à bord des navires antiques, *Archaeonautica* 4 (1984) 223-242.

Saladino 1998
V. Saladino, Artisti greci e committenti romani, in: S. Settis (Hrsg.), *I Greci. Storia, Cultura, Arte, Società. Una storia greca III. Trasformazioni (IV secolo a.C – II secolo d. C.)*, Turin 1998, 965-990.

Saunders 1989
S. R. Saunders, Nonmetric Skeletal Variation, in: M.Y. İşcan – K. A. R. Kennedy (Hrsg.), *Reconstruction of Life from the Skeleton*, New York 1989, 95-108.

Schäfer 1968
J. Schäfer, *Hellenistische Keramik aus Pergamon*, Berlin 1968.

Scheibler 1976
I. Scheibler, *Griechische Lampen*, Kerameikos XI, Berlin 1976.

Schraudolph 2007
El. Schraudolph, Beispiele hellenistischer Plastik der Zeit zwischen 190 und 160 v. Chr., in: Bol 2007, 189-239.

Schulz 2000
R. Schulz, Zwischen Kooperation und Konfrontation. Die römische Weltreichsbildung und die Piraterie, *Klio* 82 (2000) 426-440.

Segall 1938
B. Segall, *Katalog der Goldschmiede-Arbeiten*, Museum Benaki Athen, Athen 1938.

Sharpe 2006
H.-F. Sharpe, *From Hieron and Oikos: the Religious and Secular Use of Hellenistic and Greek Imperial Bronze Statuettes*, Ph. D., Indiana University 2006.

Siebert 1973
G. Siebert, Mobilier délien en bronze, *BCH Suppl.* 1 (1973) 555-587.

Sismanidis 1997
K. Sismanidis, *Κλίνες και κλινοειδείς κατασκευές των Μακεδονικών τάφων*, Athen 1997.

Smith 1991
R.R.R. Smith, *Hellenistic Sculpture: a Handbook*, London 1991.

de Souza 1999
Ph. de Souza, *Piracy in the Graeco-Roman World*, Cambridge 1999.

Stassinopoulou 2012
E. Stassinopoulou, The golden jewels and the silver vases, in: N. Kaltsas – E. Vlachogianni – P. Bouyia (Hrsg.), *The Antikythera Shipwreck. The ship, the treasures, the mechanism*, National Archaeological Museum, April 2012 – April 2013, Athen 2012, 146.

Stefanelli 1990
L. Pirzio Biroli Stefanelli, *Il Bronzo dei Romani, arredo e suppellettile*, Rom 1990.

Steffy 1995
J. R. Steffy, Ancient Scantlings: The Projection and Control of Mediterranean Hull Shapes, *Tropis* 3 (1995) 417- 428.

Strong 1966
D. Srong, *Greek and Roman Gold and Silver Plate*, London 1966.

Svoronos 1903
I. N. Svoronos, *Τὸ ἐν Ἀθήναις Ἐθνικὸν Μουσεῖον. Ὁ θησαυρὸς τοῦ ναυαγίου τῶν Ἀντικυθήρων*, Athen 1903, *Τόμος Α'*, 1-86.

Tassinari 1993
S. Tassinari, *Il vasellame bronzeo di Pompei, Ministero per i Beni Culturali e Ambientali, Soprintendenza archeologica di Pompei, Cataloghi* V, Rom 1993.

Tassios 2012
T. Tassios, Prerequistites of the Antikythera Mechanism to be produced in the 2nd century BC, in: N. Kaltsas – E. Vlachogianni – P. Bouyia (Hrsg.), *The Antikythera Shipwreck. The ship, the treasures, the mechanism*, National Archaeological Museum, April 2012 – April 2013, Athen 2012, 249-255.

Taylor 1965
J. du Plat Taylor (Hrsg.), *Marine Archaeology: Developments during Sixty Years in the Mediterranean*, London 1965.

Tchernia – Pomey – Hesnard 1978
A. Tchernia – P. Pomey – A. Hesnard, *L'épave romaine de la Madrague de Giens (Var), Campagnes 1972-1975*, Paris 1978.

Throckmorton 1964
P. Throckmorton, Roman Shipwrecks and Modern Aegean Ships, *Mariner's Mirror* 50 (1964) 205-216.

Throckmorton 1965
P. Throckmorton, The Antikythera Ship, in: Weinberg *et al.* 1965, 40-46.

Throckmorton 1970
P. Throckmorton, *Shipwrecks and Archaeology: The Unharvested Sea*, London 1970.

Todisco 1993
L. Todisco, *Scultura greca del IV secolo: Maestri e scuole di statuaria tra classicità ed ellenismo*, Mailand 1993.

Trego 2004
K. M. Trego, Life on Board: *A Comparative Study of the Shipboard Items from Four Classical to Early Hellenistic Merchantmen*, Master, University of Cincinnati 2004.

Tselekas 2012
P. Tselekas, The coins, in: N. Kaltsas – E. Vlachogianni – P. Bouyia (Hrsg.), *The Antikythera Shipwreck. The ship, the treasures, the mechanism*, National Archaeological Museum, April 2012 – April 2013, Athen 2012, 216-219.

Tsipopoulou – Antoniou – Massouridi 2012
M. Tsipopoulou – M. Antoniou – S. Massouridi, The 1900-1901 investigations. The enthralling story of the discovery, recovery, and conservation of the Antikythera finds through evidence from the Historical Archive of the Archaeological Servis (HAAS), in: N. Kaltsas – E. Vlachogianni – P. Bouyia (Hrsg.), *The Antikythera Shipwreck. The ship, the treasures, the mechanism*, National Archaeological Museum, April 2012 – April 2013, Athen 2012, 18-31.

Tyrell – Chamberlain 1988
A. J. Tyrell – A.T. Chamberlain, Non-metric Trait Evidence for Modern Human Affinities and the Distinctiveness of Neanderthals, *Journal of Human Evolution* 34 (1988) 549-554.

Tzachou-Alexandri – Andreopoulou-Mangou 2000
O. Tzachou-Alexandri – H. Andreopoulou-Mangou, Some Remarks on the Bronze God of Artemision, in: C.C. Mattusch – A. Brauer – S.E. Knudsen (Hrsg.), *From the Parts to the Whole: Vol. 1. Acta of the 13th International Bronze Congress Held at Cambridge, Mass., 28.5 – 1.6.1996*, Portsmouth, Rhode Island 2000, 86-95.

Ubelaker 1989
D. H. Ubelaker, *Human Skeletal Remains*, Washington 1989.

Veleni – Georgaki – Zographou 2004
P. Adam-Veleni – P. Georgaki – E. Zographou, *Σκύφοι και πινάκια από την αρχαία Αγορά της Θεσσαλονίκης*, in: *ΣΤ′ Επιστημονική Συνάντηση για την Ελληνιστική Κεραμική: Προβλήματα Χρονολόγησης. Κλειστά Σύνολα – Εργαστήρια* (*Βόλος*, 17-23 *Απριλίου* 2000), Athen 2004, 185-192.

Vivliodetis 2012a
E. Vivliodetis, The lagynoi, in: N. Kaltsas – E. Vlachogianni – P. Bouyia (Hrsg.), *The Antikythera Shipwreck. The ship, the treasures, the mechanism*, National Archaeological Museum, April 2012 – April 2013, Athen 2012, 152-154.

Vivliodetis 2012b
E. Vivliodetis, The lamps, in: N. Kaltsas – E. Vlachogianni – P. Bouyia (Hrsg.), *The Antikythera Shipwreck. The ship, the treasures, the mechanism*, National Archaeological Museum, April 2012 – April 2013, Athen 2012, 164-165.

Vlachogianni 2012
E. Vlachogianni, Sulpture. *«Gods and heroes from the depths of the sea»*, in: N. Kaltsas – E. Vlachogianni – P. Bouyia (Hrsg.), *The Antikythera Shipwreck. The ship, the treasures, the mechanism*, National Archaeological Museum, April 2012 – April 2013, Athen 2012, 62-79.

Vogeikoff-Brogan 2000
N. Vogeikoff-Brogan, Late Hellenistic Pottery in Athens: A New Deposit and Further Thoughts on the Association of Pottery and Societal Change, *Hesperia* 69 (2000) 293-333.

Vorster 1998
Chr. Vorster, *Die Skulpturen von Fianello Sabino. Zum Beginn der Skulpturenausstattung in römischen Villen*, Wiesbaden 1998.

Vorster 2007
Chr. Vorster, Die Plastik des späten Hellenismus – Porträts und rundplastische Gruppen, in: Bol 2007, 273-331.

Wallace-Hadrill 1988
A. Wallace-Hadrill, The Social Structure of the Roman House, *BSR* 43 (1988) 43-97.

Weinberg 1965
G. D. Weinberg, The Glass Vessels from the Antikythera Wreck, in: Weinberg *et al.* 1965, 30-39.

Weinberg *et al.* 1965
G. D. Weinberg – V. R. Grace – G. R. Edwards – H. S. Robinson – P. Throckmorton – E. K. Ralph, The Antikythera Shipwreck Reconsidered, *TransactAmPhilosSoc* 55.3 (1965) 3-48.

Weinberg 1992
G. D. Weinberg – M.C. McClellan, *Glass Vessels in Ancient Greece. Their History Illustrated from the Collection of the National Archaeological Museum of Athens*, Athen 1992.

Weinberg – Stern 2009
G. D. Weinberg – E.M. Stern, *Vessel Glass*, Agora XXXIV, Princeton 2009.

White – Folkens 2000
T. D. White – P.A. Folkens, *Human Osteology*, San Diego 2000.

Whitewright 2011
J. Whitewright, The Potential Performance of Ancient Mediterranean Sailing Rigs, *IntJNautA* 40 (2011) 2-17.

Willer 1994
Fr. Willer, Fragen zur intentionellen Schwarzpatina an den Mahdiabronzen, in: Hellenkemper Salies *et al.* 1994, 1023-1031.

Wilson 2009
A. I. Wilson, Approaches to Quantifying Roman Trade, in: A. Bowman – A. Wilson (Hrsg.), *Quantifying the Roman Economy. Methods and Problems*, Oxford Studies in the Roman Economy 1, Oxford 2009, 213-249.

Yalouris 1990
N. Yalouris, The Shipwreck of Antikythera: New Evidence of its Date after Supplementary Investigation, in: J.-P. Descoeudres (Hrsg.), *Eumousia: Ceramic and Iconographic Studies in Honour of Alexander Cambitoglou*, Sydney 1990, 135-136.

Yntema 1995
D. Yntema, Salento and the Eastern Mediterranean in the Middle and Late Hellenistic Period: Some «Eastern» Ceramic Evidence (Fine Wares) from Valesio, Province of Brindisi, *StAnt* 8.2 (1995) 387-404.

Zafeiropoulou – Chatzidakis 1994a
Ph. Zafeiropoulou – P. Chatzidakis, *Αγορά των Ιταλών, κόγχη Ποπλίου Σατρικανίου*, in: *Ελληνιστική Κεραμική από το Αιγαίο*, Mytilini 1994, 28-45.

Zafeiropoulou – Chatzidakis 1994b
Ph. Zafeiropoulou – P. Chatzidakis, *Δήλος – Κεραμική από τον δρόμο βόρεια του ανδήρου των λεόντων*, in: *Γ′ Συνάντηση για την Ελληνιστική Κεραμική: Χρονολογημένα Σύνολα - Εργαστήρια* (*Θεσσαλονίκη*, 24-27 *Σεπτεμβρίου* 1991), Athen 1994, 235-248.

Zanker 1974
P. Zanker, Klassizistische Statuen: *Studien zur Veränderung des Kunstgeschmacks in der römischen Kaiserzeit*, Mainz am Rhein 1974.

Zapheiropoulou 2012
M. Zapheiropoulou, Old and new fragments of the Antikythera Mechanism and inscriptions, in: N. Kaltsas – E. Vlachogianni – P. Bouyia (Hrsg.), *The Antikythera Shipwreck. The ship, the treasures, the mechanism*, National Archaeological Museum, April 2012–April 2013, Athen 2012, 241-248.

Zimmer 1994
G. Zimmer, Republikanisches Kunstverständnis: Cicero gegen Verres, in: Hellenkemper Salies *et al.* 1994, 867-874.

Bildnachweis

Archäologisches Nationalmuseum von Athen, K. Xenikakis
Abb. S. 56-57; 59; 84; 89; 91-94; 96-100; 103; 106; 109-118; 121-124; 126-127; 129; 131; 133; 134-136; 138-141; 144-148; 150-158; 160-165; 167-170; 172; 174-178; 180-181; 183; 185-186; 188; 191; 193-194; 197-198; 200-203; 205-206; 210-212; 214; 215-219; 221-222; 224-225.

Archäologisches Nationalmuseum von Athen, Y. Nakas
Abb. S. 88 oben; 90.

Archäologisches Nationalmuseum von Athen,
Fotografisches Archiv
Abb. S. 66; 71; 76.

Courtesy Lefteris Tsavliris
Abb. S. 81; 85-86.

Ephorate of Underwater Antiquities, Photographic Archive,
P. Vezyrtzis
Abb. S. 88 unten.

Stefano Unterthiner
Abb. Umschlag; S. 2-3; 10-13; 16; 23; 29; 254.

Argo, Civil non profit company for scientific research
and training
Abb. S. 34-35; 166; 234-240; 242-243.

Skulpturhalle Basel, R. Habegger
Abb. S. 36; 46; 54.

Anex & Roth Visuelle Gestaltung, Basel
Abb. S. 38.

Fotografica Foglia, Napoli
Abb. S. 42; 48.

© 2010 MIT. Courtesy of MIT Museum
Abb. S. 83.

Antikythera Mechanism Research Project
Abb. S. 232.